MAGIA PRÁTICA
(O Caminho do Adepto)

Franz Bardon

MAGIA PRÁTICA
(O Caminho do Adepto)

UM CURSO EM DEZ ETAPAS
TEORIA E PRÁTICA

3ª edição
São Paulo / 2007

Editora Ground

Copyright © 1971 by Dieter Rüggeberg, Wuffertal, Alemanha

Título original: Der Weg zum Wahren Adepten
by Verlag Hermann Bauerm 1.edição, 1956.

Tradução: Inês A. Lohbauer
Revisão: Antonieta Canelas
Editoração: Hilda Gushiken
Capa: Niky Venâncio

CIP-BRASIL. CATALOGAÇÃO NA FONTE
SINDICATO NACIONAL DOS EDITORES DE LIVROS, RJ

B225m
3.ed.

Bardon, Franz
   Magia Prática : o caminho do adepto ; um curso em dez etapas teoria e prática / Franz Bardon , [tradução Inês A. Lohbauer]. - 3.ed. - São Paulo : Ground, 2007.
   322p. : 21cm

   Tradução de. Der Weg zum wahren Adepten
ISBN 978-85-7187-117-5

   1. Magia. 2. Ciências ocultas. I. Título.

07-2977	CDD: 133.43	
	CDU: 133.4	
07.08.07	07.08.07	002980

Direitos reservados:
Editora Ground Ltda.
www.ground.com.br

Distribuição exclusiva:
Editora Oka
vendas@editoraoka.com.br

*Dedico esta obra
em afetuosa amizade
à minha fiel colaboradora
e querida aluna,
senhora Otti V.*

Sumário

APRESENTAÇÃO, 13
PREFÁCIO DA SEGUNDA EDIÇÃO, 15
PREFÁCIO DA PRIMEIRA EDIÇÃO, 17
INTRODUÇÃO, 19

PRIMEIRA PARTE - TEORIA

A FIGURA DO MAGO, 23
    Sobre os Elementos, 25
    O Princípio do Fogo, 27
    O Princípio da Água, 28
    O Princípio do Ar, 29
    O Princípio da Terra, 29
    A Luz, 30
    O Akasha, ou o Princípio Etérico, 30
    Karma, A Lei de Causa e Efeito, 31
    O Corpo Humano, 31
    Dieta, 36
    Polaridade, 36
    O Plano Material Denso ou O Mundo Material Denso, 39
    A Alma ou o Corpo Astral, 42
    O Plano Astral, 46
    O Espírito, 49
    O Plano Mental, 50

Verdade, 53
Religiao, 55
Deus, 56
Ascese, 58

SEGUNDA PARTE - PRÁTICA

Instrução Mágica, 61
Grau I, 61
Instrução Mágica do Espírito, 62
Controle do Pensamemo, Disciplina do Pensamento, Domínio do Pensamento, 62
Instrução Mágica da Alma, 65
Introspeção ou Autoconhecimento, 65
Instrução Mágica do Corpo, 68
O Corpo Material ou Carnal, 68
O Mistério da Respiração, 68
Assimilação Consciente de Nutrientes, 70
A Magia da Água, 72
Resumo de todos os exercícios do Grau I, 75

Grau II, 76
Auto-sugestão ou o Mistério do Subconsciente, 76
Instrução Mágica do Espírito, 80
Exercícios de Concentração, 80
a) Visuais, 80
b) Auditivos, 81
c) Sensoriais, 82
d) Olfativos, 82
e) Gustativos, 82
Instrução Mágica da Alma, 83
Equilíbrio Mágico-Astral ou dos Elementos, 83
Transformação do Caráter ou Enobrecimento da Alma, 83
Instrução Mágica do Corpo, 84

Respiração Consciente pelos Poros, 85
O Domínio do Corpo na Vida Prática, 86
RESUMO DE TODOS OS EXERCÍCIOS DO GRAU II, 88

GRAU III, 89
INSTRUÇÃO MÁGICA DO ESPÍRITO, 90
Concentração do Pensamento em Duas ou Três Ideias Simultaneamente, 90
Concentração do Pensamento em Objetos, Paisagens e Lugares, 91
Concentração do Pensamento em Animais e Pessoas, 92

INSTRUÇÃO MÁGICA DA ALMA, 93
Respiração dos Elementos no Corpo Inteiro, 94
a) Fogo, 94
b) Ar, 96
c) Água, 97
d) Terra, 98

INSTRUÇÃO MÁGICA DO CORPO, 99
Represamento da Energia Vital, 100
a) Através da Respiração Pulmonar e pelos Poros do Corpo Inteiro, 100
b) Nas diversas Partes do Corpo, 101

APÊNDICE AO GRAU III, 102
Impregnação de Ambientes, 103
Biomagnetismo, 104

RESUMO DE TODOS OS EXERCÍCIOS DO GRAU III, 112

GRAU IV, 113
INSTRUÇÃO MÁGICA DO ESPÍRITO, 113
Transposição da Consciência para o Exterior, 113
a) Em objetos, 113
b) Em animais, 114
c) Em pessoas, 115

INSTRUÇÃO MÁGICA DA ALMA, 116
Represamento dos Elementos nas Diversas Partes do Corpo, 116

INSTRUÇÃO MÁGICA DO CORPO, 119
Rituais e as Possibilidades de sua Aplicação Prática, 120

Resumo de todos os exercícios do Grau IV, 125

Grau V, 126
Instrução Mágica do Espírito, 126
Magia em ambientes, 126
Instrução Mágica da Alma, 129
Projeção dos Elementos para o Exterior, 130
a) Através do próprio Corpo e Represados pelo Plexo Solar, 130
b) Represados pelas Mãos, 131
Projeção Externa, sem passar pelo Corpo, 133
Instrução Mágica do Corpo, 137
Preparação para o Manuseio Passivo do Invisível, 137
a) Libertação da própria mão, 137
Manuseio passivo, 139
a) Com o próprio Espírito Protetor, 139
b) Com os mortos e outros seres, 142
Resumo de todos os exercícios do Grau V, 144

Grau VI, 145
Instrução Mágica do Espírito, 145
Meditação Sobre o Próprio Espírito, 145
Conscientização dos Sentidos no Espírito, 147
Instrução Mágica da Alma, 148
Preparação para o Domínio do Princípio do Akasha, 148
Provocação Consciente de Estados de Transe Através do Akasha, 149
Domínio dos Elementos através de um Ritual Individual Extraído do Akasha, 150
Instrução Mágica do Corpo, 152
Reconhecimento Consciente de Seres de Diversos Tipos, 152
a) Elementais, 152
b) Larvas, 155
c) Espectros, 156
d) Fantasmas, 159
Resumo de todos os exercícios do Grau VI, 161

GRAU VII, 162
INSTRUÇÃO MÁGICA DO ESPÍRITO, 162
  Análise do Espírito em Relação à Prática, 162
INSTRUÇÃO MÁGICA DA ALMA, 165
  O Desenvolvimento dos Sentidos com Ajuda dos Elementos e dos Condensadores Fluídicos, 165
  a) Clarividência, 165
    A Clarividência Mágica, 168
  b) Clariaudiência, 172
    O Desenvolvimento Mágico da Clariaudiência Astral, 172
  c) Sensitividade, 174
    O Desenvolvimento da Sensitividade Astral, 174
INSTRUÇÃO MÁGICA DO CORPO, 176
  Geração ou Criação de Elementares, 180
  Vitalização Mágica de Imagens, 196
RESUMO DE TODOS OS EXERCÍCIOS DO GRAU VII, 200
GRAU VIII, 201
INSTRUÇÃO MÁGICA DO ESPÍRITO, 201
  Preparação para a Viagem Mental, 201
  A Prática da Viagem Mental, 202
  a) Em Ambientes Fechados, 203
  b) Em Trajetos Curtos, 205
  c) Visitas a Conhecidos, Parentes etc., 205
INSTRUÇÃO MÁGICA DA ALMA, 203
  O Grande "Agora", 208
  Sem Apego ao Passado, 209
  Perturbações de Concentração como Compasso do Equilíbrio Mágico, 210
  O Domínio dos Fluidos Elétrico e Magnético, 211
INSTRUÇÃO MÁGICA DO CORPO, 217
  Influência Mágica através dos Elementos, 217
  Condensadores Fluídicos, 222
  a) Condensadores Simples, 224
  b) Condensadores Compostos, 225
  c) Condensadores Fluídicos para Espelhos Mágicos, 228
  d) Preparação de Espelhos Mágicos, 230

Resumo de todos os exercícios do Grau VIII, 233

Grau IX, 234
Instrução Mágica do Espírito, 234
    A Prática da Clarividência com Espelhos Mágicos, 236
    a) A Visão através do Tempo e do Espaço, 236
    b) O Carregamento do Espelho Mágico, 238
    c) Diversos Trabalhos de Projeção através do Espelho Mágico, 239
Instrução Mágica da Alma, 254
    A Separação Consciente do Corpo Astral, do Corpo Material Denso, 254
    A Impregnação do Corpo Astral com as Quatro Características Divinas Básicas, 261
Instrução Mágica do Corpo, 262
    Tratamento de Doentes através do Fluido Eletromagnético, 262
    O Carregamento Mágico de Talismãs, Amuletos e Pedras Preciosas, 266
    A realização de Desejos através de Esferas Eletromagnéticas no Akasha, a assim chamada "Voltização", 278
Resumo de todos os exercícios do Grau IX, 280

Grau X, 281
Instrução Mágica do Espírito, 281
    A Elevação do Espírito aos Planos mais Elevados, 281
Instrução Mágica da Alma, 291
    A ligação Consciente com seu Deus Pessoal, 291
    O Relacionamento com as Divindades, 296
Instrução Mágica do Corpo, 296
    Métodos para a Obtenção de Capacidades Mágicas, 296
Resumo de todos os exercícios do Grau X, 318
Conclusão, 319

Apresentação

Em meados de 1985 li, pela primeira vez, um livro de Franz Bardon – *Initiation Into Hermetics* – justamente a versao em idioma inglês da obra que o leitor tem, agora, à sua disposição. Na verdade, devo dizer que Franz Bardon mudou toda minha maneira de encarar o Ocultismo.

Antes de Franz Bardon, eu tinha fé nas possibilidades infinitas do Hermetismo – após Franz Bardon, eu tenho certeza absoluta de que somente a Ciência Sagrada poderá nos permitir superar todas as expectativas.

É meu dever salientar a quem abrir este Livro que Franz Bardon é o Grande Mestre da Época de Ouro da Magia, o Mago dos 78 Arcanos.

O leitor deve estar certo de que o caminho mostrado por ele é, seguramente, o rnelhor – sem armadilhas, riscos ou promessas fantasiosas.

Franz Bardon é considerado um Grande Mestre por figuras importantes do Ocultismo moderno, como o Mestre Choa Kok Sui, Frank G. Ripel, Isaac Bonewitz, Freater U:.D:., Juanita Wescott, entre tantos outros e é a raiz de todo o Ocultismo que chegou até nossos dias. Grandes Mestres como Gareth Knight, Peter James Carroll, Francis Israel Regardie e inúmeros outros beberam,

13

conscientemente ou não, na fonte derramada por Franz Bardon sobre nós.

Este livro será um guia seguro e experiente, fazendo com que o leitor possa sentir a Infinita Bondade e Sabedoria de Deus através do Poder que é ensinado em suas páginas.

José Roberto Romeiro Abrahão

José Roberto R. Abrahão é jornalisla, advogado, terapeuta e autor dos livros *Curso em Magia* e *O Quarto Segredo*.

Prefácio

DA SEGUNDA EDIÇÃO

A primeira edição da presente obra esgotou-se poucos meses depois do lançamento, o que afinal já estava previsto, em função do seu conteúdo tão especial e rico.

A fim de contentar os demais interessados nesta obra, mesmo depois de tão pouco tempo o autor decidiu lançar, de comum acordo com o editor, uma segunda edição com apresentação totalmente nova.

O livro "O Caminho do Adepto" não permaneceu restrito aos muitos buscadores alemães, ele também chegou às mãos de vários cientistas de outros estados e países da Europa, preocupados com o verdadeiro caminho da plenitude. Mesmo em outras partes do mundo, como p.e. a América, a Austrália e a Ásia, a obra também se impôs em pouco tempo, o que se deve à ampla difusão promovida pela Editora Bauer. Todos os felizes proprietários do livro com certeza sentir-se-ão muito gratos a ela por isso. O autor também expressa aqui seus efusivos agradecimentos ao senhor Hermann Bauer pelo grande entusiasmo com que ele se prontificou a publicar a obra.

O autor também aproveita a oportunidade da segunda edição de sua primeira obra para agradecer a todos os leitores e interessados as inúmeras cartas de reconhecimento e consideração que recebeu. Ele considera o enorme interesse demonstrado por suas obras, tornadas públicas graças à ordem expressa da Providência Divina, como a mais bela recompensa pelo seu trabalho abnegado. Sua profissão não é de escritor, mas de médico, área na qual já é bastante conceituado. A missão a ele atribuída pela Providência Divina consiste essencialmente em guiar todos os buscadores da verdade pelo caminho que leva à plenitude, com a ajuda dos seus livros. Ele não poderá ocupar-se dos desejos de cada um individualmente, devido à falta de tempo, o que certamente os leitores acharão compreensível.

Dentre as muitas cartas recebidas pelo autor há algumas nas quais os interessados afirmam que gostariam de pular etapas, ou de realizar apenas aqueles exercícios que lhes são mais agradáveis. O fato disso não ser correto do ponto de vista hermético já foi várias vezes mencionado expressamente pelo próprio autor na obra, onde ele enfatiza que assim não só se semearia o fracasso, mas também se poderiam provocar muitos danos.

Os exercícios básicos publicados nesta obra promovem o desenvolvimento do corpo, da alma e do espírito; os resultados colaterais desses exercícios práticos, as chamadas capacidades ocultas, podem ser úteis ao aprendiz na medida em que, se ele quiser, poderá aperfeiçoar sua existência terrena, visto todo ser humano possuir desejos, ideais e objetivos diferentes. Quem trabalhar de modo prático e consciencioso em cada uma das etapas, terá condições de resolver também suas questões materiais de modo bastante favorável.

O autor deseja a todos uma proteção divina verdadeira, muita paciência e perseverança, e um grande amor ao trabalho tão prazeroso com a ciência hermética. Desejo também que a segunda edição de sua primeira obra chegue logo às mãos daqueles que têm uma grande fome de saber.

Maio de 1957
Otti Votavova

Prefácio

DA PRIMEIRA EDIÇÃO

Não há dúvida de que todo aquele que se preocupa com o verdadeiro conhecimento já buscou em vão, durante anos, ou até por toda a sua vida, um método confiável de aprendizado com o qual pudesse realizar seu maior desejo, o de encontrar o caminho da plenitude. A ânsia por esse objetivo tão elevado provavelmente o estimulou a colecionar os melhores livros e obras sobre o assunto, mas que na maioria das vezes só continham palavras bonitas e cheias de promessas, e deixavam muito a desejar na prática real. Com todos esses métodos reunidos ao longo do tempo o buscador provavelmente não conseguiu a orientação desejada, e o objetivo visado começou a afastar-se cada vez mais. Mesmo quando alguém, seguindo essa ou aquela orientação, começava a trabalhar na própria evolução, o seu esforço e a sua boa vontade não apresentavam resultados satisfatórios; além disso ninguém poderia esclarecer a dúvida, sempre presente, se justamente aquele caminho por ele escolhido seria, de fato, o caminho correto para a sua individualidade.

A Providência Divina veio ajudar todos esses buscadores pacientes e sinceros, e viu que justamente agora, seria o momento de delegar a um dos seus escolhidos a missão de oferecer a essa humanidade, ansiosa pela verdade divina, os conhecimentos adquiridos e testados por esse eleito numa prática de longos anos em todos os âmbitos da "mais elevada sabedoria" e compilados numa obra universal.

Essa tarefa de concretizar os preceitos da Providência Divina foi encarada pelo autor como um dever sagrado, e com a consciência tranquila, ele publica na presente obra seus conhecimentos teóricos e práticos, sem ambicionar a fama e o reconhecimento. Mas ele sabe que foi uma bênção da Providência Divina ter tido, no Oriente, os maiores iniciados do mundo como seus mestres e professores.

O estilo simples desta obra, escolhido propositalmente, possibilita a todas as pessoas, buscadoras da verdade, de qualquer idade e profissão, a começar de imediato o trabalho prazeroso de buscar a própria plenitude e alcançar o seu objetivo, ou seja, a unidade com Deus.

Assim como a Providência Divina quis que esta obra fosse escrita e publicada, também deixamos a seu encargo que ela se tornasse disponível a todas as pessoas que têm o desejo firme de trabalhar na própria elevação espiritual usando métodos confiáveis. Sem qualquer exagero podemos dizer, com razão, que há muito tempo esta é a primeira vez que uma obra tão completa é publicada.

Otti Votavova

Introdução

Quem porventura pensa em encontrar nesta obra só uma coleção de receitas com as quais poderá alcançar fama, riqueza e poder sem nenhum esforço, ou procura derrotar seus inimigos, com certeza vai se decepcionar e desistir de ler este livro.

Muitas seitas e escolas espirituais veem no termo "magia" nada além de simples feitiçaria e pactos com os poderes obscuros. Por isso não é de se admirar quando a simples menção da palavra já provoca uma espécie de horror em certas pessoas. Os prestigitadores, mágicos de palco, charlatães, ou como são chamados, fazem um mau uso do conceito de magia, o que até hoje contribuiu muito para que esse conhecimento mágico fosse sempre tratado com um certo desdém.

Já nos tempos antigos os magos eram considerados grandes iniciados; até a palavra "magia" provém deles. Os assim chamados "mágicos" não são iniciados, mas só forjadores de mistérios que geralmente se aproveitam da ignorância e da credulidade de um indivíduo, ou de todo um povo, para alcançar seus objetivos egoístas através da farsa e da mentira. Mas o verdadeiro mago despreza esse procedimento.

Na realidade a magia é uma ciência divina. Na verdadeira acepção da palavra, ela é o conhecimento de todos os conhecimentos, pois nos ensina como conhecer e utilizar as leis universais. Não há diferença entre magia e misticismo, ou qualquer outro conceito com esse nome, quando se trata da verdadeira iniciação. Sem se considerar o nome que essa ou aquela visão de mundo lhe dá, ela deve ser realizada seguindo as mesmas bases, as mesmas leis universais. Levando em conta as leis universais da polaridade entre o bem e o mal, ativo e passivo, luz e sombra, toda ciência pode ser aplicada para objetivos maléficos ou benéficos. Como p.e. uma faca que normalmente só deve ser utilizada para cortar o pão, nas mãos de um assassino pode transformar-se numa arma perigosa. As determinantes são sempre as particularidades do caráter de cada indivíduo. Essa afirmação vale também para todos os âmbitos do conhecimento secreto.

Neste livro, escolhi para meus alunos, como símbolo da iniciação e do conhecimento mais elevados, a denominação "magia". Muitos leitores sabem que o tarô não é só um jogo de cartas destinado à adivinhação, mas sim um livro simbólico iniciático que contém grandes segredos. A primeira carta desse livro representa o mago, que configura o domínio dos elementos e apresenta a chave para o primeiro arcano, o mistério cujo nome é impronunciável, o "Tetragrammaton", o JOD-HE-VAU-HE cabalístico. É por isso que a porta da iniciação é o mago, e o próprio leitor desta obra poderá reconhecer a grande gama de aplicações dessa carta e o quanto ela é significativa.

Em nenhuma obra publicada até agora o verdadeiro significado da primeira carta do tarô foi tão claramente descrito como neste meu livro. Este sistema, montado com o maior cuidado e a mais extrema ponderação, não é um método especulativo, mas o resultado positivo de trinta anos de pesquisa, de exercícios práticos e de repetidas comparações com muitos outros sistemas das mais diversas lojas maçônicas, sociedades secretas e de sabedoria oriental, acessíveis somente aos excepcionalmente dotados e alguns raros eleitos. Portanto – é bom lembrar – partindo da minha própria prática e indo de encontro à prática de muitos, que com certeza ele já foi aprovado, sobretudo pelos meus alunos, e considerado o melhor e mais útil dos sistemas.

Mesmo assim ainda não foi dito e também não quero afirmar que este livro descreve todos os problemas da magia ou do misticismo;

se quiséssemos escrever tudo sobre esse conhecimento tão elevado, então teríamos que preencher compêndios inteiros. Mas com toda a certeza pode se dizer que esta obra é realmente a porta de entrada para a verdadeira iniciação, a primeira chave para a utilização das leis universais. Também não nego que em obras de diversos autores podemos encontrar aqui e ali alguns trechos explicativos, mas dificilmente o leitor encontrará uma descrição tão precisa da primeira carta do tarô num único livro.

Não poupei esforços no sentido de ser o mais claro possível em cada etapa do curso tornando as grandes verdades acessíveis a qualquer um, apesar de ter encontrado dificuldades para colocá-las em palavras simples, a fim de que fossem compreendidas por todos. Se esse meu esforço deu resultados, é uma constatação que deixo a critério dos leitores. Em alguns casos precisei deliberadamente repetir certas afirmações para enfatizar alguns trechos especialmente importantes e poupar o leitor de um eventual trabalho de folhear constantemente o livro.

Muitas vezes ouvi pessoas se queixarem de que interessados e alunos das ciências ocultas não teriam oportunidade de serem iniciados pessoalmente por um mestre ou guru, e que por causa disso o acesso ao verdadeiro conhecimento só seria possível para os excepcionalmente dotados ou abençoados. Muitos dos verdadeiros buscadores seriam obrigados a consultar pilhas de livros para pelo menos aqui e ali conseguirem pescar alguma pérola de verdade. Portanto, quem se preocupa seriamente com a própria evolução e deseja obter esse conhecimento sagrado, não só por pura curiosidade ou pela satisfação de suas paixões mais imediatas, encontrará nesta obra o guia certo da iniciação. Nenhum iniciado encarnado, por mais elevado que seja o seu grau de iniciação, pode oferecer ao aluno mais, para o seu começo de aprendizado, do que é oferecido neste livro. Caso o aluno sincero e leitor atencioso encontre neste livro o que ele até hoje procurou em vão, então a obra cumpriu totalmente a sua missão.

O autor

Primeira Parte
TEORIA

A Figura do Mago

A Primeira carta do Tarô.*
Explicação do seu simbolismo.

O s reinos mineral, vegetal e animal, estão simbolicamente expressos na parte inferior da carta.
A mulher à esquerda e o homem à direita são o "mais" (plus) e o "menos" (minus) da pessoa.

No meio deles há um ser hermafrodita, homem e mulher numa única pessoa, como sinal do equilíbrio entre os princípios masculino e feminino.

Os fluidos elétrico e magnético estão representados pelas cores vermelho e azul, o fluido elétrico pelo vermelho e o magnético pelo azul.

Na mulher a região da cabeça é elétrica, de cor vermelha, e a região genital é magnética, de cor azul; no homem ocorre o inverso.

Sobre o hermafrodita há o globo, como marca da esfera terrestre sobre a qual se configura o mago com os quatro elementos.

---

* Ver reprodução na capa do livro.

Sobre o homem estão os elementos ativos, o elemento fogo na cor vermelha e o ar na cor azul; sobre a mulher estão os elementos passivos, o elemento água na cor verde e o elemento terra na cor amarela.

O meio, subindo pela figura do mago até a esfera terrestre, é violeta escuro como sinal do Princípio do Akasha.

Sobre a cabeça do mago está desenhada uma flor de lótus prateada, com uma moldura de ouro e uma faixa invisível como coroa; é o sinal da divindade. No seu interior uma pedra vermelha, um rubi, que é a pedra dos sábios, é também o símbolo da quintessência de toda a ciência hermética. No fundo à direita está o sol, amarelo-dourado, e à esquerda a lua, branco-prateada, como o "plus" e o "minus" no macro e no microcosmo, ou os fluidos elétrico e magnético.

Sobre a flor de lótus a criação é simbolizada por uma esfera, que no seu interior retrata o símbolo da força geratriz "plus" e "minus", o ato criador e gerador do Universo.

O infindável, eterno, ilimitado e não criado é expresso simbolicamente pela palavra AUM e pela cor violeta escuro passando ao preto.

O Grande Segredo do Tetragrammaton
ou
O JOD-HE-VAU-HE Cabalístico.

"O que está em cima é também
o que está embaixo".

— *Hermes Trimegisto*

Sobre os Elementos

Tudo o que foi criado, o macrocosmo e o microcosmo, portanto o grande e o pequeno mundos, formaram-se através dos elementos. Por causa disso pretendo, já no começo da iniciação, ocupar-me justamente dessas forças e mostrar especialmente sua profundidade e seu múltiplo significado. Até hoje se falou muito pouco, na literatura oculta, sobre as forças dos elementos, por isso resolvi assumir a tarefa de tratar desse assunto ainda inexplicado e erguer os véus que encobrem as suas leis. Não é nada fácil esclarecer os não-iniciados de modo a levar ao seu conhecimento não só a existência e a ação desses elementos, mas também dar a esses leitores a possibilidade de trabalhar posteriormente com essas forças na prática.

O Universo todo iguala-se ao mecanismo de um relógio, com engrenagens mutuamente dependentes. Até mesmo o conceito da divindade como a entidade de alcance mais elevado, pode ser classificado de modo análogo aos elementos, em certos aspectos. Há mais detalhes sobre isso no capítulo que trata do conceito de Deus.

Nos escritos orientais mais antigos os elementos são definidos pelos Tattwas. Na nossa literatura europeia só lhes damos atenção na medida em que enfatizamos seus bons efeitos ou apontamos suas influências desfavoráveis, o que quer dizer portanto que sob a influência dos Tattwas determinadas ações podem ser levadas adiante ou devem ser deixadas de lado. Não há dúvidas sobre a autenticidade desse fato, mas tudo o que nos foi revelado até hoje aponta só para um aspecto muito restrito dos efeitos dos elementos. A prova dos efeitos dos elementos em relação aos Tattwas, para o uso pessoal, consta de modo suficientemente explícito nas obras astrológicas.

Porém eu penetro mais profundamente no segredo dos elementos, e por isso escolho uma outra chave, aliás análoga à astrológica, mas que não tem nada a ver com ela. Pretendo ensinar as diversas maneiras de utilizar essa chave até agora desconhecida para o leitor. Trato cada uma das funções, analogias e efeitos dos elementos, em sequência e com mais detalhes, nos capítulos subsequentes. Além de desvendar o seu lado teórico, também mostro a sua utilização prática, pois é justamente nela que reside o maior arcano.

Sobre esse grande conhecimento secreto dos elementos já se escreveu no mais antigo livro da sabedoria esotérica, o Tarô, cuja primeira carta, o mago, representa o conhecimento e o domínio dos elementos. Nessa primeira carta os símbolos são: a espada, que simboliza o elemento fogo; o bastão, que simboliza o elemento ar; o cálice, o elemento água; e as moedas o elemento terra.

Aqui podemos perceber que já nos antigos mistérios apontava-se o mago como primeira carta do Tarô, e assim se escolhia o domínio dos elementos como primeiro ato da iniciação. Em homenagem a essa tradição quero também dedicar a maior atenção sobretudo a esses elementos, pois como veremos adiante, a chave para os elementos é um meio universal com o qual se pode solucionar todos os problemas que surgem. De acordo com os indianos, a sequência dos Tattwas é a seguinte:

Akasha — o princípio etérico
Tejas — o princípio do fogo
Waju — o princípio do ar
Apas — o princípio da água
Prithivi — o princípio da terra

De acordo com a doutrina hindu os quatro Tattwas mais densos formaram-se a partir do quinto Tattwa, o princípio akáshico. Por isso o Akasha é o princípio original, e é considerado como a quinta força, a assim chamada quintessência. Esclarecimentos mais detalhados sobre o Akasha, o elemento mais sutil de todos, serão apresentados ao leitor no capítulo correspondente. As características específicas de cada elemento também serão mencionadas em todos os capítulos subsequentes, iniciando-se nos planos mais elevados e descendo até à matéria mais densa, inferior. Como o próprio leitor poderá perceber, não será uma tarefa fácil analisar um segredo tão grande da criação e colocá-lo em palavras, de modo a dar a todos a possibilidade de penetrar nesse assunto e construir uma imagem plástica dele.

Mais adiante falarei também sobre a decomposição dos elementos, além de mostrar seu valor prático, para que cada cientista, seja ele químico, médico, hipnotizador, ocultista, mago, místico, cabalista, iogui etc., possa extrair disso a sua utilização na prática. Se eu conseguir informar o leitor a ponto de pelo menos permitir que ele penetre nesse assunto sabendo utilizar a chave prática naquele campo do conhecimento que lhe agrada mais, então o objetivo do meu livro terá sido alcançado.

O Princípio do Fogo

Como tivemos oportunidade de mencionar, o Akasha, ou Princípio Etérico, é a origem da criação dos elementos. O primeiro elemento que de acordo com os escritos orientais nasceu do Akasha, é Tejas, o princípio do fogo. Esse elemento, como todos os outros, não age só no nosso plano denso, material, mas em tudo o que foi criado. As características básicas do princípio do fogo são o calor e a expansão; é por isso que no começo da criação tudo era fogo e luz. A Bíblia também diz: "Fiat lux – que se faça a luz". Naturalmente a base da luz é o fogo. Cada elemento, inclusive o fogo, possui duas polaridades, a ativa e a passiva, i.e., Plus e Minus (mais e menos), A Plus é a construtiva, criadora, geradora, enquanto que a Minus é a desagregadora, exterminadora. Sempre se deve considerar essas duas características básicas de cada elemento. As religiões atribuem o bem ao lado ativo e o mal ao lado passivo; mas em princípio o bem e o mal não existem, eles são apenas conceitos da condição humana. No Universo não existem coisas boas ou más, pois tudo foi criado segundo leis imutáveis. É justamente nessas leis que se reflete o princípio divino, e só na posse do conhecimento dessas leis é que podemos nos aproximar do divino.

A explosão é inerente ao princípio do fogo, e será definida como fluido elétrico para fins de formação de uma imagem. Sob esse conceito nominal compreende-se não só a eletricidade material, densa, apesar de ter com esta uma condição análoga, como veremos a seguir. Naturalmente torna-se claro para qualquer pessoa que a característica da expansão é idêntica à da extensão. Esse princípio do elemento fogo é ativo e latente em tudo o que foi criado, portanto em todo o Universo, desde o menor grão de areia até as coisas visíveis e invisíveis mais elevadas.

O Princípio da Água

No capítulo anterior tomamos conhecimento da criação e das características do elemento positivo fogo. Neste capítulo descrevo o princípio contrário, o da água. Assim como o fogo, ele também se formou a partir do Akasha, o princípio etérico.

Em comparação com o fogo porém, ele possui características totalmente opostas; suas características básicas são o frio e a retração. Aqui também se trata de dois polos: o polo ativo, que é construtivo, doador de vida, nutriente e preservador; e o negativo, igual ao do fogo, desagregador, fermentador, decompositor, dissipador. Como o elemento água possui em si a característica básica da retração, ele deu origem ao fluido magnético. Tanto o fogo quanto a água agem em todas as regiões. Segundo a lei da criação, o princípio do fogo não poderia existir se não contivesse um polo oposto, ou seja, o princípio da água. Esses dois elementos, fogo e água, são aqueles elementos básicos com os quais tudo foi criado. Por causa disso é que em todos os lugares sempre temos que contar com dois elementos principais como polaridades opostas, além do fluido magnético e elétrico.

O Princípio do Ar

Outro elemento que se formou a partir do Akasha é o ar. Os iniciados encaram esse princípio não como um elemento real, mas colocam-no numa posição intermediária entre o princípio do fogo e o da água; o princípio do ar, como meio, por assim dizer, produz um equilíbrio neutro entre os efeitos passivo e ativo do fogo e da água. Através dos efeitos alternados dos elementos passivo e ativo do fogo e da água, toda a vida criada tornou-se movimento.

Em seu papel intermediário, o princípio aéreo assumiu do fogo a característica do calor, e da água a da umidade. Sem essas duas características a vida não seria possível; além disso elas também conferem ao princípio aéreo duas polaridades: no efeito positivo a da doação da vida, e no negativo, a exterminadora.

Quanto aos elementos citados, devemos acrescentar que não se tratam de fogo, água e ar comuns, na verdade só aspectos do plano material denso – mas sim de características universais dos elementos.

O Princípio da Terra

Já dissemos que o princípio do ar não representa propriamente um elemento em si, e essa afirmação vale também para o princípio da terra. Isso significa que, do efeito alternado dos três elementos mencionados em primeiro lugar, o elemento terra formou-se por último, pois através de sua característica específica, a solidificação, ela integra em si todos os outros três. Foi justamente essa característica que conferiu uma forma concreta aos três elementos. Ao mesmo tempo, porém, foi introduzido um limite ao seu efeito, o que resultou na criação do espaço, da dimensão, do peso, e do tempo. Em conjunto com a terra, o efeito recíproco dos outros três elementos tornou-se quadripolar. O fluido na polaridade o elemento terra é eletromagnético. Como todos os elementos são ativos no quarto elemento, da terra, toda a vida criada pode ser explicada. Foi através da materialização da vida nesse elemento que surgiu o "Fiat", o "faça-se".

Outras explicações mais detalhadas dos efeitos específicos dos elementos nas diversas esferas e reinos, como no reino da natureza, no reino animal, no reino humano etc., poderão ser encontradas no conteúdo subsequente do livro. O importante é que o leitor consiga ter uma ideia geral do funcionamento e dos efeitos dos princípios dos elementos em todo o Universo.

A Luz

O princípio do fogo é a base da luz; sem ele a luz jamais poderia existir. Por isso ela é um dos aspectos do fogo. Todos os elementos do fogo podem ser convertidos em luz e vice-versa. É por isso que a luz contém todas as características específicas: é luminosa, penetrante, expansiva. O oposto da luz é a escuridão, que surgiu do princípio da água, e possui as características específicas opostas às da luz. Sem a escuridão a luz não só seria irreconhecível, como não poderia existir. Assim podemos perceber que a luz e a escuridão surgiram a partir da alternância de dois elementos, ou seja, do fogo e da água. Em seu efeito, a luz possui a característica positiva e a escuridão a negativa. Essa alternância ocorre em todas as regiões.

O Akasha, ou o Princípio Etérico

Na descrição dos elementos, eu mencionei que estes surgiram a partir do princípio etérico. Por causa disso ele é o mais elevado de todos, o mais poderoso e inimaginável; ele é a origem, o fundamento de todas as coisas e de toda a criação. Em resumo, ele é a esfera primordial. É por isso que o Akasha é isento de espaço e de tempo. Ele é o não-criado, o incompreensível, o indefinível. As religiões chamam-no de Deus. Ele é a quinta força, a força primordial; ele é aquilo que contém tudo o que foi criado e que mantém tudo em equilíbrio. E a origem e a pureza de todos os pensamentos e ideias, é o mundo das coisas primordiais no qual se mantém tudo o que foi criado, desde as esferas mais elevadas até às mais baixas. É a quintessência dos alquimistas. É tudo em todas as coisas.

Karma, a Lei de Causa e Efeito

Uma lei imutável que possui seu aspecto característico justamente no Princípio do Akasha, é a lei de causa e efeito. Toda causa provoca um efeito correspondente. Essa lei vale, em todos os lugares, como a lei suprema; assim toda ação tem como consequência um determinado efeito ou produto. Por isso o Karma deve ser considerado não só uma lei para nossas boas ações, como prega a filosofia oriental, mas, como podemos perceber nesse caso, seu significado chega a ser bem mais profundo. Instintivamente, as pessoas sentem que todo o bem só produz bons frutos e todo o mal tem como consequência a produção de coisas más; ou como diz a boca do povo: "O que o homem semeia, ele colhe!" Essa lei irrevogável deve ser conhecida e respeitada por todos. A lei da causa e efeito também é inerente aos princípios dos elementos. Não quero aprofundar-me nos detalhes dessa lei, que aliás podem ser expressos em poucas palavras, porque eles são claros e lógicos para a mente de qualquer pessoa. A lei da evolução ou do desenvolvimento também se subordina à lei da causa e efeito; é por isso que o desenvolvimento é um aspecto da lei do karma.

O Corpo Humano

O homem é a imagem verdadeira de Deus, portanto ele foi criado segundo o retrato do Universo. Tudo o que se encontra no Universo numa escala maior, reflete-se no homem numa escala menor. É por isso que o homem é definido como um microcosmo, em contraposição ao Universo como macrocosmo. Ao pé da letra, podemos dizer que no homem está refletida toda a natureza, e o objetivo desse capítulo é ensinar a observar, conhecer e dominar essa verdade.

Não pretendo aqui descrever os processos físicos do corpo, pois essa designação pode ser encontrada em qualquer obra especializada; o que eu quero é ensinar aos leitores como observar o homem do ponto de vista hermético e como utilizar nele a chave básica, i.e. os efeitos dos elementos.

Há um famoso ditado que diz: "Num corpo sadio, uma mente sadia". No estudo do homem veremos como é profunda e verdadeira a afirmação dessa pequena frase. Mas com certeza vocês perguntarão, o que é afinal a saúde do ponto de vista hermético?

Nem todo mundo terá condições de responder a essa pergunta imediatamente, a maioria dará uma explicação bastante individual à questão da saúde. Do ponto de vista hermético a saúde é encarada como uma harmonia total das forças que operam no corpo, relativamente às características básicas dos elementos. Não há nem mesmo a necessidade da predominância de uma desarmonia muito grande dos elementos para que o efeito se torne visível sob a forma de algo que chamamos de doença. A desarmonia em forma de doença já é uma perturbação importante nas regiões do corpo em que operam os elementos. É por isso que o futuro iniciado deve considerar como condição básica uma cuidadosa atenção com o seu corpo. A expressão externa do corpo é como uma bela vestimenta, e, sob todos os aspectos, tanto no maior quanto no menor, a beleza também é um aspecto da natureza divina. A beleza não é só aquilo que nos agrada ou nos é simpático, pois a simpatia e a antipatia dependem dos efeitos recíprocos dos elementos; a saúde efetiva é muito mais uma condição básica para a elevação espiritual. Se quisermos morar bem, temos que arrumar nossa moradia, nossa casa; o mesmo acontece com nosso corpo, que deve ser belo e harmonioso.

De acordo com a lei universal os elementos têm determinadas funções no corpo, principalmente a construção, a manutenção e a decomposição. A parte positiva do corpo, i.e., a construtiva, corresponde ao lado positivo ou ativo dos elementos. A parte mantenedora ou compensadora é assegurada pela função agregadora dos elementos, i.e., a neutra; e a parte decompositora ou deteriorante é comandada pelas características negativas dos elementos.

Assim, por exemplo, cabe ao princípio do fogo na sua forma ativa, com seu fluido elétrico, a atividade expansiva, construtora e ativa, e na sua forma negativa o contrário.

O princípio da água na sua forma ativa influencia a atividade construtora dos diversos líquidos no corpo, e na sua forma negativa, a atividade decompositora.

O princípio do ar tem a função de regular o fluido elétrico do fogo e o fluido magnético da água no corpo, e mantê-los em equilíbrio. Por isso, ele é definido como o elemento neutro ou mediador.

Como foi dito na chave básica sobre as forças do princípio da terra, este último tem a função de manter agregadas as funções dos outros três elementos. Na forma ativa do elemento do princípio da terra o efeito é vitalizante, fortalecedor, construtor, mantenedor etc., e na sua forma negativa é o contrário. Ao princípio da terra corresponde tanto o progresso ou crescimento, quanto o envelhecimento do corpo. Poderíamos ainda apresentar muitas analogias sobre os efeitos dos elementos no corpo, mas a explicação acima deveria, em princípio, ser suficiente.

Os iniciados de todos os tempos nunca descreveram em pormenores os efeitos dos elementos, provavelmente para evitar o seu uso indevido; mas eles os conheciam muito bem. Dividiam o homem em três conceitos básicos, atribuindo a cabeça ao princípio do fogo, o ventre ao da água e o tórax ao do ar, este último como princípio mediador entre o fogo e a água.

À primeira vista é evidente que os iniciados definiram corretamente essa divisão do homem, pois tudo o que é ativo, portanto, o que é ígneo, ocorre na cabeça, enquanto no ventre ocorre o contrário, i.e., o trabalho dos líquidos, o aquoso, o eliminador etc. O tórax está subordinado ao ar e possui, da mesma forma, um papel mediador, pois a respiração que ali ocorre é mecânica. Finalmente o princípio da terra, com sua coesão ou sua força agregadora compõe todo o corpo humano, com todos os seus ossos e sua carne.

Mas alguém sempre perguntará: onde e de que modo se apresenta o Akasha, ou princípio etérico, no corpo material denso? Após uma reflexão mais profunda todos poderão responder a essa pergunta por si mesmos, isto é, de que o princípio etérico na sua forma material densa está contido no sangue e no sêmen, e no efeito recíproco destes últimos na matéria vital ou vitalidade.

Como vimos anteriormente, o elemento fogo produz no corpo o fluido elétrico, e o elemento água produz o magnético. Cada um desses fluidos possui dois polos de irradiação, o ativo e o passivo, e os efeitos recíprocos diretos e alternados dos quatro polos igualam-se a um magneto quadripolar, idêntico ao mistério do Tetragrammaton, o JOD-HE-VAU-HE dos cabalistas. Por isso é que o fluido eletromagnético no corpo humano, em sua irradiação para o exterior, é o magnetismo vital, chamado de Od, ou de qualquer outro nome que se lhe queira dar. Na pessoa destra o lado direito do corpo é elétrico-ativa, e o lado esquerdo magnético-passiva. Na pessoa canhota ocorre o contrário. A intensidade de irradiação desse fluido eletromagnético depende da capacidade, i.e., da intensidade do efeito dos elementos no corpo. Quanto mais saudável e harmoniosamente se operar o efeito dos elementos no corpo, tanto mais forte e pura será a irradiação.

Com a ajuda de determinados exercícios, assim como através de uma postura correta e uma observação precisa dessas leis, a capacidade e intensidade de ação desse fluido eletromagnético, ou Od, poderá aumentar ou diminuir conforme a necessidade. O modo como isso ocorre será descrito com mais detalhes na parte prática desta obra.

Tanto o fluido elétrico quanto o magnético não têm nenhuma relação direta com a eletricidade ou o magnetismo que conhecemos, mas lhe são análogos. Essa lei da analogia é um fator muito importante na ciência hermética, e seu conhecimento possibilita ao iniciado realizar, com essa chave, grandes milagres.

Na nutrição esses elementos estão misturados. Sua assimilação desencadeia um processo químico através do qual os elementos se mantêm no nosso corpo. Do ponto de vista médico a assimilação de qualquer nutriente, em conjunto com a respiração, desencadeia um processo de combustão, no qual o hermetista vê muito mais do que um simples processo químico. Ele vê a fusão dos nutrientes, assim como o fogo que é constantemente mantido aceso através da matéria em combustão. É por isso que toda vida depende da entrada contínua de material combustível, i.e. do alimento e da respiração. Para que cada elemento receba seu material de manutenção necessário, recomenda-se uma alimentação variada, misturada, que contenha todas as matérias básicas dos elementos. Se por exemplo fossemos obrigados a passar a vida toda dependendo de um único nutriente, sem dúvida o nosso corpo adoeceria, i.e., tornar-se-ia desarmônico. Através da decomposição do ar e dos nutrientes os elementos recebem a matéria que os preserva, mantendo assim o vigor da sua atividade. Esse é o modo de vida natural do homem. Se houver a falta da assim chamada "matéria desencadeadora" em qualquer dos elementos, o efeito nas funções correspondentes é imediato. Por exemplo, quando o efeito do elemento fogo no corpo se intensifica, sentimos sede; no caso do elemento ar sentimos fome, no do elemento água sentimos frio, e no do elemento terra instala-se o cansaço. Da mesma forma, qualquer saturação dos elementos no corpo provoca reações intensificadas. Com o excesso do elemento fogo instala-se uma necessidade de movimento e atividade; com o do elemento água intensifica-se o processo de deterioração. Uma saturação do elemento ar mostra-nos que devemos dosar a assimilação da nutrição, e uma saturação do elemento terra exerce seus efeitos em aspectos da vida sexual, mas não se evidencia necessariamente no impulso sexual carnal. Geralmente em pessoas mais velhas, esse efeito pode também exteriorizar-se através do estímulo a uma maior atividade no trabalho, a um maior desempenho criativo.

Em suas polaridades passiva e ativa, os fluidos elétrico e magnético têm a função de produzir os compostos ácidos do ponto de vista químico, ou eventualmente alquímico, em todos os corpos orgânicos e inorgânicos. No sentido ativo elas são construtoras e no negativo desagregadoras, decompositoras, e destruidoras. Assim explica-se a função biológica do corpo. O resultado é o ciclo da vida: ela surge, cresce, amadurece e morre. Esse é o destino da evolução de toda a criação.

Dieta

Um modo de vida sensato mantém a harmonia dos elementos no corpo. Quando surge uma desarmonia no efeito dos elementos, isto é, quando há a predominância ou o enfraquecimento de um ou outro elemento, deve-se tomar algumas providências para equilibrá-los novamente ou pelo menos interferir favoravelmente nesse sentido. É por isso que, para casos específicos costumam-se prescrever as mais diversas dietas. Já há muito tempo pessoas comuns chegaram a essa conclusão através de inúmeras observações, mas sem conseguir entender as causas precisas desses fenômenos.

Quando a perturbação dos elementos é tão grande a ponto de tornar a desarmonia visível, não se trata mais de uma desarmonia, mas sim de uma enfermidade. Costuma-se então logo lançar mão de meios drásticos para recompor a harmonia necessária, obter uma saúde completa e trazer o corpo de volta ao ritmo normal. Sobre esse fundamento baseiam-se todos os métodos de cura até hoje conhecidos. Prefiro abster-me da descrição de cada método de tratamento individualmente, pois todos já são amplamente conhecidos; os métodos naturais de cura utilizam-se de efeitos térmicos, como banhos, compressas, cataplasmas, ervas, massagens etc. O alopata usa remédios concentrados para provocar os efeitos correspondentes aos elementos e assim promover a recuperação da saúde. O homeopata estimula o elemento contrário através de seu remédio "similia similibus curantur", para recuperar o equilíbrio do elemento ameaçado, de acordo com a sua polaridade. Ao aplicar seus remédios, o eletro-homeopata age diretamente sobre os fluidos elétrico e magnético, para através do seu fortalecimento equilibrar o elemento desarmônico, conforme o tipo de enfemidade.

Polaridade

Cada método de cura tem como objetivo restaurar o equilíbrio prejudicado dos elementos. Através do conhecimento dos efeitos dos elementos em nosso corpo, o magnetopata ou magnetizador tem uma grande possibilidade de conseguir controlar suas forças, com sucesso, principalmente quando ele tem condições de despertar em si mesmo, conscientemente, o fluido elétrico ou magnético, fortalecê-lo e transmiti-lo à parte do corpo que está em desarmonia. Dediquei um capítulo inteiro deste livro à parte prática desse tipo de tratamento.

As funções completas do corpo também deveriam ser aqui descritas. Mas, analogamente aos efeitos dos elementos no corpo, cada parte dele também é influenciada por um elemento específico que age na sua polaridade. O que é interessante é o fato de alguns órgãos conterem, no ritmo do seu funcionamento, portanto no seu mecanismo, uma alternância do fluido elétrico de dentro para fora e do fluido magnético de fora para dentro, o que faz com que o ritmo e as funções em todo o organismo consigam chegar harmônica e analogamente ao equilíbrio. Em outros órgãos porém ocorre o contrário: o fluido elétrico age de fora para dentro e o magnético de dentro para fora. Esse conhecimento da irradiação polarizada é chamado, na ciência hermética, de "anatomia oculta do corpo". O conhecimento dos processos dessa anatomia oculta é muito importante para todos os iniciados, caso eles queiram conhecer, influenciar e controlar o seu corpo.

É por isso que pretendo descrever aqui também a anatomia oculta do corpo humano relativamente aos fluidos elétrico e magnético, portanto no âmbito dos efeitos positivo e negativo. O magnetopata poderá extrair uma grande utilidade dessas explicações, pois assim ele poderá tratar a parte do corpo em questão segundo a origem da enfermidade, com o fluido elétrico ou o magnético. Esse conhecimento também será muito util para as outras pessoas.

A Cabeça:
A parte anterior é elétrica, a posterior magnética. O lado direito é magnético, o esquerdo elétrico. O interior é elétrico.

Os Olhos:
A parte anterior é neutra, a parte posterior também é neutra. O lado direito é elétrico, o lado esquerdo também é elétrico. O interior é magnético.

As Orelhas:
A parte anterior é neutra, a parte posterior também é neutra. O lado direito é magnético, o lado esquerdo é elétrico, o interior é neutro.

Boca e Língua:
A parte anterior é neutra, a posterior também é neutra. O lado direito é neutro, o esquerdo também é neutro. O interior é magnético.

O Pescoço:
A parte anterior é magnética, a parte posterior é magnética, o lado direito é magnético, o lado esquerdo é elétrico, o interior é elétrico.

O Tórax:
A parte anterior é eletromagnética, a parte posterior é elétrica, o lado direito é neutro, o lado esquerdo é elétrico, e o interior é neutro.

O Ventre:
A parte anterior é elétrica, a parte posterior é magnética; o lado direito é magnético, o lado esquerdo é elétrico, o interior é magnético.

As Mãos:
A parte anterior é neutra, a parte poterior é neutra, o lado direito é magnético, o lado esquerdo é elétrico, o interior é neutro.

Os Dedos da Mão Direita:
Os lados anterior e posterior são neutros, os lados direito e esquerdo são elétricos, o interior é neutro.

Os Dedos da Mão Esquerda:
Os lados anterior e posterior são neutros, o lado direito é elétrico, o lado esquerdo também é elétrico, o interior é neutro.

Os Pés
As partes anterior e posterior são neutras, o lado direito é magnético, o lado esquerdo é elétrico, o interior é neutro.

Os Órgãos Genitais Masculinos:
A parte anterior é elétrica, a parte posterior é neutra, os lados esquerdo e direito são neutros, e o interior é magnético.

Os Órgãos Genitais Femininos:
A parte anterior é magnética, a parte posterior é neutra, os lados direito e esquerdo são neutros, o interior é elétrico.

Última Vértebra da Coluna Junto ao Ânus:
As partes anterior e posterior são neutras, os lados direito e esquerdo são neutros, o interior é magnético.

Com base nessa anatomia oculta o iniciado pode, com a chave do magneto quadripolar, compor outras analogias segundo a sua necessidade. E nessa anatomia o alquimista reconhece também que o corpo humano é um verdadeiro Athanor, no qual ocorre, bem visível, o processo alquímico mais completo, a grande obra, ou a preparação da pedra dos sábios.

E aqui termina o capítulo sobre o corpo humano. Não pretendo afirmar que considerei todos os assuntos ligados ao tema; de qualquer modo creio que mencionei os mais importantes, aqueles relativos aos elementos, aos magnetos quadripolares, e desvendei o mistério do Tetragrammaton aplicado ao corpo.

O Plano Material Denso
ou o Mundo Material Denso

Nesse capítulo não pretendo descrever o mundo material denso, os reinos mineral, vegetal e animal, e nem ocupar-me dos processos físicos da natureza, pois com certeza todos já ouviram falar desses assuntos na escola, como p.e. da existência de um polo sul e de um polo norte, da formação da chuva, das tempestades etc. Para os futuros iniciados esses processos têm pouco interesse; na verdade é bem mais útil para eles conhecer o mundo material por meio dos elementos e de sua polaridade. Não preciso mencionar que em nosso planeta existem fogo, água, ar e terra, o que é evidente para todas as pessoas que raciocinam logicamente.

Mesmo assim seria bom se o futuro iniciado conhecesse a origem e o efeito de cada um dos quatro elementos e aprendesse a usá-los corretamente de acordo com as analogias correspondentes a outros planos. Como podemos entrar em contato simultaneamente com os planos mais elevados através do conhecimento dos elementos materiais densos, é algo que será explicado em um outro capítulo sobre a aplicação prática da magia. No momento é importante saber que na nossa Terra o trabalho dos elementos, na sua forma mais sutil, ocorre da mesma maneira que no corpo humano. Se traçarmos uma analogia com o corpo humano poderemos ver como são determinados os paralelos relativos aos elementos, e como essa analogia realmente nos parece exata. No capítulo anterior falamos sobre o modo de vida, e sobre as funções dos elementos em relação ao corpo; quando o iniciado consegue utilizar os elementos na sua forma mais sutil, ele consegue realizar verdadeiros milagres no seu próprio corpo, e não só isso, ele pode também afirmar que sob esse aspecto nada é impossível.

O elemento terra possui em si o magneto quadripolar com sua polaridade, e o efeito dos outros três elementos. Na natureza o princípio do fogo na sua forma ativa exerce seu efeito como princípio vitalizador, e na sua forma negativa como princípio destruidor e desagregador. O princípio da água possui na sua forma ativa o efeito solvente, doador de vida, e na forma negativa o contrário. O princípio do ar com sua polaridade dupla é também o fator neutro, equilibrador e preservador da natureza. Em função da sua característica específica de coesão, o elemento terra tem como base esses dois grandes elementos fundamentais, o fogo e a água, que junto com a neutralização do princípio do ar fazem com que a terra seja considerada o elemento material mais denso. Como já mencionamos no item sobre o corpo, através da ação mútua dos elementos fogo e água surgem dois fluidos básicos, o elétrico e o magnético, que, exatamente como no corpo, formaram-se de acordo com as mesmas leis e possuem os mesmos efeitos mútuos. Por isso esses dois elementos agem, com seus fluidos, sobre tudo o que acontece de material na Terra, influenciando vários processos químicos no seu interior e exterior, nos reinos mineral, vegetal e animal. Em vista disso devemos dizer que o fluido elétrico encontra-se no ponto central da Terra e o magnético na sua superfície. Esse fluido magnético da superfície da Terra, apesar da característica do princípio da água, ou da coesão, mantém agregado tudo o que é material ou composto.

Através da característica específica de sua substância e condicionado pela composição dos seus elementos, cada objeto possui, relativamente ao fluido elétrico, determinadas irradiações, as assim chamadas oscilações de elétrons, que sofrem a atração provocada pelo fluido magnético geral de todo o mundo material. Essa atração é chamada de peso. Assim o peso é uma manifestação da força de atração da Terra. A força de atração do ferro e do níquel, que todos nós conhecemos, é um pequeno exemplo ou uma imitação daquilo que ocorre em grande escala em toda a Terra. Aquilo que na Terra conhecemos como magnetismo e eletricidade é na verdade uma manifestação do magneto quadripolar, pois como todos nós sabemos, da comutação induzida consegue-se obter a eletricidade partindo-se do magnetismo, e da eletricidade voltar novamente ao magnetismo através de meios mecânicos. A transformação de uma na outra já é na verdade um processo alquímico, ou mágico, que no entanto foi tão vulgarizado ao longo do tempo que atualmente não é mais encarado como alquimia ou magia, mas foi simplesmente delegado à física. Podemos ver que nesse caso também se aplica o magneto quadripolar. Em relação à lei do magnetismo e da eletricidade, não só do corpo, como descrevemos no último capítulo, mas também do mundo material denso, todo ocultista sabe que tudo o que está em cima é também o que está embaixo. Todo iniciado que sabe empregar as forças dos elementos ou o grande mistério do Tetragrammaton em todos os planos, também terá condições de realizar grandes feitos em nosso mundo material, coisas que aos olhos dos não-iniciados poderão parecer milagres. Porém para o iniciado elas não são milagres, e ele conseguirá explicar até as coisas mais intrigantes com base no conhecimento dessas leis.

Todo o crescimento, o amadurecimento, toda a vida e também toda a morte em nossa Terra dependem das leis aqui descritas. Por esse motivo o iniciado sabe que a morte não é a ideia de uma queda no nada; o que é considerado como um aniquilamento ou uma morte é só uma passagem de um estado a outro. O mundo denso material surgiu do Princípio do Akasha, o nosso já conhecido éter, e é também regulamentado e mantido por ele. É assim que se explicam todas as invenções baseadas na transmissão dos fluidos elétrico e magnético, e que dependem de uma transmissão à distância através do éter, como p.e. o rádio, a telegrafia, a telefonia e a televisão, além de muitas outras que surgirão no futuro. Mas o princípio básico e as leis foram, são e continuarão sendo sempre os mesmos.

Sobre os efeitos dos fluidos magnético e elétrico no plano material denso poderíamos escrever um livro inteiro bastante abrangente e de conteúdo até emocionante. Mas o leitor dedicado que decidiu trilhar o caminho da iniciação e não se deixa intimidar pelo árduo estudo das leis básicas, acabará chegando por si mesmo ao conhecimento das variantes dessas forças e suas características. Os frutos e o conhecimento que ele colherá compensarão amplamente o esforço empregado nesse trabalho.

A Alma ou o Corpo Astral

Através das vibrações mais sutis dos elementos, dos fluidos elétrico e magnético e de sua polaridade, partindo do Princípio do Akasha ou das vibrações sutis do éter, surgiu o Homem como tal, ou a sua alma. Do mesmo modo como se desenvolvem as funções dos elementos no corpo material denso, desenvolvem-se também as da alma ou do assim chamado corpo astral. A alma está ligada ou fundida ao corpo através do magneto quadripolar com suas características específicas. A fusão ocorre, analogamente ao corpo, através da influência eletromagnética dos elementos. O trabalho dos elementos, o assim chamado fluido eletromagnético da alma é chamado por nós, iniciados, de matriz astral, ou vida. Essa matriz astral ou fluido eletromagnético da alma não é idêntico à aura descrita pelos ocultistas, da qual pretendo ocupar-me mais adiante. A matriz astral ou fluido eletromagnético é o meio aglutinante entre o corpo e a alma. O princípio do fogo exerce na alma também o seu efeito construtor; o princípio da água exerce seu efeito vitalizante, o do ar o seu efeito equilibrador, gerador e preservador. O corpo astral possui exatamente as mesmas funções do corpo material denso.

O homem foi dotado de cinco sentidos, correspondentes aos elementos, e com a ajuda desses sentidos corpóreos o corpo astral ou alma assimila as percepções do mundo físico. A assimilação e a ação dos cinco sentidos por meio do corpo astral e do material denso ocorre através do nosso espírito imortal (mais adiante explicarei porque o espírito é imortal). Sem a atuação do espírito na alma o corpo astral não teria vida e se dissolveria em seus elementos componentes.

Como o espírito não conseguiria exercer seu efeito sem a intermediação da alma, o corpo astral torna-se o domicílio de diversas características do espírito imortal. A oscilação dos fluidos elétrico e magnético no espírito varia de acordo com o seu grau de evolução e amadurecimento e se exterioriza na alma através dos quatro temperamentos. Segundo seus elementos predominantes, podemos distinguir os temperamentos colérico, sanguíneo; melancólico e fleumático natural. O temperamento colérico nasce do elemento fogo, o sanguíneo do elemento ar, o melancólico do elemento água e o fleumático do elemento terra. Conforme a força e a oscilação do respetivo elemento, aparecem nas diversas características também a energia, a força e a expansão das alternâncias fluídicas correspondentes.

Cada um desses quatro elementos que determinam o temperamento no homem possui em sua forma ativa a característica boa, ou boas, e na forma passiva as características opostas, ou ruins. Seria uma tarefa muito ampla descrever aqui com precisão os efeitos dos elementos, por isso é melhor que o futuro iniciado descubra por si só outros efeitos, através da meditação. No caminho à iniciação isso também tem um motivo especial; eis alguns exemplos:

O temperamento colérico possui, em sua polaridade ativa, as seguintes características boas: atividade, entusiasmo, estímulo, determinação, audácia, coragem, força criativa, zelo etc. Na forma negativa são: voracidade, ciúme, paixões, irritação, agressividade, intemperança, impulso destruidor etc.

O temperamento sanguíneo indica em sua forma ativa as seguintes características: compenetração, esforço, alegria, habilidade, bondade, clareza, despreocupação, bom humor, leveza, otimismo, curiosidade, independência, vigilância, confiabilidade etc. Na forma negativa: suscetibilidade, auto-depreciação, bisbilhotice, falta de perseverança, esperteza, tagarelice, desonestidade, volubilidade etc.

O temperamento melancólico na sua forma ativa possui: atenção, generosidade, modéstia, afetividade, seriedade, docilidade, fervorosidade, cordialidade, compreensão, meditação, compaixão, serenidade, profundidade, credulidade, capacidade de interiorização e de perdão, ternura etc. Na sua forma negativa possui: indiferença, derrotismo, timidez, falta de participação, inflexibilidade, indolência etc.

O temperamento fleumático na sua forma ativa possui: atenção, presença, perseverança, ponderação, determinação, seriedade, firmeza, escrupulosidade, solidez, concentração, sobriedade, pontualidade, discrição, objetividade, precisão, senso de responsabilidade, confiabilidade, prudência, resistência, consequência etc. Na forma negativa: insipidez, desleixo, auto-depreciação, indiferença, falta de consciência, aversão ao contato humano, lentidão, falta de agilidade, indolência, desconfiança, laconicidade etc.

As características dos temperamentos formam, de acordo com a característica predominante, a base do caráter da pessoa. A intensidade das características que sobressaem externamente dependem da polaridade, portanto dos fluidos elétrico e magnético. A influência global do efeito dos temperamentos produz uma irradiação que chamamos tecnicamente de "aura"; mas não podemos comparar a aura a matriz astral pois há uma enorme diferença entre as duas. A matriz astral é a matéria aglutinante entre o corpo e a alma, enquanto que a aura é a irradiação do efeito dos elementos nas diversas características, e justifica-se na sua forma ativa ou passiva. Essa irradiação provoca na alma toda uma certa vibração, que corresponde a uma determinada cor. Com base nessa cor o iniciado tem a possibilidade de reconhecer, com sua visão astral, a própria aura ou a de um outro ser. O vidente pode então, com ajuda da aura de uma pessoa, não só descobrir o seu caráter básico mas também os efeitos da polaridade da oscilação de sua alma e eventualmente influenciá-la. Esse tema será tratado com mais detalhes num capítulo à parte, que fala da introspecção. Portanto, vimos aqui que o temperamento da pessoa influencia seu caráter, e a sua atuação conjunta da origem a irradiação da alma, ou aura. Não é à toa que os iniciados e santos são retratados com uma aréola ao redor da cabeça, que corresponde à aura aqui descrita.

Além do caráter, dos temperamentos e do trabalho do fluido eletromagnético, o corpo astral ainda possui dois centros no cérebro, que são, no cérebro maior, a consciência normal, e no cerebelo o oposto da consciência normal, ou seja, a subconsciência. No capítulo "O Espírito" descrevo os detalhes de suas funções.

A alma está dividida de acordo com os elementos, de maneira tão precisa quanto o corpo. As funções, forças e características anímicas têm também sua morada na alma, elas formam determinados centros, analogamente a todos os elementos, e que a filosofia hindu chama de "Lotus" (conhecidos também por "chakras", N.T.). Na doutrina hindu o despertar desses Lotus é chamado de Kundalini-Yoga. Não pretendo fazer aqui um relato detalhado sobre os lotus ou centros, pois qualquer pessoa poderá conhecê-los na literatura especializada. (Ver: Gregorius, "Magische Erweckungder Chakras im Ätherkörper des Menschen" = Despertar Mágico dos Chakras no Corpo Astral do Homem.) Vou mencioná-los rápida e superficialmente dizendo que o centro mais baixo é o assim chamado Muladhara ou centro da Terra e localiza-se na parte inferior da coluna. O centro seguinte é o da água e localiza-se na região dos órgãos sexuais, e na terminologia hindu é chamado de Swadhistana. O centro do fogo, como ponto central da alma, encontra-se na região do umbigo e é chamado de Manipura. O centro do ar, elemento equilibrador, encontra-se na região do coração e é chamado de Anahata; o centro do éter ou Princípio do Akasha está na região do pescoço e chama-se Visudha. Um outro centro, da vontade, da razão e do intelecto localiza-se entre as sobrancelhas e é chamado de Ajna. O centro mais elevado e divino é o lotus das mil folhas, chamado de Sahasrara, do qual nascem e são influenciadas todas as forças dos outros centros. Iniciando-se no centro superior, mais elevado, descendo ao longo das costas até o centro mais baixo, o da terra, como se fosse um canal, temos o assim chamado Susumna, ou nosso já conhecido Princípio do Akasha, que faz a ligação entre todos os centros e os regula. Falarei mais adiante do despertar da força espiral de cada um dos centros. Na descrição da alma precisamos descobrir a conexão dos elementos com a sua polaridade "plus" e "minus" e tentar retratá-la com clareza. Podemos ver que tanto o corpo quanto a alma, com suas atuações, vivem e trabalham, mantêm-se ou destróem-se segundo as leis imutáveis do magneto quadripolar, portanto do mistério do Tetragrammaton.

Se o aprendiz da iniciação meditar sobre isso com cuidado, terá uma visão clara da função do corpo e também da alma, e poderá imaginar corretamente as suas interações mútuas segundo as leis primordiais.

O Plano Astral

É muitas vezes definido como a quarta dimensão; não foi criado a partir dos quatro elementos, mas é um grau de densidade do Princípio do Akasha, portanto de que tudo o que já aconteceu no passado, acontece no presente e acontecerá no futuro, no mundo material, enfim, tudo o que contém sua origem, sua regulamentação e sua existência. Como já referimos, em sua forma mais sutil o Akasha é o nosso velho conhecido éter, no qual, entre outras coisas, propagam-se as ondas elétricas e magnéticas. Ele é também a esfera das vibrações, de onde se originam a luz, o som, a cor, o ritmo, e com estes toda a vida que existe. Como o Akasha é a origem de todo ser, naturalmente nele há o reflexo de tudo, i.e., de tudo o que já aconteceu no passado, acontece no presente e acontecerá no futuro. É por isso que consideramos o plano astral como a emanação do eterno, sem começo nem fim, e que portanto é isento de espaço e de tempo. O iniciado que consegue alcançar esse plano encontra tudo nele, mesmo quando se tratam de fatos ocorridos no passado, que ocorrem no presente ou ocorrerão no futuro. A amplitude do alcance da sua percepção depende do seu grau de aperfeiçoamento.

O plano astral é definido pela maioria das religiões, pelos ocultistas e espiritualistas como o "além". Mas para o iniciado torna-se claro que não existe um aquém ou um além, e é por isso que ele não teme a morte, cujo conceito lhe é estranho. Se porventura, através do trabalho de decomposição dos elementos ou de uma súbita ruptura dissolver-se a matriz astral, que é a matéria aglutinante entre o corpo material denso e o corpo astral, instala-se aquilo que chamamos geralmente de morte, mas que na realidade é só uma passagem do mundo terreno ao mundo astral. Baseado nessa lei, o iniciado não conhece o medo da morte, pois ele sabe que não irá para o desconhecido. Através do controle dos elementos ele também pode, além de muitas outras coisas, tentar soltar sua matriz astral e produzir a separação espontânea do corpo astral de seu invólucro terreno. Desse modo ele consegue visitar, com seu corpo astral, as regiões mais distantes, viajar aos mais diferentes planos, e muito mais. Quanto a isso existem lendas sobre santos que foram vistos em vários lugares ao mesmo tempo, onde até exerciam suas atividades.

O plano astral possui diversos tipos de habitantes. São sobretudo as pessoas que já deixaram o mundo terreno e que habitam o grau de densidade correspondente ao seu grau de amadurecimento espiritual, o que de acordo com as religiões é chamado de céu ou inferno, mas que os iniciados interpretam só simbolicamente. Quanto mais perfeito, nobre e puro o ser, tanto mais puro e sutil o grau de densidade do plano astral em que ele ficará. O seu corpo astral vai se dissolvendo aos poucos, adaptando-se ao grau de vibração do respetivo patamar do plano astral, até tornar-se idêntico a ele. Essa identificação depende portanto do amadurecimento e da perfeição espirituais alcançados no mundo terreno pelo ser em questão.

Além disso, o plano astral é habitado por muitos outros seres, dos quais cito apenas alguns. Assim temos, por exemplo, os seres elementais, que têm só uma ou algumas poucas características, de acordo com as oscilações predominantes dos elementos. Eles se mantêm pelo mesmo tipo de oscilação do homem, que ele envia ao plano astral; dentre esses seres há inclusive alguns que alcançaram um certo grau de inteligência. Alguns magos utilizam-se dessas forças inferiores para seus objetivos egoístas. Outro tipo de ser são as chamadas larvas, atraídas à vida consciente ou inconscientemente pelo pensamento através da matriz astral. Na verdade elas não são seres concretos, mas somente formas que se mantêm vivas pelas paixões do mundo animal, no patamar mais baixo do mundo astral. Seu impulso de autopreservação pode trazê-las à esfera daquelas pessoas cujas paixões têm o poder de atraí-las. Elas querem despertar, direta ou indiretamente, as paixões adormecidas no homem e atiçá-las. Caso essas formas consigam induzir uma pessoa a essas paixões, então elas se nutrem, mantêm e fortalecem com a irradiação provocada pela paixão no homem. Uma pessoa muito carregada por essas paixões traz consigo, na esfera mais baixa de seu plano astral, todo um exército dessas larvas. A luta contra elas é acirrada, e no campo da magia e do domínio dos elementos, esse é um componente importante. Sobre isso entrarei em detalhes no capítulo que trata da introspeção. Além disso, ainda existem elementais e larvas que podem ser criados por meios mágico-artificiais. Entrarei em detalhes sobre esse assunto na parte prática do livro.

Mais um tipo de ser com o qual muitas vezes o iniciado poderá se deparar no plano astral, são os seres dos quatro elementos puros. No elemento fogo eles se chamam salamandras, no elemento ar, silfos, no elemento água, ninfas ou ondinas, e no elemento terra, gnomos. Esses seres estabelecem, por assim dizer, a ligação entre o plano astral e os elementos terrenos. Como se faz a ligação com esses seres, como se pode dominá-los, o que se pode conseguir através deles, são assuntos que deixaremos para serem tratados na parte prática desta obra, e aos quais dedicarei um capítulo especial chamado "A Magia dos Elementos".

Existem ainda vários outros seres, como sátiros, fadas, anõezinhos aguadeiros etc., que poderiam ser aqui citados. Por mais que isso tudo possa parecer contos de fadas, existem, no plano astral, exatamente as mesmas realidades do que no plano terreno.

Ao estabelecer a ligação com esses seres, o iniciado, através da sua vidência, consegue vê-los a qualquer momento que desejar, eliminando assim qualquer dúvida sobre a sua existência. É por isso que o iniciado deve primeiro amadurecer e aprender a provar as coisas para depois poder julgar por si mesmo.

O Espírito

Como já dissemos antes, o homem foi criado à semelhança de Deus e é constituído de corpo, alma e espírito. Nos capítulos anteriores ficamos sabendo que o corpo e a alma servem somente como um invólucro ou uma vestimenta para o espírito, e são portanto passageiros. É por isso que só o espírito é a parte imortal do homem e a sua imagem semelhante a Deus. Não é fácil analisar e colocar em palavras exatas algo divino, imortal e eterno. Mas como em qualquer outro problema podemos, nesse caso, nos valer da ajuda da chave do magneto quadripolar.

Do princípio primordial mais elevado (o Akasha), da fonte primordial de toda a existência, da matéria espiritual primordial, surgiu o espírito, o "eu" espiritual com as quatro características específicas dos elementos, próprias do espírito imortal criado à semelhança de Deus.

O princípio do fogo, a parte impulsiva, é a vontade. O princípio aéreo revela-se no intelecto (razão), o princípio aquoso na vida ou no sentimento, e o princípio da terra na comunhão de todos os outros três elementos na consciência do "eu".

Todas as outras características do espírito possuem esses quatro princípios primordiais como base. A parte típica do quarto princípio, portanto do Princípio Etérico (Akasha), em seu aspecto mais elevado revela-se na fé, e na forma mais baixa no impulso da autopreservação. Cada um dos quatro princípios-elementos aqui citados ainda possui muitos aspectos positivos ou negativos, de acordo com a lei da analogia da polaridade ou dos elementos. Todos juntos formam o "eu", ou o espírito. Assim podemos atribuir a força, o poder e a paixão ao princípio do fogo; a memória, o poder de discernimento e de julgamento à parte aérea do espírito, a consciência e a intuição à sua parte aquosa, e o egoísmo, o impulso de autopreservação e de reprodução à sua parte terrena.

O assunto tornar-se-ia muito extenso se quiséssemos mencionar aqui todas as qualidades do espírito em relação aos elementos. Através de um estudo perseverante e uma meditação profunda, o futuro iniciado poderá estendê-las por si mesmo, levando em conta as leis da analogia do magneto quadripolar. É um trabalho muito gratificante que não deve nunca ser desdenhado, porque sempre produz bons resultados e em pouco tempo, garantindo o domínio e o conhecimento dos elementos.

Nos capítulos sobre o corpo, a alma e o espírito descrevi o homem na sua forma mais completa. Por ocasião da sua iniciação, e por consequência na prática mágica, mística e dos diversos mistérios, o estudante deve estar ciente da necessidade do conhecimento do seu próprio pequeno universo. A maioria dos escritores excluiu essa parte tão importante e até básica dos seus livros, por desconhecê-la ou por outros motivos quaisquer.

O Plano Mental

Assim como o corpo possui o seu plano terreno e o corpo astral ou alma o seu plano astral, o espírito também possui o seu plano próprio, chamado de esfera mental ou plano mental. É a esfera do espírito, com todas as suas propriedades.

Ambas as esferas, tanto a material densa quanto a astral, surgiram através dos quatro elementos, do Princípio do Akasha ou das Coisas Primordiais da esfera correspondente. A esfera mental também se formou dessa maneira, partindo do princípio akáshico do espírito.

O que ocorre com o corpo mental na esfera mental ou espiritual é análogo ao que ocorre com o corpo astral, isto é, através do trabalho correspondente o espírito forma um magneto quadripolar dentro de si, e exterioriza o fluido eletromagnético em sua polaridade, como um fenômeno produzido pelo efeito dos elementos. Assim como o corpo astral forma uma matriz astral (o assim chamado "astralod") através do fluido eletromagnético do mundo astral, o fluido eletromagnético do mundo mental também forma uma matriz mental, que liga o corpo mental ao corpo astral. Essa matriz mental, ou "mentalod", a assim chamada matéria mental, é a forma mais sutil do Akasha, que regula e mantém a atividade do espírito no corpo astral. Como já observamos, essa matéria mental é ao mesmo tempo eletromagnética e funciona como condutora dos pensamentos e das ideias a consciência do espírito, que entra em atividade através dos corpos astral e material denso. Assim a matriz mental ou "mentalod" com seu fluido bipolar é a matéria mais sutil que podemos imaginar no corpo.

A esfera mental é ao mesmo tempo a esfera dos pensamentos, que tem sua origem no mundo das ideias, portanto no Akasha do espírito. Cada pensamento é antecedido por uma ideia básica que assume uma determinada forma segundo a sua característica e chega à consciência do "eu" através do princípio etérico, portanto da matriz astral, como forma-pensamento ou imagem plástica.

De acordo com isso, o homem não é o criador dos pensamentos; a origem de todo pensamento localiza-se na mais elevada esfera do Akasha ou plano mental. O espírito do homem é ao mesmo tempo um receptor, uma antena dos pensamentos do mundo das ideias, conforme o local ou a situação em que ele se encontra. Como o mundo das ideias é o tudo no todo, cada nova ideia e cada nova invenção, em resumo, tudo aquilo que o homem acredita ter criado foi extraído desse mundo das ideias. Esse ato de extrair novas ideias depende da postura e da maturidade do espírito. Cada pensamento possui em si um elemento puro completo, sobretudo quando ele contém ideias abstratas. Se existirem, no pensamento, diversas combinações do mundo das ideias, então serão muitos os elementos atuantes entre si, tanto em sua forma quanto em sua irradiação. Só os pensamentos abstratos possuem elementos puros, e também irradiações polares puras, pois eles derivam diretamente do mundo primordial de uma ideia.

Com base nesse conhecimento podemos perceber que existem pensamentos que, quanto a suas atuações, são puramente magnéticos, indiferentes e neutros. Relativamente a sua ideia, na esfera mental cada pensamento possui forma e irradiação (vibração) próprias. Dessa maneira o pensamento chega à consciência através do magneto quadripolar, e é por ele guiado até a sua realização final. Todas as coisas criadas no mundo material denso têm portanto sua origem e naturalmente também seu reflexo no mundo das ideias, através do pensamento e da consciência do espírito. Quando não se trata diretamente de uma ideia abstrata, então são várias as formas de pensamento que podem alcançar uma expressão. Esses pensamentos são elétricos, magnéticos ou eletromagnéticos, conforme as características dos elementos predominantes.

O plano material denso está ligado ao tempo e ao espaço. O plano astral, a esfera do espírito passageiro ou imutável, está ligada ao espaço, enquanto a esfera mental é isenta de espaço e de tempo. A mesma coisa vale para algumas características do espírito. Só a assimilação de um pensamento no corpo mental através do aglutinante das matrizes mental e astral, que na sua forma completa estão ligadas ao tempo e ao espaço, é que precisa de um certo tempo para chegar à consciência. O curso dos pensamentos se dá de modo diferente em cada pessoa, de acordo com a maturidade do seu espírito; quanto mais madura e espiritualizada é a pessoa, tanto mais rápidos serão os seus pensamentos no espírito.

Assim como o plano astral possui seus habitantes, o plano mental também os tem. Além das formas-pensamento, eles são sobretudo os falecidos, cujos corpos astrais se dissolveram através dos elementos, devido a sua maturidade, e que mantêm suas moradias nas regiões da esfera mental correspondentes a seus graus de evolução.

Além disso, a esfera mental é também a esfera dos elementares, que são seres criados consciente ou inconscientemente pelos homens, em função de um pensamento intenso e constantemente repetido. O ser elementar ainda não é suficientemente denso a ponto de poder construir ou assumir um invólucro astral. Sua atuação portanto limita-se à esfera espiritual. A diferença entre uma forma-pensamento e um elementar é que a forma-pensamento possui uma ou várias ideias como origem, enquanto que o elementar é constituído de uma certa porção de consciência e portanto de um impulso de autopreservação. Mas no restante ele não se diferencia muito dos outros seres vivos mentais e pode até ter o mesmo formato da forma-pensamento. O iniciado utiliza-se desses seres elementares de várias maneiras. Na parte prática deste livro eu explico como um elementar desse tipo é criado, mantido e utilizado para diversas finalidades.

Ainda há muito a se dizer sobre a esfera mental, principalmente sobre as características específicas de cada ser individualmente. Mas como estímulo ao trabalho e para esclarecimento da esfera mental em linhas gerais, acredito que isso seja o suficiente.

Verdade

Abandonaremos agora o microcosmo, portanto o homem com seus corpos terreno, astral e mental, e passaremos a tratar de outras questões, cuja solução também preocupa o futuro iniciado. Um desses problemas é, sobretudo, o problema da verdade. Inúmeros filósofos já se ocuparam e ainda se ocupam dele, e a nós também cabe essa tarefa.

Consideraremos aqui só aquelas verdades cujo conhecimento exato somos obrigados a dominar. A verdade depende do reconhecimento de cada um, e como não temos todos a mesma concepção das coisas, também não podemos generalizar essa questão. É por isso que cada um de nós, se for sincero, possui a sua própria verdade de acordo com o seu grau de maturidade e a sua concepção das coisas. Só aquele que domina e conhece as leis absolutas do macro e do microcosmo pode falar de uma verdade absoluta. Certos aspectos da verdade absoluta com certeza serão reconhecidos por todos. Ninguém duvidará da existência de uma vida, uma vontade, uma memória e uma razão; ninguém contestará tais coisas tão evidentes. Nenhum verdadeiro iniciado forçará alguém que não está suficientemente maduro a aceitar a sua verdade, pois a pessoa em questão só passaria a encará-la de seu próprio ponto de vista. É por isso que seria inútil conversar sobre as verdades supremas com os não-iniciados, a menos que se tratem de pessoas que desejam muito conhecê-las, e que portanto estão começando a amadurecer para elas. Todo o resto seria profanação, e incorreto do ponto de vista mágico. Lembrem-se das palavras do grande mestre do cristianismo: "Não joguem pérolas aos porcos!"

A verdade pertence também à distinção correta entre a capacidade, o conhecimento e a sabedoria. Em todos os campos da existência humana o conhecimento depende da maturidade, da capacidade de assimilação da memória, da razão e da inteligência, sem considerar se esse conhecimento foi enriquecido através da leitura, da comunicação ou de outro tipo qualquer de experiência.

Entre conhecimento e sabedoria existe uma diferença imensa, e é muito mais fácil obter conhecimento do que sabedoria.

A sabedoria não depende nem um pouco do conhecimento, apesar de ambos serem, numa certa medida, até idênticos. A fonte da sabedoria está em Deus, e portanto no princípio das coisas primordiais (no Akasha), em todos os planos do mundo material denso, do astral e do mental. Portanto, a sabedoria não depende da razão e da memória, mas da maturidade, da pureza e da perfeição da personalidade de cada um. Poderíamos também considerar a sabedoria como uma condição da evolução do "eu". Em função disso a cognição chega a nós não só através da razão, mas principalmente através da intuição ou da inspiração. O grau de sabedoria determina portanto o grau de evolução da pessoa. Mas com isso não queremos dizer que se deve menosprezar o conhecimento; muito pelo contrário, o conhecimento e a sabedoria devem andar de mãos dadas. Por isso o iniciado deverá esforçar-se em evoluir, tanto no seu conhecimento quanto na sabedoria, pois nenhum dos dois deve ser negligenciado nesse processo.

Se o conhecimento e a sabedoria andarem lado a lado no processo de evolução, então o iniciado terá a possibilidade de compreender, reconhecer e utilizar algumas leis do micro e do macrocosmo, não só do ponto de vista da sabedoria, mas também em seu aspecto intelectual, portanto dos dois polos.

Já tomamos conhecimento de uma dentre muitas dessas leis, a primeira chave principal, ou seja, o mistério do Tetragrammaton ou do magneto quadripolar, em todos os planos. Como se trata de uma chave universal, ele pode ser empregado na solução de todos os problemas, em todas as leis e verdades, em tudo enfim, sob o pressuposto de que o iniciado saberá usá-lo corretamente. Com o passar do tempo, à medida em que ele for evoluindo e se aperfeiçoando na ciência hermética, ele passará a conhecer outros aspectos dessa chave e a assimilá-los como leis imutáveis. Ele não terá que tatear na escuridão e no desconhecido, mas terá uma luz em suas mãos com a qual poderá romper todas as trevas da ignorância.

Esta breve descrição deve ser suliciente para que o futuro iniciado saiba como se posicionar diante do problema da verdade.

Religião

O mago principiante professará uma religião universal. Ele aprenderá que cada religião possui seus lados bons, mas também seus lados obscuros. Ele conservará para si o melhor dela e não dará atenção às suas fraquezas. Com isso não queremos dizer que ele deva adotar todas as religiões, mas que deve dar a devida atenção a cada uma delas, pois cada uma possui seu próprio princípio divino, quer se trate do cristianismo, do budismo, do islamismo etc. Fundamentalmente ele pode permanecer fiel à sua própria religião. Mas na verdade ele não se sentirá satisfeito com os dogmas oficiais da sua Igreja, e tentará penetrar mais profundamente no reino de Deus. Esse é o objetivo da nossa iniciação. O mago deverá criar sua própria visão de mundo de acordo com as leis universais, e esta será a sua verdadeira religião. Ele deverá observar que todo defensor da própria religião, apesar das fraquezas da mesma, está sempre empenhado em apresentá-la como a melhor de todas. Mas toda verdade religiosa é relativa, e a sua compreensão depende da maturidade de cada indivíduo. É por isso que sob esse aspecto o iniciado deve aceitar o direito de cada um, e também não tentar desviá-lo de sua verdade, criticá-lo ou até julgá-lo. No âmago de sua alma ele poderá até apiedar-se dos fanáticos ou dos ateus, mas não deverá demonstrá-lo externamente. Cada um deve agarrar-se aquilo em que acredita e que o deixa feliz e satisfeito. Se todos adotassem essa prescrição não existiria ódio nem intolerância religiosa, e não haveria realmente nenhum motivo para as divergências de opinião. Todas as linhas espiritualistas poderiam conviver tranquilamente, lado a lado.

Mas é diferente quando um buscador, que não se satisfaz com o materialismo nem com os dogmas religiosos e anseia pelo alimento espiritual, pede conselhos e instruções a um iniciado. Nesse caso o iniciado tem o dever de esclarecer esse buscador, levando em conta a sua capacidade de compreensão. O mago não deve poupar tempo nem esforço para transmitir seus tesouros espirituais ao buscador e guiá-lo em direção à luz.

Deus

Desde os tempos primordiais o homem acreditou em algo superior, transcendental, algo que ele pudesse divinizar, não importando que fosse uma ideia personificada ou não de Deus. Aquilo que o homem não conseguia assimilar ou compreender ele atribuía a um poder superior, conforme a sua concepção. Desse modo é que surgiram as divindades dos povos, tanto as boas quanto as más (demônios). Assim, ao longo do tempo, foram adorados deuses, anjos, demiurgos, demônios e espíritos, correspondentes às mentalidades dos povos em questão, sem que fosse levado em conta o fato de terem vivido efetivamente ou só na imaginação das pessoas. Quanto mais se desenvolvia intelectualmente a humanidade, tanto menos as pessoas procuravam imagens divinas, principalmente quando, com ajuda da ciência, foram sendo explicados muitos fenômenos antigamente atribuídos aos deuses. Precisaríamos escrever muitas obras se quiséssemos entrar nos detalhes das diversas ideias de Deus na histeria dos povos.

Aqui, porém, estudaremos a ideia de Deus do ponto de vista do mago. Para o homem comum, a ideia de Deus serve como um ponto de apoio ou um suporte para o seu espírito, para que este não permaneça no desconhecido, ou não se perca nele. Para ele esse Deus é incompreensível, abstrato e inimaginável. Mas para o mago as coisas não são desse modo; ele conhece o seu Deus sob todos os aspectos. E não é só porque dedica a essa divindade toda a veneração, pois sabe que foi criado à sua imagem, portanto é parte dela, mas também porque seu maior ideal, seu maior dever e seu objetivo mais sagrado é tornar-se uno com ela, tornar-se um homem-deus. A ascensão a esse objetivo sublime será descrita adiante. A síntese da união com Deus consiste em desenvolver as ideias divinas desde os patamares mais baixos até os mais elevados, até que se consiga a unificação com o Universal. Nesse processo, fica a critério de cada um renunciar à sua própria individualidade ou conservá-la. Os grandes mestres que chegaram lá geralmente voltam à Terra com uma determinada tarefa ou missão sagrada.

Nessa ascensão, ou elevação, o mago iniciado é também um místico. Só na unificação, caso ele queira renunciar à sua individualidade, é que ele se desintegra voluntariamente, o que na terminologia mística é definido como morte mística. Como podemos ver, na verdadeira iniciação não existe uma senda mística, e também nenhuma mágica. Existe somente uma única iniciação verdadeira que liga ambos os conceitos, em contraposição à maioria das escolas místicas e espiritualistas que se ocupam de imediato dos problemas mais elevados através da meditação ou outros exercícios espirituais, sem antes terem trabalhado os patamares inferiores. É exatamente como alguém que quer começar com os estudos universitários sem antes ter passado pelos cursos elementares. Em muitos casos as consequências de uma instrução tão unilateral podem ser muito graves, e às vezes até drásticas, dependendo do grau de envolvimento de cada um. Muitas vezes o erro pode ser encontrado no fato de que grande parte do material provém do Oriente, onde o mundo material e astral é encarado como "maya" (ilusão) e quase não é considerado. Não é possível aqui entrar em detalhes, pois esse tema extrapolaria os limites desta obra. Num desenvolvimento adequadamente planejado e escalonado, não há desvios nem fracassos, nem consequências graves, pois o amadurecimento é lento e gradual, mas seguro. Se o iniciado escolhe Cristo, Buda, Brahma, Alá ou outro qualquer como seu conceito de divindade, é uma questão individual; no caso da iniciação o que importa é a ideia em si. O místico puro vai querer nutrir-se somente no amor abrangente do seu Deus. Geralmente o iogui também segue só um aspecto divino: o Bhakti Iogui segue o caminho do amor e da doação; o Raja e o Hatha Iogui seguem o caminho do domínio e da vontade, o Jnana Iogui segue o caminho da sabedoria e da compreensão. Se encararmos a ideia de Deus do ponto de vista mágico, relativamente aos quatro elementos, o assim chamado Tetragrammaton, o Inexprimível, o Superior, teremos: ao princípio do fogo, corresponde o poder supremo, a força suprema; ao princípio primordial do ar a sabedoria, a pureza e a clareza, de cujos aspectos sobressai a regulação universal; ao princípio primordial da água corresponde o amor e a vida eterna, e ao princípio primordial da terra o onipresente, a imortalidade, e com ela a eternidade.

Juntos, esses quatro aspectos formam a divindade superior. O caminho em direção a essa divindade superior será por nós trilhado na prática, gradualmente, começando na esfera mais baixa, até alcançarmos a verdadeira concretização de Deus em nós. Feliz é aquele que a alcança ainda nesta vida. Ninguém deve temer todo esse esforço, pois todos podem alcançar esse objetivo, pelo menos uma vez na vida.

Ascese

Desde os tempos antigos, todas as religiões, seitas, escolas espiritualistas e sistemas de instrução dão uma grande importância à ascese. Em alguns sistemas do Oriente a ascese chegou até aos limites do fanatismo, o que pode provocar grandes danos, pois o exagero nesse caso não é natural nem adequado. Em linhas gerais, a mortificação do corpo é tão unilateral quanto o desenvolvimento de um único lado do corpo em detrimento do outro. Quando a ascese, sob a forma de dieta, serve para libertar o corpo de diversas mazelas e impurezas, além de eliminar doenças e equilibrar desarmonias, então a sua utilização é correta. Mas de qualquer maneira devemos protegê-la de todo o exagero. Quando alguém trabalha duro, fisicamente, é uma loucura suspender a alimentação necessária à manutenção do corpo, só por causa do yoga ou algum outro exercício místico. Tais extremos levam inevitavelmente a danos de saúde de graves consequências.

O vegetarianismo, na medida em que não é usado como meio para um fim, como p.e. para a purificação do corpo, não é imprescindível para a evolução ou o progresso espiritual. Uma abstenção temporária de carne ou de alimentos de origem animal pode ser adotada só para determinadas operações mágicas, e também como preparação, mas só por um certo período de tempo. A mesma coisa vale para a abstenção de relações sexuais.

A ideia de que alguém possa assimilar características animalescas através da ingestão de carne é uma grande tolice e tem origem em uma linha espiritualista que não conhece as verdadeiras leis. O mago não deve dar atenção a esses conceitos.

Para o seu desenvolvimento mágico-místico o mago deve somente manter uma certa moderação na comida e na bebida e ter um modo de vida sensato. Não há a determinação de prescrições exatas nesse caso, pois a escolha do modo de vida mágico é totalmente individual. Cada um deve saber o que é mais adequado para si e o que pode prejudicá-lo, e é seu dever sagrado manter tudo em equilíbrio. Existem três tipos de ascese: 1) A ascese mental ou espiritual; 2) A ascese anímica ou astral; 3) A ascese material ou corporal. À primeira cabe a disciplina do pensamento, à segunda o enobrecimento da alma através do domínio das paixões e dos instintos, e à terceira a harmonização do corpo através de uma vida moderada e natural. Sem esses três tipos de ascese que devem ser desenvolvidos simultânea e paralelamente, não se pode nem pensar numa evolução mágica correta. Nenhum desses três tipos deve ser negligenciado, nenhum deve suplantar o outro, para que o desenvolvimento não se torne unilateral. O método para a realização de todos eles será por mim descrito com mais detalhes na parte prática deste livro.

Antes de finalizar essa primeira parte, que mostrou todos os fundamentos teóricos da arte mágica, aconselho a todos não se limitarem à sua simples leitura, mas a fazer de tudo o que foi descrito um patrimônio espiritual através da reflexão e da meditação intensivas. O futuro mago conseguirá compreender que a ação dos elementos nos diversos níveis e esferas condiciona a vida. Podemos ver que as forças trabalham e atuam tanto no pequeno quanto no grande, portanto no micro e no macrocosmo, no passageiro e no eterno. Sob esse ponto de vista não existe morte, na verdadeira acepção da palavra, mas tudo continua a viver, a se transformar e a se completar de acordo com as leis primordiais. É por isso que o mago não teme a morte, pois a morte física é só uma passagem a uma esfera bem mais sutil, que é o plano astral, e de lá ao plano espiritual.

Ele não deverá acreditar em céu ou em inferno. Quem se prende a essas crenças são os sacerdotes das diversas religiões, para manter os fiéis sob a sua tutela. Suas pregações morais servem para despertar o temor diante do inferno, do fogo eterno, e prometer o céu às pessoas boas. Para o homem comum, na medida em que ele se sente estimulado pela religião, essa visão também tem o seu lado bom, porque pelo menos o temor do castigo no inferno faz com que ele se esforce em praticar o bem.

Por outro lado, para o mago as leis morais servem para enobrecer a alma e o espírito. Só numa alma enobrecida é que as forças universais podem agir, principalmente quando o corpo, a alma e o espírito estão instruídos e desenvolvidos.

Segunda Parte
PRÁTICA

Instrução Mágica

Do Espírito, da Alma e do Corpo

Grau I

Vamos agora entrar na parte prática da iniciação. Não devemos esquecer nunca que o corpo, a alma e o espírito devem ser instruídos simultaneamente, senão não seria possível obtermos e mantermos o equilíbrio mágico. Na parte teórica eu já indiquei várias vezes os perigos de uma instrução unilateral. Não é aconselhável apressar-se, tudo tem o seu tempo. Paciência, perseverança e determinação são condições básicas para o desenvolvimento. O esforço empregado na própria evolução será mais tarde amplamente recompensado. Quem quiser trilhar os caminhos da magia, deve assumir o dever sagrado de exercitar-se regularmente. Devemos ser generosos, amistosos e condescendentes com o próximo, mas severos e duros com nós mesmos. Só com esse comportamento é que poderemos ter sucesso na magia. Não se deve julgar ou criticar os outros sem antes olhar para si mesmo. Não se deve conceder a ninguém o acesso ao próprio reino; o mago não deve falar sobre a sua caminhada, sua escalada e seu sucesso. O maior poder reside no silêncio, e quanto mais esse mandamento for obedecido, tanto mais acessíveis e facilitados serão os caminhos a essas forças. Devemos organizar-nos de tal maneira a empregar o máximo de tempo possível nessa escalada. Não é necessário permanecer horas tomando cerveja na companhia de pessoas que não têm nada a dizer. O tempo escorre feito água e não volta nunca. Devemos definir um determinado período de tempo para tudo isso, mas este deverá ser mantido de qualquer maneira; as exceções só deverão ser aceitas em casos totalmente inevitáveis. O homem é uma espécie muito apegada aos seus hábitos, e quando se acostuma a um certo horário de exercícios, automaticamente será impelido a cumpri-lo sempre. Assim como se estabelece nele a necessidade de comer, beber e dormir, também os exercícios acabarão por tornar-se um hábito. Só assim ele poderá ter a certeza de ser bem sucedido. Sem esforço não há recompensa. Ao agrupar as instruções dessa maneira, minha intenção foi considerar as pessoas que estão sempre muito ocupadas, mas quem tiver uma disponibilidade maior de tempo poderá executar dois ou mais exercícios simultaneamente.

Instrução Mágica do Espírito (I)

Controle do Pensamento, Disciplina do Pensarnento, Domínio do Pensamento

Sente-se confortavelmente numa cadeira ou deite-se num divã. Relaxe todo o corpo, feche os olhos durante cinco minutos e observe o curso dos pensamentos que você tenta fixar. No início irá perceber que uma grande quantidade desses pensamentos precipitar-se-ão em sua mente, na sua maioria pensamentos relativos a coisas e situações do dia a dia, às suas atividades profissionais, suas preocupações em geral. Imagine-se na posição de um observador silencioso, totalmente livre e independente. Conforme o estado de ânimo e a situação em que você se encontrar no momento, esse exercício será mais ou menos difícil de realizar. Não se trata de perder o curso do pensamento ou de esquecê-lo, mas de acompanhá-lo com atenção. Devemos sobretudo evitar pegar no sono durante o exercício. Ao nos sentirmos cansados, devemos interromper o exercício imediatamente e adiá-lo para uma outra ocasião, quando então assumiremos o compromisso de não nos deixarmos dominar pelo cansaço. Para não perder o seu tempo precioso, os indianos, p.e., borrifam ou esfregam água fria no rosto e no peito, e assim conseguem permanecer despertos. Algumas respirações profundas antes do exercício também eliminam e previnem o cansaço e a sonolência.

Com o tempo, o aprendiz descobrirá por si mesmo essas e outras pequenas medidas auxiliares. Esse exercício de controle do pensamento deverá ser feito de manhã e à noite, e a cada dia o seu tempo deverá ser prolongado em um minuto, para que em uma semana possamos acompanhar e controlar o curso de nossos pensamentos por no máximo dez minutos sem nos dispersarmos. Esse período de tempo foi determinado para o homem mediano, comum. Quem achá-lo insuficiente pode prolongá-lo de acordo com a própria avaliação. De qualquer modo deve-se avançar com prudência, pois não há motivos para pressa; em cada pessoa o desenvolvimento ocorre de forma bastante individual. Mas não se deve de jeito nenhum seguir adiante antes de dominar totalmente o exercício anterior.

O aprendiz atencioso perceberá como inicialmente os pensamentos vão sobressaltá-lo, passando por sua mente em grande velocidade e dificultando a sua captação. Mas de um exercício a outro ele constatará que o caos inicial irá desaparecendo aos poucos e eles ficarão mais ordenados, até que só uns poucos surgirão na sua mente como que vindos de muito longe.

Devemos dedicar a máxima atenção a esse trabalho de controle do pensamento, pois ele é extremamente importante para a evolução mágica, o que mais tarde se evidenciará por si mesmo.

Pressupondo-se que o exercício em questão foi suficientemente elaborado e que todos já conseguem dominar a sua prática, podemos prosseguir com mais uma instrução, que é a instrução mental.

Já aprendemos a controlar nossos pensamentos. O exercício seguinte consiste em não permitir que pensamentos insistentes e indesejados aflorem em nossas mentes. Por exemplo, ao retornarmos à nossa vida privada e familiar, devemos estar em condições de evitar as preocupações ligadas ao nosso trabalho profissional. Todos os pensamentos que não pertencem a nossa vida privada devem ser desligados, e devemos imediatamente nos transformar em outras pessoas. E vice-versa, na nossa atividade profissional devemos direcionar nossos pensamentos exclusivamente ao trabalho e não permitir que se desviem para outros locais, como o ambiente doméstico ou privado, ou qualquer outro. Isso deve ser exercitado até transformar-se num hábito. Devemos sobretudo habituar-nos a executar nossas tarefas, no trabalho ou na vida privada, com a máxima consciência, sem levar em conta o fato de se tratar de algo grande, importante, ou de uma coisa insignificante, pequena. Esse exercício deve ser cultivado ao longo de toda a vida, pois ele aguça a mente e fortalece a memória e a consciência.

Depois de obtermos uma certa prática na execução desse exercício, podemos passar ao próximo, que consiste em fixar uma única ideia por um certo período de tempo, e reprimir com firmeza outros pensamentos que vêm se juntar a ela na mente, com violentos sobressaltos. Escolha um pensamento ou uma ideia qualquer de sua preferência, ou então uma imagem. Fixe-a com toda a força, e rejeite energicamente todos os outros pensamentos que não tenham nada a ver com os do exercício. No início, você só conseguirá fazer isso por alguns segundos, e posteriormente, por alguns minutos. Você tem que conseguir fixar um único pensamento e acompanhá-lo por no mínimo dez minutos seguidos.

Se for bem sucedido em seu intento, estará maduro para mais um exercício, que consistirá no aprendizado do esvaziamento total da mente. Deite-se confortavelmente num sofá ou numa cama, ou então sobre uma cadeira reclinável, e relaxe o corpo inteiro. Feche os olhos. Rejeite energicamente todos os pensamentos emergentes. Em sua mente não deve haver nada, somente o vazio total. Fixe esse estado de vazio total, sem se desviar ou se distrair. No início você só conseguirá manter isso durante alguns segundos, mas exercitando-se constantemente conseguirá um melhor desempenho. O objetivo do exercício será alcançado quando você conseguir manter-se nesse estado durante dez minutos completos, sem se distrair ou adormecer.

Seus sucessos, fracassos, tempos de duração dos exercícios e eventuais perturbações deverão ser anotados cuidadosamente num diário mágico. (Mais detalhes sobre isso serão apresentados no item "Instrução Mágica da Alma"). Esse diário servirá para o controle pessoal de sua escalada. Quanto mais conscienciso você for na consecução dos exercícios aqui descritos, tanto melhor será a sua assimilação dos restantes.

Elabore um plano preciso de trabalho para a semana entrante ou para o dia seguinte. E principalmente, cultive a autocrítica.

Instrução Mágica da Alma (I)

Introspeção ou Autoconhecimento

Em nossa casa, assim como em nosso corpo e nossa alma, precisamos sempre saber o que fazer e como fazê-lo. Por isso nossa primeira tarefa é nos conhecermos a nós mesmos. Todo sistema iniciático, de qualquer tipo, sempre impõe essa condição. Sem o autoconhecimento não existe uma escalada verdadeira.

Nos primeiros dias da instrução da alma pretendemos ocupar-nos com a parte prática da introspeção, ou autoconhecimento. Adote um diário mágico e tome nota de todas as facetas negativas de sua alma. Esse diário deve ser de seu uso exclusivo e não deve ser mostrado a ninguém; é um assim chamado livro de controle, só seu. No autocontrole de seus defeitos, hábitos, paixões, impulsos e outros traços desagradáveis de caráter, você deve ser rígido e duro consigo mesmo. Não seja condescendente consigo próprio, não tente embelezar nenhum de seus defeitos e deficiências. Medite e reflita sobre si mesmo, desloque-se a diversas situações do passado para lembrar como você se comportou aqui ou ali, quais os defeitos e deficiências que surgiram nessa ou naquela situação. Tome nota de todas as suas fraquezas, nas suas nuances e variações mais sutis. Quanto mais você descobrir, tanto melhor. Nada deve permanecer oculto ou velado, quer sejam defeitos e fraquezas mais evidentes ou mais sutis. Aprendizes especialmente dotados conseguiam descobrir centenas de defeitos nos matizes mais tênues; dispunham de uma boa capacidade de meditação e de penetração profunda na própria alma. Lave a sua alma até que se purifique, dê uma boa varrida em todo o seu lixo.

Essa autoanálise é um dos trabalhos mágicos prévios mais importantes. Muitos sistemas ocultos negligenciam-no, e por isso também têm pouco sucesso. Esse trabalho prévio na alma é a coisa mais importante para o equilíbrio mágico, pois sem ele não há possibilidade de uma escalada regular nessa evolução. Devemos dedicar alguns minutos de nosso tempo, na parte da manhã e também à noitinha, ao exercício de nossa autocrítica. Dedique-lhe também alguns instantes livres de seu dia; use esse tempo para refletir intensamente se ainda há alguns defeitos escondidos, e ao descobri-los coloque-os imediatamente no papel, para que nenhum deles fique esquecido. Sempre que topar com algum defeito, "Não hesite, anote-o imediatamente!".

Caso você não consiga descobrir todos os seus defeitos em uma semana, prossiga por mais uma semana com essas pesquisas até que o seu assim chamado "registro de pecados" esteja definitivamente esquematizado. Depois de conseguir isso em uma ou duas semanas passe para o exercício seguinte. Através de uma reflexão precisa, tente atribuir cada um dos defeitos a um dos quatro elementos. Arranje uma rubrica, em seu diário, para cada um dos elementos, e anote abaixo dela os defeitos correspondentes. Coloque aqueles defeitos sobre os quais você tiver alguma dúvida, sob a rubrica "indiferente". No decorrer do trabalho de desenvolvimento, você terá condições de determinar o elemento correspondente a cada um dos seus defeitos.

Assim p.e., você atribuirá ao elemento fogo os seguintes defeitos: irritação, ódio, ciúme, vingança, ira. Ao elemento ar atribuirá a leviandade, a fanfarronice, a supervalorização do ego, a bisbilhotice, o esbanjamento; ao elemento água, a indiferença, o fleumatismo, a frieza de sentimentos, a transigência, a negligência, a timidez, a teimosia, a inconstância. Ao elemento terra atribuirá a suscetibilidade, a preguiça, a falta de consciência, a lentidão, a melancolia, a falta de regularidade.

Na semana seguinte, reflita sobre cada uma das rubricas e divida-a em três grupos. No primeiro grupo coloque os defeitos mais evidentes, que o influenciam com mais força, e que surgem já na primeira oportunidade, ou ao menor estímulo. No segundo grupo coloque aqueles defeitos que surgem mais raramente e com menos força. E no terceiro, na última coluna, coloque finalmente aqueles defeitos que chegam à expressão só de vez em quando e em menor escala. Isso deve ser feito desse modo também com todas as outras rubricas de elementos, inclusive com os defeitos indiferentes. Trabalhe sempre escrupulosamente, e você verá que vale a pena!

É exatamente desse modo que devemos proceder com as características boas da nossa alma. Elas também deverão ser classificadas sob as respectivas rubricas dos elementos; e não esqueça das três colunas. Assim, p.e., você atribuirá ao elemento fogo a atividade, o entusiasmo, a determinação, a ousadia, a coragem. Ao elemento ar atribuirá o esforço, a alegria, a agilidade, a bondade, o prazer, o otimismo, e ao elemento água a sensatez, a sobriedade, a fervorosidade, a compaixão, a serenidade, o perdão, a ternura. Finalmente, ao elemento terra atribuirá a atenção, a perseverança, a escrupulosidade, a sistematização, a sobriedade, a pontualidade, o senso de responsabilidade.

Através desse trabalho você obterá dois espelhos astrais da alma, um negro com as características anímicas ruins, e um branco com os traços bons e nobres do seu caráter. Esses dois espelhos mágicos devem ser considerados dois autênticos espelhos ocultos, e afora o seu proprietário, ninguém tem o direito de olhar para eles. Devemos observar mais uma vez que o seu proprietário deve estar motivado a trabalhar de modo preciso e consciencioso no seu espelho mágico verdadeiro. Caso lhe ocorra, ao longo de seu trabalho de evolução, mais uma ou outra característica boa ou ruim, ele ainda poderá incluí-la sob a rubrica correspondente. Esses dois espelhos mágicos dão ao mago a possibilidade de reconhecer, com bastante precisão, qual dos elementos é o predominante em seu caso, no espelho branco ou no negro. Esse reconhecimento é necessário para se alcançar o equilíbrio mágico, e mesmo a evolução posterior do aprendiz será sempre guiada por ele.

Instrução Mágica do Corpo (I)

O Corpo Material ou Carnal

O desenvolvimento do invólucro exterior, isto é, do corpo, também deve andar de mãos dadas com o desenvolvimento do espírito e da alma. Nenhuma parte de nosso eu deve deixar a desejar, ou ser negligenciada. Logo pela manhã, ao despertar, escove o corpo com uma escova macia até que a pele fique levemente avermelhada. Com isso abrem-se os poros e você conseguirá respirar melhor. Além disso, os rins serão em grande parte aliviados de sua sobrecarga. Depois, lave rapidamente o corpo inteiro, ou pelo menos a sua parte de cima com água fria enxugando-o bem com uma luva ou uma toalha áspera, até que fique morno. Principalmente nas estações mais frias, as pessoas mais sensíveis poderão utilizar água tépida ou morna. Esse procedimento deverá tornar-se um hábito diário e ser mantido por toda a vida. O seu efeito é refrescante e elimina o cansaço.

Além disso, deve-se praticar diariamente uma ginástica matinal, pelo menos por alguns minutos, para que o corpo fique flexível. Não pretendo aqui descrever exercícios especiais de ginástica, pois cada um deve escolher aqueles que se adaptarem melhor a sua idade e preferência. Nesse caso, o objetivo principal é obter um corpo elástico e saudável.

O Mistério da Respiração

Devemos também dar a devida atenção à respiração. Normalmente, todo ser vivo respira; sem a respiração não há vida. Naturalmente o mago precisa saber mais do que só isso, ele precisa saber que inspira oxigênio com nitrogênio, que é absorvido pelo pulmão e expirado depois em forma de nitrogênio. Sem respiração e alimentação o pulmão não sobrevive. Tudo o que precisamos para a vida e tudo o que a mantém, portanto a respiração e a nutrição, é quadripolar e quadri-elementar, somado ao quinto elemento ou o Princípio do Akasha, conforme descrito na parte teórica sobre os elementos. O ar que respiramos possui um grau de densidade mais

sutil do que aquele da nutrição densa, material. Porém, segundo as leis universais ambos são da mesma natureza, i.e. quadripolares, e servem para manter o corpo vivo. Examinemos a respiração:
   O oxigênio está subordinado ao elemento fogo e o nitrogênio ao elemento água. O elemento ar é o elemento mediador e o elemento terra o que liga o oxigênio e o nitrogênio. O quinto elemento, Akasha ou elemento etérico é o elemento regulamentador, o princípio primordial ou divino. Assim como no grande Universo, na natureza, nesse caso também os elementos têm seus fluidos elétrico e magnético, sua polaridade. Na respiração normal ou inconsciente, só a quantidade de matéria dos elementos necessária para a manutenção normal do corpo é levada a ele. Aqui também a assimilação se adapta de acordo com a utilização da matéria dos elementos. Mas com a respiração consciente ocorre o contrário. Se deslocarmos, para o ar a ser respirado, pensamentos, ideias ou imagens, abstratos ou concretos, eles serão captados pelo princípio akáshico do ar em questão e levados através dos fluidos elétrico e magnético até a matéria aérea. Ao passar pelos pulmões e ser levada às veias, essa matéria aérea impregnada representa um duplo papel. Primeiro, as partes materiais dos elementos servem para a manutenção do corpo; segundo, o fluido eletromagnético carregado com o pensamento, a ideia ou a imagem, conduz o ar eletromagnético tingido por essas ideias para fora da circulação, através da matriz astral até o corpo astral, e de lá, reflexivamente, através da matriz mental até o espírito imortal.
   Com isso nós elucidamos o mistério da respiração do ponto de vista mágico. Muitas linhas esotéricas usam uma respiração consciente instruída, como por exemplo o sistema do Hatha Yoga, até mesmo sem conhecer o processo com exatidão. Muitos já prejudicaram a saúde com seus exercícios respiratórios extremados, principalmente executando essas práticas sem a orientação de um mestre experiente (um guru).
   Leitores inexperientes podem ter se deixado induzir por essas práticas, talvez por terem vislumbrado nelas uma conquista rápida dos poderes ocultos. Porém estes podem ser conquistados pelo mago com muito mais facilidade e rapidez, se ele assim

o desejar, através do sistema iniciático universal descrito em detalhes nesta obra.

Como podemos ver, não se trata nesse caso da quantidade de ar inspirado, mas sim da qualidade da ideia que transferimos ao material aéreo. Por isso não é necessário, e nem mesmo aconselhável, bombear muito ar aos pulmões sobrecarregando-os inutilmente. Você deve realizar seus exercícios respiratórios sem qualquer pressa, devagar e tranquilamente.

Sente-se confortavelmente, relaxe o corpo todo e respire pelo nariz. Imagine que junto com o ar inspirado estão sendo transferidos ao seu corpo, através dos pulmões e do sangue, bastante saúde, paz, serenidade, sucesso, ou qualquer outra coisa que você deseja muito alcançar. A imagem deve ser tão intensa e o ar inspirado tão impregnado com o desejo, que este deve ser quase real. Você não pode ter a mínima dúvida a esse respeito. Para não arrefecer, é suficiente começar com sete respirações pela manhã e sete à noite, e dentro das possibilidades, aumentá-las gradativamente em uma pela manhã e uma à noite, a cada dia que passa. Nunca se apresse, e também não exagere, pois tudo tem o seu tempo. De qualquer modo, só passe a imaginar outro desejo quando o primeiro for totalmente realizado. Para o aluno talentoso, os progressos começarão a se evidenciar no mínimo em sete dias; tudo depende do seu grau de disposição e da força do seu pensamento. Alguns aprendizes levarão semanas ou até meses para a realização dos seus desejos. Até mesmo o tipo de desejo possui neste caso um papel importante. Por isso aconselhamos no início a não desejar coisas egoístas, devemos nos limitar a desejos tais como: serenidade, saúde, paz e sucesso. Os exercícios respiratórios não devem ultrapassar o tempo de meia hora; mais tarde serão suficientes dez minutos, em média.

Assimilação Consciente de Nutrientes

A assimilação de nutrientes pelo corpo ocorre do mesmo modo que a assimilação do ar. São os mesmos processos, só que na assimilação de nutrientes os efeitos são mais palpáveis e densos. Os desejos transferidos à alimentação têm um efeito particularmente forte a nível material, pois estão sujeitos às irradiações densas e materiais dos elementos. Por isso, se o mago quiser alcançar algo em relação ao seu corpo ou tiver outros desejos materiais, deverá levar em conta esse aspecto.

Sente-se diante de um prato com o alimento que você pretende ingerir naquele momento, e concentre seu pensamento o mais intensamente que puder, materializando o seu desejo no alimento com toda a força, como se esse desejo já tivesse se realizado. Se você estiver sozinho, sem ninguém que o observe ou perturbe, poderá manter as mãos postas sobre o alimento, abençoando-o. Se não houver essa possibilidade, então concentre na comida o seu desejo ou feche os olhos. Isso poderá criar a impressão de que você está rezando diante do alimento, o que não lhe acarretará maiores problemas; e na verdade, é isso mesmo o que acontece. Então comece a comer devagar mas conscientemente, com a convicção interior de que efetivamente o desejo, junto com o alimento, está penetrando em seu corpo até o último de seus nervos. O que para os cristãos representa a comunhão, deve ser para você a assimilação do alimento, portanto, um ato sagrado.

Para a evolução mágica não é conveniente comer apressadamente. Todas as comidas e bebidas são adequadas para a impregnação mágica de desejos, e todas as comidas e bebidas impregnadas devem ser totalmente ingeridas, isto é, não deve sobrar nada. Nunca se deve ler durante as refeições; infelizmente muitas pessoas têm esse péssimo hábito. Também não se deve conversar ou falar enquanto se come; devemos comer sempre mantendo o pensamento fixo em nosso desejo. Além disso devemos tomar cuidado para que não apareça nenhum outro desejo contrapondo-se ao primeiro, como p.e., quando desejamos saúde durante a respiração consciente ou mágica, não devemos nos concentrar no desejo de sucesso durante a refeição. O mais conveniente é pensarmos sempre no mesmo desejo, durante a respiração e também durante a refeição, para não provocar oscilações opostas de irradiações em nosso corpo. Nesse caso vale o ditado: "Quem tenta caçar dois coelhos de uma só vez, acaba não pegando nenhum." Quem se concentra no Mistério da Eucaristia durante a assimilação consciente do alimento encontrará aqui uma conexão análoga. As palavras de Cristo: "Tomai e comei, essa é minha carne; tomai e comei, esse é meu sangue", mostrar-se-ão em seu significado mais verdadeiro e profundo.

A Magia da Água

Não é só na vida diária que a água representa um dos papéis mais importantes, p.e., para beber, para a preparação dos alimentos, para lavar, para a preparação de vapor nas fábricas, mas também em nosso desenvolvimento mágico, onde o elemento água pode se tornar um fator essencial. Como mencionamos na parte teórica, atribui-se ao elemento água o magnetismo, ou a força de atração. É justamente essa característica que pretendemos utilizar no nosso desenvolvimento. Nos livros sobre a cura pelo magnetismo, irradiações de "od" etc., já se menciona o fato de a água poder ser carregada magneticamente com esse "od". Mas pouco se conhece sobre o modo como essa característica pode ser ampliada ou utilizada de outra forma. Não só a água, mas todos os líquidos têm a propriedade específica da atração, e por causa da contração, eles retêm as influências boas e também as más. É por isso que o elemento água, principalmente o material denso, pode ser visto como um acumulador. Quanto mais fria está a água, tanto maior é a sua capacidade de acumulação; ela se torna mais receptiva, no seu peso específico total, quando está a 4°C acima de zero. Esse dado não é muito determinante, pois as diferenças na capacidade de assimilaçãao da água (ou de outros líquidos) até 6°C acima de zero são tão insignificantes e tão pouco visíveis, que só um mago muito experiente consegue reconhecê-las. Quando a água vai se tornando gradativamente mais morna em função do aumento da temperatura, a sua capacidade de assimilação vai diminuindo rapidamente. Entre 36-37°C ela se torna neutra para o magnetismo. Atenção! Aqui se trata somente da característica específica da força de atração e seu significado prático relativamente ao magnetismo, o que também se evidencia no conhecimento dos efeitos mútuos dos elementos e que é aceito como algo natural.

A impregnação (de qualquer coisa através do Princípio do Akasha e assim também da água física) com um desejo pode ser feita em qualquer objeto e a qualquer temperatura. Um pedaço de pão, a sopa quente, uma xícara de café ou chá, tudo pode ser carregado magicamente. Porém essa carga não depende da capacidade acumulativa do elemento água, mas ela ocorre através do princípio primordial da quinta força dos elementos e age através do fluido eletromagnético do elemento correspondente. Essa diferença deve ser considerada, se quisermos evitar erros. Assim, p.e., um prato de sopa quente pode não ser magnetizado, pois a capacidade de acumulação do elemento água pode estar neutralizada ou aumentar demais em função da força de expansão do calor contido na água, caso a temperatura suba a mais de 37°C. No entanto, mesmo assim a sopa ainda poderá ser impregnada com o desejo correspondente.

Vamos explicar a magia da água do ponto de vista prático.

Todas as vezes que lavamos as mãos, devemos imaginar intensamente que, com a água, lavamos não apenas a sujeira do corpo, mas também a da alma. Devemos imaginar, por exemplo, que o fracasso, a ansiedade, a insatisfação e a doença são lavados também e transferidos para a água. Por isso é melhor você sempre se lavar sob uma torneira, para que a água suja escorra imediatamente, e imaginar que junto com a água estão escorrendo também os seus problemas e fraquezas. Se você tiver somente uma bacia à sua disposição, então jogue fora a água logo depois de usá-la, para que nenhuma outra pessoa toque nela. Você poderá também mergulhar as mãos por algum tempo na água fria e concentrar-se no pensamento de que todas as fraquezas do seu corpo e da sua alma serão atraídas pela força de atração magnético-astral da água. Convença-se de que todos os fracassos serão transferidos para a água; depois de pouco tempo você ficará surpreso com a eficácia desse exercício. Essa água também deverá ser despejada logo depois de usada. O exercício torna-se excepcionalmente eficaz quando realizado no verão, num banho de rio, ao se submergir o corpo inteiro na água (com exceção da cabeça).

O mesmo exercício também pode ser executado da maneira inversa, isto é, magnetizando-se ou impregnando-se a água com o desejo antes de usá-la, e convencendo-se firmemente de que a força contida na água irá ser transferida para o corpo durante a lavagem, e que o desejo será realizado. Quem tiver bastante disponibilidade de tempo poderá conjugar os dois exercícios, isto é, eliminar as coisas negativas numa água (por exemplo, debaixo de uma torneira ou num recipiente separado) e depois lavar-se com outra, impregnada com o desejo correspondente. No primeiro caso deve-se usar o sabão, para eliminar melhor as coisas ruins. As mulheres têm mais uma terceira possibilidade, além das duas já mencionadas, isto é, concentrar o seu magnetismo na ideia de que a água torna a cútis do seu rosto mais fresca, jovem, elástica e atraente. Para isso é conveniente não só lavar o rosto, mas também mergulhá-lo na água por alguns segundos. Esse procedimento deve ser repetido pelo menos sete vezes seguidas; pode ser acrescentado à água também uma pitadinha de bórax.

O mago tem mais uma possibilidade a ser considerada, que é o banho magnético dos olhos. Ele deve mergulhar o rosto, pela manhã, num recipiente cheio até a metade com água amanhecida ou fervida no dia anterior, abrindo os olhos dentro dele. Deve rolar os olhos para todos os lados, repetindo o exercício sete vezes. O ardor inicial dos olhos logo passa, assim que eles se acostumam à água. Se o aprendiz sofre de algum tipo de fraqueza visual, é conveniente acrescentar à água uma cocção de chá de eufrasia (*Herba Euphrasia*). Esses banhos oculares tornam os olhos mais resistentes contra as mudanças climáticas, eliminam a fraqueza visual, fortalecem a visão, tornando os olhos claros e luminosos. Não devemos esquecer de impregnar a água a ser utilizada para tal fim, com o nosso pensamento ou desejo, e magnetizá-la. Os aprendizes mais evoluídos, que estão aprendendo a arte da clarividência, também têm a possibilidade de desenvolver essa habilidade através dessa técnica.

Resumo de todos os Exercícios do Grau I

I. INSTRUÇÃO MÁGICA DO ESPÍRITO

1. Controle do pensamento.
2. Disciplina do pensamento.
3. Domínio do pensamento.

Para 1: Controle do pensamento duas vezes ao dia, durante cinco a dez minutos.

Para 2: Não permitir que certos pensamentos aflorem. A fixação de um determinado pensamento escolhido pelo aprendiz. Constatação do vazio, da ausência de pensamentos.

Para 3: Adoção de um diário mágico. Autocrítica. Planejamento de processos de pensamento para o dia seguinte ou a semana seguinte.

II. INSTRUÇÃO MÁGICA DA ALMA

1. Introspeção ou Autoconhecimento.
2. Montagem do espelho da alma (branco e negro) relativo aos elementos, cada um deles em três âmbitos de ação.

III. INSTRUÇÃO MÁGICA DO CORPO

1. Adoção de um estilo de vida normal e sensato.
2. Ginástica matinal.
3. Exercício respiratório consciente.
4. Alimentação consciente.
5. Magia da água.

Para cada um desses exercícios está previsto um período de tempo de catorze dias a um mês. Isso vale para pessoas de aptidão média. Para aqueles que já praticaram algum tipo de concentração ou meditação, esse tempo deve ser suficiente. Para os que ainda não se aventuraram nesse campo, os tempos de exercício devem naturalmente ser prolongados de acordo com a necessidade, pois todas as conquistas dependem da individualidade de cada um. Para a prática, seria inútil passar de um grau a outro sem ter elaborado corretamente o anterior e dominá-lo totalmente.

Fim do Primeiro Grau

Grau II

Auto-Sugestão ou o Mistério do Subconsciente

Antes de passar à descrição de cada um dos exercícios do segundo grau, tentarei explicar o mistério do subconsciente e seu significado prático. Assim como a consciência normal, que possui sua morada na alma e age no corpo, ou melhor, na cabeça através do cérebro, o subconsciente também é uma característica da alma e encontra-se no cerebelo, isto é, na parte posterior da cabeça. Considerando a sua utilização prática na magia, estudaremos principalmente a função psicológica do cerebelo, portanto, do subconsciente.

Em toda pessoa consciente de seus cinco sentidos a esfera da consciência normal está intacta, isto quer dizer que a pessoa está em condições de fazer uso contínuo das funções de sua consciência normal. Como constatado pelas nossas pesquisas, não existe uma única força no Universo, assim como no homem, que não apresente o seu oposto. É por isso que podemos considerar a subconsciência como o oposto da consciência normal. Aquilo que na consciência normal entendemos como pensamento, sentimento, vontade, memória, razão, compreensão, reflete-se no nosso subconsciente como um efeito oposto. Do ponto de vista prático podemos encarar nosso subconsciente como nosso oponente. A força instintiva, ou o impulso a tudo aquilo que não queremos, como por exemplo, nossas paixões incontroláveis, nossos defeitos e fraquezas, nascem justamente dessa esfera da consciência. Na introspeção, a tarefa do aprendiz é decompor o trabalho dessa subconsciência de acordo com a chave dos elementos ou do magneto quadripolar. É uma tarefa gratificante, porque ele consegue uma segurança total através da própria reflexão ou meditação.

A subconsciência é também a força impulsionadora de tudo aquilo que não queremos. Por isso, devemos aprender a mudar esse aspecto, de certa forma hostil do nosso eu, para que ele não só cesse de nos prejudicar, mas pelo contrário, nos ajude a realizar os nossos desejos. Para a sua realização no mundo material o subconsciente precisa de tempo e de espaço, dois princípios básicos necessários a todas as coisas que devem ser transferidas do mundo das origens à realidade concreta. Quando tiramos o tempo e o espaço do subconsciente, a polaridade oposta cessa de exercer a sua influência em nós, e podemos então realizar nossos desejos através desse subconsciente. É nesse seu desligamento súbito que reside a chave para o uso prático da auto-sugestão. Quando, p.e., sugerimos ao subconsciente que amanhã, ou num outro instante qualquer, não nos submeteremos mais a alguma de nossas paixões, como fumar ou beber (ingerir álcool), então o subconsciente terá tempo suficiente, até o prazo pré-determinado, de colocar obstáculos diretos ou indiretos em nosso caminho. Na maioria dos casos, principalmente numa vontade fraca ou pouco desenvolvida, o subconsciente quase sempre consegue nos pegar de surpresa ou provocar um fracasso. Se ao contrário, na impregnação do subconsciente com um desejo nós lhe subtrairmos o conceito de tempo e espaço, o que passa a agir em nós é só a sua parte positiva; a consciência normal também entra na conexão e a impregnação do desejo apresenta o sucesso esperado. O conhecimento disso e a possibilidade da sua ocorrência são muito significativos, e devem ser considerados por ocasião da auto-sugestão.

A fórmula escolhida para a auto-sugestão deve ser obrigatoriamente mantida na forma presente e no imperativo. Portanto, não se deve dizer: "Eu pretendo parar de fumar, de beber", mas sim, "Eu não fumo, eu não bebo", ou então "Não tenho vontade de fumar, ou de beber", conforme aquilo que se pretende largar ou obter pela sugestão. A chave para a auto-sugestão reside na forma presente ou imperativa. Isso deve ser observado sob todos os aspectos e em todos os momentos se quisermos conquistar o poder da influência sobre nós mesmos através do subconsciente, com a auto-sugestão.

O subconsciente trabalha com mais eficácia e intensidade à noite, quando a pessoa dorme. No estado de sono, o trabalho da consciência normal é suspenso, e predomina o trabalho do subconsciente. Por isso, o momento mais propício para a assimilação de uma fórmula de sugestão é aquele em que o corpo está sonolento na cama, pouco antes de adormecer, mas também logo depois de despertar, quando nos encontramos ainda numa espécie de meio-sono. Com isso não queremos dizer que não há outros momentos propícios à auto-sugestão, mas os dois acima citados são os mais convenientes, pois neles o subconsciente torna-se mais acessível. É por isso que o mago não deve nunca adormecer com pensamentos depressivos e preocupações que influenciem negativamente o seu subconsciente, pois este continua a trabalhar no mesmo curso de pensamento com o qual a pessoa adormece. Portanto, é bom observar: adormeça sempre com pensamentos positivos e harmônicos, de sucesso, saúde e paz.

Antes de se decidir pela aplicação prática da auto-sugestão, faça um pequeno colar de contas de madeira ou vidro, com cerca de 30 ou 40 contas (ver H. Jiirgens, "Die Tesbihschnur"). Se tiver dificuldade em conseguir o colar de contas, então use um cordão simples no qual poderá fazer uns 30 ou 40 nós; assim o pequeno objeto auxiliar da auto-sugestão estará pronto. Ele serve basicamente para que não se precise contar o número de repetições durante a formulação da auto-sugestão, e assim desviar a atenção do exercício. Esse pequeno objeto auxiliar também serve para descobrirmos quantas perturbações surgiram durante os exercícios de concentração e meditação num determinado intervalo de tempo; para isso devemos passar de uma conta a outra ou de um nó a outro a cada interrupção.

A aplicação prática da auto-sugestão é muito simples. Depois de formular aquilo que deseja numa pequena frase, levando em conta a forma presente e imperativa, como p.e.: "Eu me sinto melhor a cada dia que passa", ou então: "Não tenho vontade de beber, ou de fumar", ou: "Tenho saúde, estou satisfeito e feliz", você poderá passar à prática em si. Um pouco antes de dormir, pegue o seu cordão de contas ou de nós e repita a fórmula escolhida a meia voz, bem baixinho ou só em pensamento, como achar melhor, ou como lhe for mais adequado no momento, e a cada repetição pule para a conta ou nó seguinte, até chegar ao final do cordão. Então você saberá exatamente que repetiu a fórmula quarenta vezes. O importante nesse caso é visualizar ou materializar plasticamente o seu desejo, isto é, imaginá-lo como se já estivesse concretizado. Se depois de percorrer pela segunda vez todos os nós ou as contas do seu cordão você ainda não estiver com sono, continue imaginando que o seu desejo já se realizou, até adormecer com esse pensamento. Você precisa tentar levar o desejo para o sono. Se adormecer durante a repetição da fórmula, sem chegar ao final do cordão pela segunda vez, mesmo assim teré alcançado totalmente o seu objetivo.

De manhã, quando ainda não despertamos completamente e ainda temos um pouco de tempo disponível, por termos acordado muito cedo, devemos pegar o cordão e repetir a experiência. Existem pessoas que se levantam várias vezes da cama durante a noite, para urinar ou por outros motivos; assim elas poderão repetir a experiência várias vezes e alcançarão os resultados com mais rapidez.

Deveríamos ainda mencionar quais os desejos que podem ser realizados através da auto-sugestão. Nesse caso vale uma regra geral: podemos realizar qualquer desejo referente ao espírito, à alma ou ao corpo, p.e., o aperfeiçoamento do caráter, o combate às características negativas, as fraquezas, as desarmonias, pedir a obtenção da saúde, o afastamento ou a atração de situações diversas, o desenvolvimento de habilidades. De qualquer forma, não há a possibilidade da realização de desejos que não tenham nada a ver com a personalidade, como p.e., ganhar prêmios na loteria etc.

Só devemos escolher outra fórmula quando estivermos plenamente satisfeitos com o sucesso da primeira. Quem se dedicar sistematicamente aos exercícios poderá rapidamente convencer-se da influência favorável da auto-sugestão e praticar esse método ao longo de toda a sua vida.

Instrução Mágica do Espírito (II)

Na instrução mágica do espírito, do primeiro grau, nós aprendemos a controlar e a dominar os nossos pensamentos. Agora prosseguiremos, aprendendo a concentrar o nosso pensamento através do aumento da capacidade de concentração e o fortalecimento da força de vontade.

Exercícios de Concentração

a) Visuais

Coloque alguns objetos na sua frente, p.e., um garfo, uma faca, uma cigarreira, um lápis, uma caixa de fósforos, e fixe o pensamento em um deles, durante algum tempo. Memorize exatamente sua forma e sua cor. Depois feche os olhos e tente imaginar esse mesmo objeto tão plasticamente quanto ele é, na realidade. Caso ele lhe fuja do pensamento, tente chamá-lo de volta. No início você só conseguirá lembrar-se dele por alguns segundos, mas com alguma perseverança e a repetição constante, de um exercício a outro o objeto tornar-se-á cada vez mais nítido, e a fuga e o retorno do pensamento tornar-se-ão cada vez mais raros.

Não devemos assustar-nos com alguns fracassos iniciais, e se nos cansarmos, devemos passar ao objeto seguinte. No começo não se deve praticar o exercício por mais de dez minutos, mas depois devemos aumentar a sua duração gradativamente até chegar a meia-hora. Para controlar as perturbações devemos usar o cordão de contas ou de nós descrito no capítulo sobre a auto-sugestão. A cada perturbação devemos passar para a conta ou nó seguinte, assim saberemos posteriormente quantas perturbações surgiram durante o exercício. Este será bem sucedido quando conseguirmos fixar um objeto no pensamento, sem interrupções, durante cinco minutos.

Depois de superarmos essa etapa podemos prosseguir, tentando imaginar os objetos com os olhos abertos. Os objetos devem tornar-se visíveis diante dos nossos olhos como se estivessem suspensos no ar, e tão plásticos a ponto de parecerem palpáveis. Não devemos tomar conhecimento de nada que esteja em volta, além do objeto imaginado. Nesse caso também devemos controlar as perturbações com a ajuda do colar de contas. O exercício será bem sucedido quando conseguirmos fixar o nosso pensamento em um objeto suspenso no ar, sem nenhuma interferência, por no mínimo cinco minutos seguidos.

b) Auditivos

Depois da capacidade de concentração visual, vem a capacidade auditiva. Nesse caso a força da auto-sugestão tem, no início, uma grande importância. Não se pode dizer diretamente: "Imagine o tic-tac de um relógio" ou algo assim, pois sob o conceito "imaginação" entende-se normalmente a representação de uma imagem, o que não pode ser dito para os exercícios de concentração auditiva. Colocando essa ideia de um modo mais claro, podemos dizer: "Imagine estar ouvindo o tic-tac de um relógio". Para fins elucidativos usaremos essa expressão; portanto, tente imaginar estar ouvindo o tic-tac de um relógio de parede. Inicialmente você só conseguirá fazê-lo durante alguns segundos, mas com alguma persistência esse tempo irá melhorando gradativamente e as perturbações diminuirão. O cordão de contas ou de nós também deverá ser usado para o controle. Depois, você deverá tentar ouvir o tic-tac de um relógio de bolso ou de pulso, e ainda, o badalar de sinos, nas mais diversas modulações. Faça outras experiências de concentração auditiva, como toques de gongo, pancadas de martelo e batidas em madeira; ruídos diversos, como arranhões, arrastamento dos pés, trovões, o barulho suave do vento soprando e até o vento mais forte de um furacão, o murmúrio da água de uma cachoeira; e ainda, a música de instrumentos como o violino e o piano. Neste exercício o importante é concentrar-se só auditivamente e não permitir a interferência da imaginação plástica. Caso isso aconteça, a imagem deve ser imediatamente afastada; no badalar dos sinos, p.e., não deve aparecer a imagem dos sinos, e assim por diante. O exercício estará completo quando se conseguir fixar a imaginação auditiva por no mínimo cinco minutos.

c) Sensoriais

O exercício seguinte é a concentração na sensação. A sensação escolhida pode ser de frio, calor, peso, leveza, fome, sede, e deve ser fixada na mente até se conseguir mantê-la, sem nenhuma imaginação auditiva ou visual, durante pelo menos cinco minutos. Quando formos capazes de escolher e de manter qualquer sensação, então poderemos passar ao exercício seguinte.

d) Olfativos

Em seguida vem a concentração no olfato. Imaginemos o perfume de algumas flores, como rosas, lilazes, violetas ou outras, e fixemos essa ideia, sem deixar aparecer a representação visual dessas flores. A mesma coisa deve ser feita com os mais diversos odores desagradáveis, Esse tipo de concentração também deve ser praticado até se conseguir escolher qualquer um dos odores e imaginá-lo por pelo menos cinco minutos.

e) Gustativos

A última concentração nos sentidos é a do paladar. Sem pensar numa comida ou bebida ou imaginá-la, devemos concentrar-nos em seu gosto. No início devemos escolher as sensações de paladar mais básicas, como o doce, o azedo, o amargo e o salgado. Quando tivermos conseguido firmá-las, poderemos passar ao paladar dos mais diversos temperos, conforme o gosto do aprendiz. Ao aprender a fixar qualquer um deles, segundo a vontade do aluno, por no mínimo cinco minutos, então o objetivo do exercício terá sido alcançado.

Constataremos que esta ou aquela concentração será mais ou menos difícil para um ou outro aprendiz, o que é um sinal de que a função cerebral do sentido em questão é deficiente, ou pelo menos pouco desenvolvida, ou atrofiada. A maioria dos sistemas de aprendizado só leva em conta uma, duas, ou no máximo três funções. Os exercícios de concentração realizados com os cinco sentidos fortalecem o espírito e a força de vontade; com eles nós aprendemos não só a controlar todos os sentidos e a desenvolvê-los, como também a dominá-los totalmente. Eles são de extrema importância para o desenvolvimento mágico, e por isso não devem ser desdenhados.

Instrução Mágica da Alma (II)

Equilíbrio Mágico-Astral ou dos Elementos

No primeiro grau o aluno aprendeu a praticar a introspeção. Ele tomou nota de suas características boas e más segundo os quatro elementos e dividiu-as em três grupos. Dessa maneira ele pode montar dois espelhos da alma, um bom (branco), e outro ruim (negro). Esses dois espelhos da alma são o seu caráter anímico. Nessa configuração ele deverá saber distinguir as forças dos elementos predominantes, tanto no positivo quanto no negativo, e deve esforçar-se para estabelecer, a qualquer preço, o equilíbrio no efeito dos elementos. Sem a compensação dos elementos no corpo astral ou na alma não há possibilidade de progresso mágico, ou evolução.

Transformação do Caráter ou Enobrecimento da Alma

A função desse grau é estabelecer esse equilíbrio da alma. Se o futuro mago tiver força de vontade suficiente, então ele poderá começar a dominar suas características ou paixões mais influentes; mas se ele não tiver essa força de vontade, então deverá começar pelo lado oposto, compensando primeiro as pequenas fraquezas e combatendo os erros e as fraquezas maiores pelo tempo que for preciso para dominá-las completamente. Para esse domínio de suas paixões, o aluno poderá lançar mão de três possibilidades:

1) Utilização sistemática da auto-sugestão, como já descrito.
2) Transmutação ou transformação das paixões em características opostas, positivas, o que pode ser alcançado através da auto-sugestão ou da meditação frequente (ou respectiva auto-conscientização contínua das boas características).
3) Observação atenciosa e força de vontade.

Através desse método podemos impedir o impulso das paixões e combatê-lo na sua origem. Esse método é na verdade o mais difícil, e é geralmente indicado somente para aqueles que têm uma enorme força de vontade, ou que pretendem adquiri-la através da luta contra esses impulsos.

Se o aprendiz tiver tempo suficiente e quiser progredir rapidamente em sua própria evolução, então poderá empregar os três métodos. Para ele será muito vantajoso dar aos três métodos uma única direção, um único objetivo, como p.e., a comida consciente, a magia da água etc. O sucesso então não tardará.

Esse grau tem como objetivo estabelecer o equilíbrio dos elementos na alma. É por isso que o futuro mago deve esforçar-se em eliminar rapidamente e com segurança todas as paixões que o atrapalham, caso queira ter sucesso na magia. Em nenhum caso os exercícios do grau seguinte deverão ser praticados antecipadamente, isto é, antes do aprendiz dominar totalmente os exercícios do segundo grau e ter conseguido obter um sucesso incontestável na compensação dos elementos. O aperfeiçoamento do caráter deve ser praticado ao longo de todo o curso, mas já nessa etapa as características ruins e exageradas devem ser afastadas, pois são um grande obstáculo para a evolução.

Instrução Mágica do Corpo (II)

Os exercícios de instrução mágica do corpo praticados no Grau I devem ser mantidos e devem tornar-se um hábito diário, como as lavagens em água fria, as fricções, a ginástica matinal, a magia da água, a comida consciente etc. No Grau II, a instrução mágica do corpo apresenta uma variação dos exercícios respiratórios. No grau anterior nós aprendemos a respirar conscientemente e a dirigir o ar, impregnado pelo desejo (através do princípio etérico) para dentro da corrente sanguínea através dos pulmões. Nesse capítulo descreveremos a respiração consciente pelos poros.

Respiração Consciente pelos Poros

Nossa pele possui uma dupla função, ou seja, a da respiração e a da eliminação. Portanto, podemos considerá-la como um segundo rim e um segundo pulmão em nosso corpo. Agora torna-se claro porque escolhemos o escovamento da pele a seco, a sua fricção, sua lavagem com água fria e outros métodos. Primeiro, para uma descarga completa dos nossos pulmões, e em grande parte, dos nossos rins; e segundo, para estimular a atividade dos nossos poros. Nem precisamos enfatizar que tudo isso é muito benéfico para a nossa saúde. Principalmente do ponto de vista mágico, a respiração consciente pelos poros é de grande interesse; por isso pretendemos dedicar-nos à sua prática.

Sente-se confortavelmente em uma poltrona ou deite-se num divã, relaxando toda a musculatura do corpo. Então, a cada inspiração, imagine que não é só o pulmão que está respirando, absorvendo o ar, mas também o corpo todo. Convença-se de que junto com os pulmões, cada poro do seu corpo também está assimilando a força vital e conduzindo-a ao corpo todo. Você deve imaginar-se como uma esponja seca, que ao ser mergulhada na água absorve-a com sofreguidão. Deve tentar experimentar essa mesma sensação ao inspirar o ar. Assim a força vital do princípio etérico e do ambiente penetra em você. Conforme as circunstâncias, cada um de nós experimentará a absorção da força vital pelos poros de uma maneira diferente. Depois de repetir várias vezes o exercício e conseguir respirar simultaneamente através dos pulmões e de todo o corpo, conjugue ambos os métodos em sua inspiração do desejo, p.e., de paz, de saúde e de sucesso, de domínio das paixões, o que for mais necessário para você. A formulação de seus desejos (distribuídos nas formas presente e indicativa) deve ser assimilada não só pelos pulmões e pela corrente sanguínea, mas por todo o corpo. Se você obtiver uma certa habilidade nesse exercício, então poderá também influenciar magicamente a expiração, imaginando que a cada expiração você estará eliminando o oposto do seu desejo, como os fracassos, as fraquezas, as intranquilidades etc. Quando você conseguir inspirar e expirar com os pulmões e com todo o corpo, o exercício estará completo.

O Domínio do Corpo na Vida Prática

O exercício a seguir trata do domínio do corpo. Sentar-se confortável e tranquilamente também é uma arte, e deve ser aprendida. Sente-se numa cadeira de forma a manter a coluna ereta. No início é permitido apoiar-se no encosto. Os pés devem ficar juntos e formar um ângulo reto com os joelhos. Nessa posição você deverá sentir-se livre, sem nenhuma tensão nos músculos, com ambas as mãos apoiadas levemente sobre as coxas. Coloque um despertador na sua frente, dê corda e ajuste-o para tocar em cinco minutos. Feche os olhos e acompanhe mentalmente todo o seu corpo. No início você perceberá como os músculos estão intranquilos por causa da excitação dos nervos. Obrigue a si mesmo, com toda a energia, a permanecer sentado tranquilamente e a relaxar. Por mais que esse exercício pareça fácil, para o iniciante ele é muito difícil. Caso os joelhos insistam em se separar, podemos, no início, amarrar as duas pernas com uma toalha ou um cordão. Se você conseguir permanecer sentado durante os cinco minutos sem nenhum tique nervoso, portanto sem perturbações, acrescente um minuto no tempo de cada novo exercício. Este estará completo quando você conseguir permanecer sentado tranquila e confortavelmente, sem perturbações, durante meia hora. Ao alcançar essa meta, você perceberá que em nenhuma outra posição do corpo poderá descansar e recuperar as forças tanto quanto na posição acima descrita.

Se quisermos usar o exercício da postura do corpo como um meio para o desenvolvimento da força de vontade, então, caso já dominemos a prática acima aconselhada pelo tempo de uma hora, poderemos escolher diversas outras posições ao nosso gosto. No capítulo sobre as asanas, o yoga hindu aconselha e descreve um grande número dessas posições e até afirma haver a possibilidade de se obter poderes ocultos através do domínio desses exercícios. Mas ela não explica se esses poderes são despertados exclusivamente por essas posturas corporais (asanas). Para nosso desenvolvimento mágico precisamos de uma postura do corpo, não importa qual; a mais simples é a descrita anteriormente. Ela serve para aquietar o corpo e fortalecer a força de vontade. Mas além do corpo, é sobretudo o espírito e a alma que precisam de um trabalho sem perturbações, o que descreveremos em detalhes nos capítulos especiais subsequentes.

Principalmente aqueles alunos que se cansaram muito mental e animicamente nos exercícios do Grau II, e por isso adormecem sistematicamente nos exercícios de concentração e de meditação, deveriam praticá-los na posição corporal aconselhada acima. O aluno deve esforçar-se também em exercitar o domínio do corpo na vida prática. Através da observação e da atenção contínuas ele encontrará muitas oportunidades para isso. Se nos sentirmos muito cansados, devemos nos obrigar a realizar algum pequeno serviço ou dar um pequeno passeio. Se estivermos com fome, devemos adiar a refeição por cerca de meia hora, e se tivermos sede não devemos beber imediatamente, mas deixar passar um pouco de tempo. Na pressa costumeira devemos nos forçar a uma atitude mais lenta e vice-versa; quem for uma tartaruga, deve adotar um comportamento mais ágil. Fica a critério do aprendiz usar a sua força de vontade para dominar o seu corpo e os seus nervos e forçá-los a fazer o que for determinado.

Resumo de todos os Exercícios do Grau II

I. INSTRUÇÃO MÁGICA DO ESPÍRITO:

1. A auto-sugestão ou a revelação dos mistérios do subconsciente.

2. Exercícios de concentração:

a) Visuais (éticos).

b) Auditivos (acústicos).

c) Sensoriais (com o tato).

d) Olfativos (com o cheiro).

e) Gustativos (com o paladar).

Os exercícios referentes ao desligamento do pensamento (estado negativo) serão retomados e aprofundados mais tarde.

II. INSTRUÇÃO MÁGICA DA ALMA:

Equilíbrio mágico-astral em relação aos elementos, transmutação ou aperfeiçoamento do caráter:

a) Através do combate ou do domínio.

b) Através da auto-sugestão.

c) Através da transmutação ou remodelação na característica contrária.

III. INSTRUÇÃO MÁGICA DO CORPO:

a) Respiração consciente pelos poros.

b) Postura consciente do corpo.

c) Domínio do corpo na vida prática, conforme a vontade.

Antes de adormecer devem ser mantidos só os pensamentos mais belos e puros, pois estes serão levados depois ao sono profundo.

Fim do segundo grau

Grau III

Conhecer, Ousar, Querer e Calar são os quatro pilares principais do templo de Salomão, portanto do macro e do microcosmo sobre os quais foi erigida a sagrada ciência da magia. Relativamente aos quatro elementos, são estas as características básicas que todo mago deve possuir se quiser alcançar o grau mais elevado desta ciência.

O saber mágico pode ser adquirido por qualquer um através de um estudo intenso, e o conhecimento de suas leis possibilita ao aprendiz alcançar, gradativamente, o estágio mais elevado da sabedoria.

Querer: É um aspecto da vontade que só pode ser alcançado com tenacidade, paciência e persistência no estudo da ciência sagrada e na sua aplicação prática. Quem pretende não só satisfazer sua curiosidade, mas levar a sério o seu estudo e escalar o caminho que o levará às mais luminosas alturas, precisará dispor de uma vontade inquebrantável.

Ousar: Quem não teme sacrifícios nem obstáculos, e também não dá atenção às opiniões dos outros, mas mantém o objetivo sempre à sua frente sem se importar se terá sucesso ou fracassará, receberá a melhor das recompensas.

Calar: Quem gosta de se gabar e se promover exibindo sua sabedoria, não poderá nunca ser um verdadeiro mago. Um mago não precisa assumir ares de autoridade, muito pelo contrário, ele se esforça em não aparecer. Calar é ouro! Quanto mais ele se calar sobre as próprias experiências e conhecimentos, sem se isolar das outras pessoas, tanto mais poderes ele obterá da fonte primordial.

Portanto, quem quiser obter o conhecimento e a sabedoria deverá empenhar-se em adotar essas quatro qualidades básicas, sem as quais ninguém conseguirá alcançar as coisas essenciais da magia sagrada.

Instrução Mágica do Espírito (III)

Concentração do Pensamento em Duas ou Três Ideias Simultaneamente

No segundo grau nós aprendemos a praticar a concentração dos sentidos, isto é, a induzirmos a concentração de cada um dos nossos sentidos. Neste grau nós ampliaremos nossa capacidade de concentração, na medida em que nós fixaremos não só em um único sentido, mas em dois ou três simultaneamente. Eu gostaria de mostrar aqui alguns exemplos, através dos quais o próprio aprendiz poderá organizar o seu trabalho. Imagine plasticamente um relógio de parede com um pêndulo que vai e vem. A representação imaginária deve ser tão real a ponto de se achar que existe de fato um relógio na parede. Ao mesmo tempo experimente ouvir o seu tic-tac. Tente fixar essa dupla imaginação, da visão e da audição, durante cinco minutos. No início você só conseguirá fazê-lo durante alguns segundos, mas com a repetição constante você conseguirá fixá-las por mais tempo. A prática cria o mestre! Repita essa experiência com algum outro objeto semelhante, talvez um gongo, e além de tentar ouvir os seus golpes, tente também ver a pessoa que o está golpeando. Depois tente ver um regato e ouvir o murmúrio das águas. Imagine um campo de trigo e tente ouvir o som do vento que o varre. Para variar, tente montar sozinho algumas experiências semelhantes, que considerem dois ou até três sentidos ao mesmo tempo. Outras experiências com imaginações visuais ou auditivas também podem ser feitas, considerando-se por exemplo a visão e a sensação do toque (tato). Todos os sentidos devem ser desenvolvidos de modo vital e concentrativo. Deve-se conferir um valor especial à visão, à audição e ao tato, que são muito importantes para qualquer progresso na magia. Volto sempre a enfatizar o grande significado desses exercícios para o progresso em todo o caminho mágico; é por isso que devemos praticá-los todos os dias com perseverança. Quando conseguirmos fixar simultaneamente duas ou três concentrações de sentidos por no mínimo cinco minutos, então o exercício estará completo. Se o cansaço interferir no exercício, devemos interrompê-lo e adiá-lo para um momento mais propício, quando o espírito estiver mais alerta. Além disso devemos evitar adormecer durante a prática do exercício. Sabe-se que as primeiras horas da manhã são as mais propícias para os trabalhos de concentração.

Depois de alcançar um certo grau de concentração nesses exercícios, fixando dois ou três sentidos ao mesmo tempo por no mínimo cinco minutos, podemos prosseguir.

Concentração do Pensamento em Objetos, Paisagens e Lugares

Escolha novamente uma posição confortável como nos outros trabalhos de concentração. Feche os olhos e imagine plasticamente um lugar bem familiar, como p.e. uma região, uma casa, uma relva, um jardim, um campo, um bosque etc. Fixe essa imagem. Todos os detalhes, como cor, luz e forma devem ser memorizados. A imagem deve ser muito palpável plasticamente, como se você estivesse pessoalmente naquele local; nada deve escapar-lhe ou ser omitido. Se a imagem lhe fugir do pensamento ou ficar embaçada, chame-a de volta tornando-a nítida novamente. O exercício estará completo quando você conseguir fixar e manter a imagem plástica na mente por no mínimo cinco minutos. Experimente acrescentar à mesma imagem uma concentração auditiva. Caso você tenha imaginado um belo bosque, ouça o canto dos pássaros, o murmúrio do regato, o soprar do vento, o zumbido das abelhas etc. Ao conseguir isso, passe para a próxima imagem, de modo semelhante. O exercício estará completo quando você conseguir imaginar cada local, região ou paisagem com dois ou três sentidos simultaneamente, durante no mínimo cinco minutos. Ao alcançar esse grau de concentração, tente realizar esses mesmos exercícios com os olhos abertos, fixando o olhar num ponto determinado ou no vazio. O ambiente físico ao redor deve deixar de existir para você, e a imagem escolhida deve flutuar diante dos seus olhos como uma miragem. Ao conseguir fixar uma imagem por cinco minutos, passe para a próxima. O exercício pode ser considerado completo quando você conseguir chamar qualquer imagem desejada, com os olhos abertos, e fixá-la durante cinco minutos junto com um ou mais sentidos diferentes. Assim como as imagens de um acontecimento que passam diante de nós depois da leitura de um romance, essas imagens também deverão ser visualizadas em qualquer exercício de concentração.

Aprendemos a imaginar regiões e lugares que já vimos antes ou que já conhecemos. Agora devemos tentar visualizar locais e regiões imaginários, i.e., que nunca vimos antes. No início podemos até fazê-lo com os olhos fechados, e ao dominarmos essa técnica, com dois ou três sentidos ao mesmo tempo ao longo de cinco minutos, com os olhos abertos. O exercício estará completo quando conseguirmos fixar essa imaginação com os olhos abertos durante cinco minutos.

Concentração do Pensamento em Animais e Pessoas

Dos objetos inanimados, locais, regiões, casas e bosques passaremos aos entes vivos. Imaginemos diversos animais como cães, gatos, pássaros, cavalos, vacas, bezerros, galinhas, tão plasticamente quanto na concentração dos objetos. Inicialmente durante cinco minutos com os olhos fechados, e depois com os olhos abertos. Dominado esse exercício, devemos imaginar os animais em seus movimentos: um gatinho se lavando, caçando um camundongo, bebendo leite; um cão latindo, correndo; um pássaro voando, bicando a comida no chão etc. Estas e outras combinações semelhantes devem ser escolhidas à vontade pelo aluno, primeiro com os olhos fechados e depois com eles abertos. Ao conseguirmos fazê-lo durante cinco minutos sem perturbações, o exercício estará completo, e poderemos passar adiante.

Do mesmo modo devemos proceder quanto aos seres humanos. Primeiro os amigos, parentes, conhecidos, falecidos, e depois pessoas estranhas que nunca vimos antes. Depois imaginemos as feições de seus rostos, a cabeça toda, e por último o corpo inteiro coberto pela roupa. Sempre primeiro com os olhos fechados e depois com os olhos abertos. A duração mínima de cinco minutos deve ser alcançada antes de continuarmos, imaginando as pessoas em movimento, portanto, andando, trabalhando e falando. Fazendo isso com um dos sentidos, por exemplo, a visão, devemos combiná-lo com outro, que pode ser a audição, ou a imaginação auditiva; assim ao imaginarmos a voz da pessoa, devemos ouvi-la falando. Devemos nos esforçar em adaptar a imaginação à realidade, p.e. imaginar a tonalidade, a velocidade e o ritmo da fala real da pessoa em questão. Primeiro com os olhos fechados, depois com eles abertos.

Poderemos então dar prosseguimento a esse exercicio imaginando pessoas totalmente desconhecidas e inventando diversas feições e vozes para elas. Podem ser pessoas de ambos os sexos e diversas idades.

Imaginemos pessoas de outras raças, mulheres e homens, jovens e velhos, crianças, como p.e., indianos, negros, chineses, japoneses. Como meios auxiliares podemos usar livros e revistas ilustradas, assim como fazer visitas aos museus. Depois de alcançarmos o objetivo de fixar a imagem durante cinco minutos com os olhos fechados e também com eles abertos, a instrução mágica do espírito, do terceiro grau, estará completa. Em todos os exercícios devemos ter muita paciência, perseverança, constância e tenacidade, para dominar os mais difíceis. Aqueles alunos que conseguem dispender o esforço exigido, ficarão muito satisfeitos com as forças obtidas através dos exercícios de concentração e poderão aprofundá-las no grau seguinte. Os exercícios de concentração dessa etapa fortalecem não só a força de vontade e a capacidade de concentração, mas todas as forças em conjunto, intelectuais e espirituais, despertam a capacidade mágica do espírito e são imprescindíveis como pré-exercício para a transmissão do pensamento, a telepatia, a viagem mental, a clarividência, a vidência à distância e outros. Sem essas capacidades o futuro mago não progredirá. Por isso, devemos empenhar todos os nossos esforços em trabalhar com cuidado e constância.

Instrução Mágica da Alma (III)

Antes de iniciar a instrução desse grau, para que não nos prejudiquemos devemos ter certeza de que em nossa alma prevalece o equilíbrio astral dos elementos, o que pode ser obtido pela introspeção e o autodomínio. Diante da certeza de não haver nenhum elemento predominante, devemos, no decurso da evolução, continuar a trabalhar no aperfeiçoamento do caráter; mas mesmo assim, já podemos passar ao trabalho com os elementos, no corpo astral.

Respiração dos Elementos no Corpo Inteiro

Nessa etapa, a tarefa é a adequação de si mesmo às características básicas dos elementos, tornando-os predominantes ou neutralizando-os novamente. Já conhecemos a teoria dos efeitos dos elementos e conectaremos a ela a prática, como segue:

a) FOGO

O fogo, com sua expansão ou dilatação em todas as direções possui como característica específica o calor, por isso ele tem a forma esférica. Portanto devemos adequar-nos, sobretudo a essa característica, de acordo com a nossa constatação, e sermos capazes de evocá-la a qualquer momento, na alma e no corpo. No domínio do corpo escolhemos uma posição na qual podemos permanecer confortavelmente e sem perturbações. Os hindus chamam essa posição de asana. Para fins elucidativos, daqui em diante nós também usaremos essa expressão. Portanto, assuma essa posição asana, e pense no ponto central do elemento fogo que envolve todo o Universo, de forma esférica. Imagine que tudo à sua volta, inclusive todo o Universo, é feito de fogo. Comece a inspirar esse elemento com o nariz e com todo o corpo (respiração pelos poros) ao mesmo tempo; respire regular e profundamente sem pressionar o ar ou forçar o pulmão. O corpo material denso e o corpo astral devem assemelhar-se a um recipiente vazio no qual o elemento é inspirado, ou melhor, absorvido, a cada inspiração. A cada inspiração o calor do elemento deve ser aumentado e comprimido no corpo, tornando-se cada vez mais incandescente. O calor e a força de expansão devem ser cada vez mais fortes e a pressão ígnea cada vez maior, até finalmente nos sentirmos totalmente incandescentes e ardendo em fogo. Todo o processo de inspiração do elemento ígneo através do corpo inteiro é naturalmente só imaginário, e deve ser realizado em conjunto com a imaginação plástica do elemento. No início devemos fazer sete inspirações do elemento fogo, acrescentando mais uma a cada novo exercício. Em média, são suficientes 20 ou 30 inspirações. Só os alunos mais fortes fisicamente e com maior força de vontade conseguirão superar esse limite. Para não ter que contar o número de inspirações devemos usar o cordão de contas ou de nós, passando um nó ou uma conta adiante a cada nova inspiração. No começo o calor imaginado é sentido só pela alma, mas a cada nova experiência a incandescência torna-se mais perceptível, tanto na alma quanto no corpo; ela pode aumentar a temperatura do seu corpo (eventualmente provocando a transpiração) até ao nível da febre. Se enquanto isso o aluno tiver estabelecido o equilíbrio dos elementos na alma, essa acumulação de um elemento no corpo não provocará maiores danos.

Depois de finalizar o exercício da acumulação imaginária do elemento fogo, devemos sentir a sua força de incandescência e de expansão e treinar a sequência inversa, inspirando normalmente pela boca, e expirando tanto pela boca quanto pelo corpo todo (expiração pelos poros), jogando o elemento fogo de volta ao Universo. Essas respirações para a expiração do elemento devem ser feitas com a mesma frequência com que foram feitas as respirações anteriores, para a sua inspiração. Se naquele caso começamos com sete respirações, então neste também devemos realizar sete respirações para expirar o elemento. Isso é muito importante, porque depois do exercício o aluno deve ter a sensação de que não sobrou nem um pedacinho de elemento nele, e a sensação de calor também deve desaparecer totalmente. Por isso é aconselhavel usarmos o cordão de contas ou de nós para a contagem, tanto da inspiração quanto da expiração. Os exercícios devem ser realizados primeiro com os olhos fechados, e depois com eles abertos. A pesquisadora e viajante Alexandra David-Neel, que estudou e conheceu bem os costumes do Tibete, descreveu em seus livros uma experiência semelhante chamada Tumo, supostamente realizada pelos lamas, mas que não é muito adequada à prática pelos europeus, e não deve ser recomendada aos alunos de magia.

No Oriente existem iniciados que praticam esse tipo de exercício (chamado de Sadhana) durante anos e materializam o elemento fogo de tal forma que conseguem até andar nus e descalços mesmo nas estações mais frias do ano sem sentirem o efeito do frio, conseguindo secar com o calor do próprio corpo os panos molhados que os envolvem. Através da acumulação do elemento fogo eles conseguem influir no ambiente que os cerca e com isso diretamente na natureza, derretendo a neve e o gelo que estão a metros, ou até a quilômetros de distância à sua volta. Esses e outros fenômenos semelhantes também podem ser provocados por um europeu, se ele se dispor a gastar o tempo necessário para o treinamento. Mas para a nossa evolução mágica é necessário dominarmos não só um elemento, mas todos eles, o que seria o correto do ponto de vista mágico.

b) AR

Agora seguem-se os exercícios do elemento ar, que devem ser realizados do mesmo modo que os do elemento fogo, só que com a imaginação de uma sensação diferente. Coloque-se na mesma posição confortável do corpo, feche os olhos e imagine encontrar-se no meio de um espaço aéreo que preencha todo o Universo. Nada do que estiver em volta deve ser considerado, e não deve existir nada para você além desse espaço pleno de ar que envolve todo o Universo. Você deverá inspirar esse elemento aéreo para o recipiente vazio da alma e do corpo material denso através da respiração total do corpo (pelos poros e pelos pulmões). A cada respiração o corpo todo vai sendo preenchido com mais ar. Você deve fixar a imaginação de que a cada respiração o seu corpo se preenche de ar de tal forma a parecer um balão. Ao mesmo tempo imagine que seu corpo vai se tornando cada vez mais leve, tão leve quanto o próprio ar; a sensação de leveza deve ser tão intensa a ponto de você mesmo não sentir mais o próprio corpo. Do mesmo modo que no exercício do elemento fogo, o do elemento ar deve ser iniciado com sete inspirações e expirações, cada. Depois de concluído o exercício devemos ter novamente a sensação de que não sobrou nada do elemento ar em nosso corpo, e que nos sentimos tão normais quanto antes do exercício. Para não precisar contar, podemos usar novamente o cordão de nós ou de contas. De um exercício a outro devemos aumentar o número de inspirações e expirações, mas sem ultrapassar o número quarenta.

Através do treinamento constante, alguns iniciados conseguem até levitar, andar sobre a superfície da água, flutuar no ar, deslocar o corpo etc., principalmente quando o iniciado se concentra em um único elemento. Mas nós magos não nos satisfazemos com fenômenos unilaterais, pois não é esse o nosso objetivo. Nossa vontade é penetrar mais profundamente na sua descoberta e seu domínio para evoluirmos cada vez mais.

c) Água

Segue-se a descrição da prática com o elemento água. Assuma novamente aquela posição habitual do corpo, feche os olhos e esqueça todo o ambiente ao redor. Imagine que todo o Universo se parece ao oceano infinito e que você se encontra em seu ponto central. Com cada respiração de corpo inteiro, o seu corpo se preenche com esse elemento. Você deve sentir o frio da água em todo o corpo, e quando ele estiver cheio do elemento, depois de sete inspirações, expire-o por sete vezes. Em cada expiração você deverá eliminar esse elemento água do corpo, de modo que na última delas não sobre mais nada. Nesse caso também o cordão de nós ou de contas lhe será muito útil. A cada novo exercício faça uma respiração a mais. Quanto mais frequente for a realização de suas experiências, tanto mais nítida será a sua percepção do elemento água, com toda a sua frieza característica. Você deve imaginar-se na forma de um cubo de gelo. Cada um dos exercícios não deve ultrapassar os vinte minutos. Com o tempo, você deverá conseguir esfriar seu corpo também quando estiver fazendo muito calor, num verão dos mais quentes.

Os iniciados do Oriente dominam esse elemento tão completamente que conseguem produzir grandes fenômenos com ele. Conseguem produzir chuva na época mais quente e seca ou mesmo interrompê-la, conseguem afastar as tempestades, tranquilizar o mar bravio, dominar todos os animais que vivem debaixo da água etc. Para o mago verdadeiro, esses e outros fenômenos semelhantes são facilmente explicáveis.

d) Terra

Resta-nos descrever o último elemento, o da terra. Assim como nos exercícios anteriores com os elementos, assuma aquela sua posição confortável. Desta vez imagine o Universo inteiro como terra, e você no seu ponto central. Não imagine a terra como um punhado de barro, mas sim como matéria densa; a característica específica da matéria do elemento terra é a densidade e o peso. Com a ajuda da respiração de corpo inteiro, você deve preencher o seu corpo todo com essa matéria pesada. No início sete vezes, e a cada exercício suplementar, uma respiração a mais. Você deve concentrar em si mesmo tanta matéria a ponto do corpo ficar pesado como uma bola de chumbo, e parecer quase paralisado. A expiração é a mesma dos outros elementos. No final do exercício você deverá sentir-se tão normal quanto no início dele, e a sua duração não deve ultrapassar o tempo máximo de vinte minutos.

Esse exercício (Sadhana) é realizado por muitos lamas tibetanos; eles começam a meditar sobre um punhado de lama, deslocam-no e meditam novamente sobre ele. O verdadeiro mago consegue captar e dominar o elemento de um modo mais simples, diretamente na sua raiz, e, portanto, não precisa desses processos complicados de meditação. A cor dos diversos elementos pode servir como imaginação auxiliar, ou seja: o fogo vermelho, o ar azul, a água azul-esverdeada, a terra amarela, cinza ou preta. A imaginação da cor é uma escolha totalmente individual mas não estritamente necessária. Se alguém achar que ela facilita o trabalho pode usá-la, logo no início. Em nossos exercícios trata-se basicamente de uma imaginação sentida. Depois de um treinamento mais longo cada um, deve p.e., através do elemento fogo, conseguir produzir um calor tão grande a ponto dele poder ser constatado num termômetro como uma temperatura de febre. Esse pré exercício do domínio dos elementos é imprescindível, por isso deve ser alvo da máxima atenção.

O tipo de fenômeno que um iniciado pode produzir p.e., no domínio do elemento terra é muito diversificado, e fica a critério de cada um refletir sobre isso. O domínio dos elementos é o campo mais obscuro da magia; falou-se muito pouco sobre ele até hoje, porque ele contém o maior dos arcanos. Ao mesmo tempo é o campo mais importante da magia, e quem não conseguir dominar os elementos não alcançará muita coisa importante no conhecimento mágico.

Instrução Mágica do Corpo (III)

O primeiro grau do aprendizado em questão já deve ter-se tornado um hábito e deve ser praticado ao longo de todo o curso. O segundo grau será agora ampliado; o tempo da posição tranquila do corpo deve ser expandido até chegar a meia hora. Neste grau a respiração pelos poros do corpo todo passará a ser específica de determinados órgãos individuais. O aluno deverá ser capaz de deixar respirar pelos poros qualquer parte de seu corpo, à sua livre escolha. Devemos começar pelos pés e terminar na cabeça.

Você deve sentar-se na posição habitual e fechar os olhos. Com a consciência, transfira-se a uma de suas pernas; pode ser a esquerda ou a direita, tanto faz. Imagine que a sua perna, como se fosse um pulmão, inspira e expira a força vital do Universo, ao mesmo tempo da sua respiração pulmonar normal. A energia vital é inspirada (absorvida) a partir de todo o Universo e através da expiração jogada de volta (eliminada) a ele. Ao conseguir realizar isso por sete vezes, passe para a outra perna, e depois respire pelas duas pernas simultaneamente. Depois faça a mesma coisa com as mãos, primeiro com uma delas e depois com a outra, e finalmente tente respirar com as duas mãos simultaneamente. Conseguindo isso, passe para a frente fazendo o mesmo com os outros órgãos, como os sexuais, os intestinos, o estômago, o fígado, o baço, os pulmões, o coração, a laringe e a cabeça.

O exercício estará completo quando você conseguir com que cada órgão de seu corpo, até o menor deles, respire por si só. Esse exercício é muito significativo, pois ele nos permite dominar cada uma das partes do corpo, carregá-la com energia vital, torná-la saudável e vivaz. Se conseguimos alcançar isso em nós mesmos não será difícil atuar em outros corpos também através da transposição da consciência, que representa um papel importante na transmissão magnética de energia, ou seja, na arte mágica de curar. É por isso que devemos dar toda a atenção a esse exercício. Outro exercício da instrução mágica do corpo é o represamento da energia vital. Através da respiração de corpo inteiro, pelos poros, nós aprendemos a inspirar e a expirar a energia vital do Universo. Em seguida aprenderemos a fazer o represamento dessa energia vital.

Represamento da Energia Vital

a) ATRAVÉS DA RESPIRAÇÃO PULMONAR E PELOS POROS DO CORPO INTEIRO

Sente-se na posição habitual e respire através dos pulmões e dos poros do corpo inteiro, inspirando a energia vital do Universo. Porém desta vez você não deve devolvê-la, mas mantê-la em seu corpo. Não pense em nada ao expirar, vá expirando o ar utilizado só aos poucos. A cada nova respiração sinta como se inspirasse cada vez mais energia vital e acumule-a em seu corpo, de certo modo represando-a. Você deve sentir a pressão dessa energia vital como se fosse um vapor comprimido e imaginar que essa energia comprimida irradia de seu corpo como um aquecedor irradia o calor. A cada nova respiração a energia comprimida ou de irradiação torna-se maior e mais ampla, mais forte e penetrante. Através de exercícios repetidos você deverá ser capaz de transmitir sua irradiação penetrante de energia vital a uma distância de quilômetros. Você deverá sentir literalmente a pressão, a penetrabilidade de sua irradiação. O treinamento é que cria o mestre! Devemos começar igualmente com sete inspirações e aumentá-las em uma inspiração todos os dias. O tempo de cada exercício não deve ultrapassar o limite máximo de vinte minutos. Esses exercícios devem ser realizados principalmente naqueles trabalhos e experiências que exigem uma quantidade e uma penetração grandes de energia vital, como o tratamento de doentes, a ação à distância, a magnetização de objetos etc. Quando a energia vital armazenada dessa maneira não for mais necessária, o corpo deve ser trazido de volta à sua tensão original, pois não é aconselhável permanecer com uma tensão super dimensionada no dia a dia, Os nervos ficariam muito excitados, provocariam tensões anormais e outras consequências nefastas.

A experiência é finalizada ao devolvermos a energia represada ao Universo, expirando-a do corpo através da imaginação. Devemos inspirar só ar puro e expirar a tensão da energia vital até chegarmos ao equilíbrio. Com a prática, o mago conseguirá transferir a energia vital ao Universo de uma só vez, explosivamente, como o estouro de um pneumático cheio de ar. Essa eliminação brusca só pode ser feita depois de muito treino e quando o corpo já se tornou suficientemente auto-defensivo.

b) NAS DIVERSAS PARTES DO CORPO

Ao adquirir uma certa habilidade no exercício anterior podemos aos poucos passar a praticá-lo com cada parte do corpo isoladamente, especializando-nos principalmente nas mãos. Os iniciados também conseguem fazê-lo com os olhos, e assim conseguem encantar não só uma pessoa, mas uma grande quantidade delas, até verdadeiras multidões, e submetê-las à sua vontade. Um mago que consegue fazer isso com as mãos passa a ter o poder da bênção. É nisso que reside o mistério da bênção, da imposição das mãos em doenças etc.

O exercício desse grau estará completo quando conseguirmos conter a energia vital não só em todo o corpo mas também em cada parte dele e projetar a irradiação da energia represada diretamente para o exterior. Ao dominar esse exercício, estaremos terminando a instrução mágica do terceiro grau.

Apêndice ao Grau III

Caso o aluno esforçado e empenhado na sua evolução mágica tenha conseguido chegar até aqui, então ele poderá notar uma mudança geral no seu ser. Suas capacidades mágicas terão crescido, em todas as esferas.

Na esfera MENTAL ele terá conseguido uma maior força de vontade, maior capacidade de defesa, uma memória melhor e uma capacidade mais aguda de observação, assim como uma compreensão mais clara das coisas.

Na esfera ASTRAL ele perceberá que se tornou mais tranquilo, mais equilibrado, e conforme a sua predisposição, poderá até ver despertarem nele capacidades adormecidas.

No mundo MATERIAL denso, ele perceberá que se tornou mais saudável, ágil e jovial. Sua energia vital é bem superior à de muitos contemporâneos seus, e na vida prática ele obterá muita coisa através do seu poder de irradiação. Através dele, o mago poderá, por exemplo, libertar o ambiente em que se encontra das influências negativas e preenchê-lo com sua energia vital. Conseguirá até tratar as doenças, à distância, enviando seu poder de irradiação a uma distância de quilômetros. Ele também terá adquirido o dom de carregar os objetos com os seus desejos, através dessa força de irradiação. Tudo isso serve só como exemplo, pois o aluno logo aprenderá por si mesmo como, onde e quando ele poderá aplicar favoravelmente as suas capacidades mágicas. Mas uma coisa ele não deve perder de vista; é o fato dessas capacidades mágicas poderem ser usadas tanto para fins benéficos quanto maléficos. Portanto, ele deve sempre obedecer ao ditado: "O homem colhe aquilo que semeia". O seu objetivo deve ser sempre o bem supremo, e nada mais.

O trabalho com o magnetismo tem inúmeras variações. Para termos uma visão mais ampla de todas essas possibilidades, apresentaremos alguns exemplos.

Impregnação de Ambientes

Inspire a energia vital através da respiração pelos pulmões e pelos poros do corpo todo e pressione-a em seu corpo com toda a força de sua imaginação até chegar a irradiá-la dinamicamente. Seu corpo é ao mesmo tempo uma energia luminosa, um ponto de incandescência, ou mesmo um sol individual. A cada inspiração você fortalecerá a energia vital comprimida, assim como a energia de luz, e preencherá com elas todo o ambiente em que você se encontra. Com a ajuda dessa energia de irradiação o ambiente deverá literalmente iluminar-se com uma luz semelhante à do sol. Com exercícios constantes e repetidos é possível até iluminar-se o ambiente na escuridão, portanto à noite, de modo a tornar os objetos visíveis não só pelo aluno mas também pelos não-iniciados, pois a luz da energia vital pode materializar-se numa luz diurna real. Mas na verdade ela é só fruto do treinamento da força de imaginação.

Naturalmente o mago não se dará por satisfeito só com esse fenômeno, pois ele sabe muito bem que a energia vital tem um caráter universal; ela não é só portadora de seus desejos, ideias e pensamentos, mas também a materializadora de sua imaginação. Através dessa energia vital ele consegue tudo. A concretização disso é função da imaginação plástica.

Ao preencher o ambiente de trabalho com sua energia de irradiação, o aluno deverá imaginar aquilo que espera obter, p.e., que todas as influências astrais e mágicas do ambiente sejam purificadas e volatilizadas, ou então que não só o mago se sinta bem e saudável no ambiente, mas qualquer um que entre ou permaneça lá. Além disso o mago pode impregnar o ambiente de sua moradia e de seu trabalho com o desejo de obter inspiração, sucesso etc., em seus trabalhos. Os magos mais avançados conseguem proteger seus ambientes contra pessoas não bem vindas, fazendo com que estas não se sintam tranquilas ao entrarem no local e não queiram permanecer ali. Esse ambiente estará carregado com ideias de proteção ou de temor. O ambiente também pode ser carregado solidamente, i.e, qualquer pessoa que entre no ambiente sem autorização pode ser atirada para trás, e ficar como que paralisada.

Ao mago são oferecidas possibilidades ilimitadas, e munido dessas instruções ele poderá até inventar outros métodos.

Com a expiração o mago pode devolver a energia vital represada, e com ajuda de sua imaginação deixar no ambiente só a energia de irradiação ou de iluminação. Mas ele pode também, através de sua energia de irradiação, transferir a energia vital diretamente do Universo ao ambiente, sem que ela tenha que ser represada antes em seu corpo, principalmente quando ele já conseguiu obter uma certa experiência nessa técnica. Dessa forma ele pode até mesmo impregnar o ambiente com seus próprios desejos. A imaginação, junto com a força de vontade, a crença e uma forte convicção, não conhece limites. Nesses trabalhos o mago não depende só de um ambiente limitado, mas pode impregnar dois ou mais ambientes de uma só vez e até carregar uma casa inteira com sua energia vital e de irradiação através de si mesmo ou diretamente do Universo através do método descrito. Como a força da imaginação não conhece tempo nem espaço, ele pode realizar esse trabalho até mesmo a uma grande distância. Com o tempo e o treinamento constante ele terá condições de carregar qualquer ambiente, por maior que seja, próximo ou longínquo. Quanto à sua evolução, suas intenções serão só boas e nobres, e assim seu poder será ilimitado. O treinamento cria o mestre!

Biomagnetismo

Vamos conhecer agora outra característica específica da energia vital, especialmente importante para o trabalho mágico. Como já sabemos, qualquer objeto, animal, homem, forma de pensamento, pode ser carregado com energia vital e com o respectivo desejo de realização ou de concretização. Mas a energia vital também possui a característica de aceitar, de se deixar influenciar ou de se ligar a qualquer pensamento (mesmo estranho) ou sentimentos estranhos. Assim a energia vital concentrada pode se misturar a outros pensamentos, o que enfraqueceria ou afastaria o efeito do pensamento impregnado caso o mago não estimulasse uma tensão fortalecida através da repetição intensiva, vitalizando o desejo ou a ideia. Mas isso provoca uma enorme perda de tempo, e quase sempre exerce uma influência desfavorável no trabalho. A influência desejada só exerce seu efeito enquanto a tensão predominar na direção desejada. Depois, a energia vital se esvai, mistura-se com outras vibrações e o efeito desaparece gradativamente. Para evitar isso o mago deve conhecer a lei do biomagnetismo. A energia vital não aceita só uma ideia, uma imaginação, um pensamento ou um sentimento, mas também um conceito de tempo. Essa lei ou característica específica da energia vital deve ser considerada no trabalho com ela e mais tarde também no trabalho com os elementos. A cada impregnação de desejo você deve, portanto, considerar o tempo e também o espaço, com ajuda da energia vital. No trabalho mágico as regras a serem observadas são as seguintes:

O trabalho no princípio akáshico é isento de tempo e de espaço.

Na esfera mental operamos com o tempo; na esfera astral com o espaço (forma, cor) e no mundo material denso com tempo e espaço simultaneamente.

Por meio de alguns exemplos pretendo tornar compreensível o trabalho com o biomagnetismo. Com a ajuda da energia vital carregue um espaço com o desejo de sentir-se bem e saudável nele. Você encanta, ou melhor dizendo, atrai a energia do desejo de que a influência permaneça no ambiente enquanto você estiver nele ou habitá-lo e também se estabilize quando você tiver que deixá-lo e talvez ficar por mais tempo longe dele. Se alguma outra pessoa entrar em sua casa sem saber que ali existe uma concentração de energia vital, ela também se sentirá à vontade. De vez em quando você poderá fortalecer a densidade e a energia da irradiação em sua casa através da repetição do desejo. Quando você estiver dentro de uma casa influenciada desse modo, a energia vital atraída terá uma influência positiva constante sobre sua saúde e portanto sobre o seu corpo. Nesse ambiente a energia vital possui a vibração do desejo da saúde. Mas se você, por exemplo, tiver a intenção de realizar, nesse ambiente, práticas ocultas que não têm nada a ver com a saúde e possuem vibrações-imaginações diferentes, não terá os benefícios que teria em um ambiente não carregado ou carregado previamente com suas ideias ou desejos. Por isso é sempre melhor, quando você quiser carregar o ambiente com aquelas vibrações-imaginações, considerar seus trabalhos e exercícios momentâneos.

Você também pode, p.e., carregar um anel, uma pedra etc. Com o desejo de que o seu proprietário tenha muita sorte e sucesso. Nesse caso existem duas possibilidades de encantamento e impregnação. A primeira consiste em atrair a energia vital à pedra ou ao metal com a força da imaginação e a concentração no desejo, e terminar dizendo que a energia deverá permanecer lá constantemente e até atrair mais energia do Universo, fortalecendo-se sempre e trazendo felicidade e sucesso à pessoa em questão, pelo tempo em que ela usar o objeto. Se assim o desejarmos, podemos também carregar o objeto escolhido só por pouco tempo, i.e., para que a influência termine quando o objetivo almejado tiver sido alcançado. A segunda possibilidade é chamada de carregamento universal e é feita do mesmo modo, porém com a concentração no desejo de que, enquanto o objeto existir (anel, pedra, joia) ele deverá trazer felicidade e sucesso ao seu portador, quem quer que ele seja. Esses carregamentos universais efetuados por um iniciado conservam o efeito pleno da energia por centenas de anos. A história das múmias egípcias mostrou-nos que essas energias de encantamento conservam o seu efeito por milhares de anos. Se um talismã ou um objeto carregado especialmente para uma determinada pessoa cair em mãos estranhas, ele não exercerá seu efeito nessa outra pessoa. Mas se o proprietário original conseguir recuperá-lo, o seu efeito retorna automaticamente (*ver também:* Winckelmann, "Das Geheimnis der Talismane und Amulette" – O Segredo dos Talismãs e dos Amuletos).

A seguir passarei a descrever outro tipo de trabalho com a energia vital, o do magnetismo de cura. Quando o mago trata de um doente pessoalmente através de passes magnéticos ou da imposição das mãos, ou à distância, i.e., através da imaginação e da vontade, ele terá que observar a lei do tempo, se quiser ser bem sucedido em seu intento.

O tipo usual de magnetização é aquele em que o magnetizador, com a ajuda da imaginação, deixa fluir a energia vital do seu corpo, geralmente das mãos, para o doente. Esse método pressupõe que o magnetizador esteja totalmente são e tenha um certo excesso de energia vital, caso não queira prejudicar a própria saúde. Infelizmente já presenciei casos tristes em que o magnetizador, através de uma doação muito grande de sua própria energia vital, sofreu danos tão graves em sua saúde que chegou perto de um coplapso nervoso total, além de começar a sentir outros efeitos colaterais, como palpitações, asma, e outros. Essas consequências são inevitáveis quando o magnetizador dispende mais energia do que é capaz de captar, principalmente quando trata de muitos pacientes de uma só vez.

Mas esse método possui uma desvantagem a mais; além da própria energia, o magnetizador transfere ao paciente também as características de sua própria alma, influenciando indiretamente a alma do doente. É por isso que se pressupõe, e se exige, que todo magnetizador tenha um caráter nobre (*ver:* Jürgens, "Wie magnetisiere ich?" – Como eu magnetizo?). Porém se o magnetizador tiver um paciente com um caráter pior do que o seu, então ele corre o risco de atrair indiretamente essas influências negativas para si, o que sob todos os aspectos é uma grande desvantagem para ele. Se ele for uma pessoa instruída nas ciências ocultas, dará ao paciente a energia vital de seu próprio corpo, mas extraindo-a do Universo para canalizá-la através das mãos ao corpo do doente, com a concentração do desejo de saúde. Em ambos os métodos as magnetizações devem ser repetidas várias vezes, caso se queira alcançar um sucesso rápido, pois a desarmonia, a doença ou o foco da doença absorvem e usam rapidamente a energia transferida. Ela torna-se faminta por mais energia, e assim cria a necessidade da repetição do tratamento para que o estado do paciente não piore.

Para o mago o caso é diferente. O paciente só sente um alívio quando o mago abre a sua alma, i.e., quando represa a energia vital dinâmica em seu próprio corpo e lhe envia raios de luz dessa energia. Para isso o mago pode empregar diversos métodos, mas sem deixar de manter a imaginação do desejo de que o paciente melhore a cada hora e dia que passa. Em seguida apresentarei alguns métodos que o mago poderá usar no tratamento de doentes.

Ele deve, antes de mais nada, estar bem familiarizado com o reconhecimento das doenças e de seus sintomas. Esse tipo de conhecimento pode ser adquirido através de um estudo pormenorizado da literatura especializada no assunto. Naturalmente ele também deverá ter bons conhecimentos anatômicos. Com certeza ele não será tão imprudente a ponto de tentar curar doenças que exigem alguma intervenção cirúrgica, e nem aquelas doenças infecciosas que não podem ser curadas só pela sua interferência. Mas nesses casos ele terá possibilidade de acelerar o processo da cura, provocar o alívio das dores, tudo isso paralelamente ao tratamento convencional. Isso pode até ser feito à distância. Um fato bastante promissor é a própria especialização dos médicos nesse campo, que ao lado da arte médica convencional também saberão utilizar a prática mágica. Por isso o mago só deve tratar daqueles doentes diretamente recomendados pelo médico para esse tipo de tratamento, ou então trabalhar em conjunto com esse profissional, para não ser chamado de curandeiro ou charlatão. Mas acima de tudo o mago deve almejar a cura e o bem estar do doente sem visar recompensas ou pagamentos. Deve também rejeitar o desejo de fama e reconhecimento. Se ele se mantiver fiel ao ideal elevado de praticar o bem, com certeza alcançará a graça divina. Magos que têm pensamentos altruístas ajudam os que sofrem sem que estes saibam disso. Esse tipo de ajuda é a mais abençoada. Em seguida, apresento alguns dos métodos mais utilizados que o mago poderá empregar sem correr o risco de prejudicar sua saúde e seus nervos.

  Antes de se aproximar do leito do doente faça pelo menos sete respirações pulmonares e pelos poros, concentre uma enorme quantidade de energia vital em seu corpo extraindo-a do Universo e deixe-a irradiar em forma de luz, uma luz quase tão forte quanto a do sol. Através de repetidas inspirações de energia vital tente provocar uma irradiação de pelo menos dez metros ao redor do seu corpo, o que corresponde a uma energia vital de dez pessoas normais. Você deve ter a sensação de que a energia vital represada irradia do seu corpo em forma de luz como se fosse um sol. Ao aproximar-se do paciente, você provocará nele uma sensação de bem-estar que o envolverá totalmente, e se não tiver uma doença muito dolorosa, ele sentirá também um alívio imediato nas suas dores.

  Essa energia de irradiação luminosa, represada, deve ser transmitida ao doente individualmente, e fica a seu critério manejá-la como lhe aprouver. Um mago instruído não precisa efetuar passes mágicos nem impor as mãos, pois estas são só manipulações auxiliares, suportes da expressão da sua vontade. É suficiente que o mago pegue uma ou as duas mãos do paciente e trabalhe com a imaginação. Os olhos podem permanecer abertos ou fechados; se ele quiser pode olhar para o paciente, mas não precisa fazê-lo diretamente. Nesse caso o trabalho principal cabe à imaginação. Mas durante toda a transmissão, o mago também pode sentar-se junto ao paciente, sem tocá-lo. Você deverá imaginar que a energia de irradiação luminosa ao seu redor flui para o corpo do paciente, é pressionada pela imaginação para dentro dele, penetrando em todos os seus poros e iluminando-os. Com a sua vontade, você deverá induzir a energia assim prensada a curar o mal. Ao mesmo tempo deverá imaginar que o doente está melhorando a cada hora e dia que passa, adquirindo uma aparência cada vez mais saudável, e desejar que a energia de irradiação luminosa não abandone o corpo do paciente até que este esteja totalmente curado. Quando você carrega quantitativamente o corpo do paciente com uma energia de irradiação, que no homem saudável corresponde a um metro de irradiação, então, conforme o tipo de doença, você será capaz de provocar a cura rapidamente. Repita o carregamento depois de algum tempo, fortaleça a capacidade de expansão da energia de irradiação concentrada e você se espantará com o sucesso alcançado. Primeiro, a energia de irradiação não pode enfraquecer, pois você a atraiu e ordenou-lhe que se renovasse constantemente. Segundo, você determinou um prazo, i.e., induziu o corpo a tornar-se mais saudável a cada hora e a cada dia que passasse. Terceiro, você adaptou a energia ao espaço correspondente à circunferência em volta do corpo. Aqui devemos aconselhá-lo a transmitir a energia de irradiação a cerca de um metro de distância do corpo, o que corresponde à irradiação de uma pessoa normal. Com esse método você poderá satisfazer a condição básica da lei material do tempo e do espaço.

Nesse método o mago notará que a sua energia de irradiação luminosa transmitida ao paciente não diminuiu, mas pelo contrário começou a brilhar tão intensamente quanto antes. Isso pode ser atribuído ao fato da energia vital comprimida no corpo renovar-se automaticamente, como nos vasos comunicantes, e substituir imediatamente a energia de irradiação doada. Assim o mago poderá tratar de centenas de doentes sem que seus nervos e sua força espiritual sejam de alguma forma afetados.

Outro método é aquele em que o mago pressiona a energia vital com a imaginação diretamente ao corpo do doente, ou só aquela parte doente do corpo, através dos poros. Esta energia deverá ser constantemente renovada a partir do Universo, até a cura total. Nesse caso também a imaginação do desejo é uma questão de tempo e espaço, até a cura total. No entanto esse método só pode ser usado naqueles pacientes cuja energia nervosa ainda não está totalmente esgotada, e por isso ainda suporta uma certa pressão de represamento da energia vital. No mago instruído o represamento da energia vital é uma energia materializada, i.e., material densa, que pode ser comparada à eletricidade. Esse método é melhor que o anterior por ser muito simples e bastante eficiente.

Outro método bastante peculiar é deixar o doente inspirar a nossa energia de irradiação luminosa com a ajuda da imaginação. Se o doente estiver em condições de se concentrar, ele mesmo poderá fazê-lo, senão, o mago poderá criar a imaginação por ele.

O processo que se segue é dos mais práticos. Sua energia de irradiação alcança mais ou menos dez metros ao seu redor. Como você se encontra próximo ao paciente, este praticamente imerge na luz dessa irradiação, impregnada com o desejo de cura. O paciente capaz de concentrar-se está plenamente convencido de que a cada respiração está inspirando a sua energia de irradiação e com ela a cura. Ele deverá imaginar com intensidade que o poder de cura permanecerá nele, e que a sua saúde irá melhorando cada vez mais, mesmo quando o mago não estiver mais ao seu lado. Caso o paciente não esteja em condições de concentrar-se, ou seja, uma criança doente, então você mesmo deve imaginar o doente absorvendo a energia vital a cada respiração, conduzindo-a ao sangue e provocando a cura. Nesse caso também você deverá concentrar-se no desejo de que a energia inspirada continue trabalhando positivamente no paciente. Essa é uma respiração de energia vital conduzida a partir do corpo do mago para um outro corpo.

Neste caso podemos nos referir aquela citação da Bíblia em que Cristo foi tocado por uma mulher doente em busca da cura. Ele sentiu a evasão de sua energia vital e comentou com seus discípulos: "Eu fui tocado".

Em todos os trabalhos com a energia vital e o magnetismo, o tempo e o espaço devem ser considerados. Relativamente a esse aspecto, mencionei aqui alguns exemplos de tratamento de doenças e poderia ainda mencionar muitos outros métodos que se utilizam do magnetismo para a cura. O mago possui, por exemplo, a possibilidade de se conectar ao espírito do paciente durante o sono deste último e usar qualquer dos métodos de tratamento no corpo do doente. Além disso, afora a energia vital, ele pode usar os elementos, o magnetismo, e até a eletricidade para tratar magicamente dos doentes. Uma descrição precisa de vários desses métodos e possibilidades de tratamento preencheriam por si só um livro inteiro. Talvez eu até tenha o oportunidade, mais tarde, de publicar um livro sobre os métodos ocultos de cura do ponto de vista mágico, e colocá-lo à disposição dos magos interessados no assunto. Mas por enquanto isso fica reservado para o futuro. Nesta obra eu só indico alguns processos de tratamento relativos ao tempo e ao espaço, portanto ao magnetismo. Os grandes iniciados e santos, cuja imaginação era tão desenvolvida que todas as suas ideias logo se realizavam, em todos os planos, não tinham mais necessidade de usar estes métodos. Eles só precisavam expressar um desejo ou uma vontade, que eles logo se concretizavam. O mago deve estar sempre empenhado em alcançar esse estágio tão elevado.

Resumo de todos os Exercícios do Grau III

I. INSTRUÇÃO MÁGICA DO ESPÍRITO:

1. Concentração do pensamento, com dois ou três sentidos simultaneamente.
2. Concentração do pensamento em objetos, paisagens, lugares.
3. Concentração do pensamento em animais e pessoas.

II. INSTRUÇÃO MÁGICA DA ALMA

1. Respiração dos elementos no corpo inteiro:

a) Fogo – Calor.
b) Ar – Leveza.
c) Água – Frio.
d) Terra – Peso.

III. INSTRUÇÃO MÁGICA DO CORPO

1. Manutenção do Grau I, que deve tornar-se um hábito.
2. Represamento da energia vital:
   a) Através da respiração pulmonar e dos poros do corpo todo.
   b) Nas diversas partes do corpo.

APÊNDICE AO GRAU III:

3. Impregnação do ambiente.
4. Biomagnetismo.

Fim do terceiro grau

Grau IV

Antes de começar a descrever esses exercícios um pouco mais difíceis do Grau IV volto a enfatizar que o aluno não deve se precipitar em seu desenvolvimento. Ele deve gastar o tempo que for preciso para alcançar um sucesso absoluto em seu caminho mágico. Deve ter o domínio total de todos os exercícios das etapas anteriores, antes de passar aos subsequentes.

Instrução Mágica do Espírito (IV)

Transposição da Consciência para o Exterior

a) EM OBJETOS

Neste capítulo mostrarei a vocês como se transpõe a consciência para o exterior. Devemos aprender a transpor a nossa consciência para qualquer objeto, animal, e ser humano. Coloque algumas coisas à sua frente, daquelas que você usa todos os dias. Sentado na posição costumeira, fixe o pensamento num dos objetos por algum tempo, e registre com força em sua mente a sua cor, forma e tamanho. Imagine-se transformado no objeto em questão. Você deverá, por assim dizer, sentir-se, perceber-se como o tal objeto, assimilando todas as suas características. Você deve sentir-se como se estivesse preso naquele local em que o objeto foi colocado, só podendo libertar-se através de uma intervenção externa. Pense também que agora você passou a exercer, imaginariamente, as funções daquele objeto. Através de uma concentração intensa você deverá também observar o ambiente em volta a partir do ponto de vista do objeto e captar a relação deste com o objeto vizinho. Se por exemplo o objeto estiver sobre a mesa, então você deverá tentar sentir a sua relação com esse outro objeto sobre a mesa assim como com todos os demais que estiverem ali, e após com o ambiente em geral. Depois de realizar esse exercício com um dos objetos, vá passando ao seguinte e assim por diante. O exercício estará completo quando você conseguir ligar cada objeto escolhido com a sua própria consciência, de modo a assumir a sua forma, seu tamanho e características mantendo-se assim por pelo menos cinco minutos, sem qualquer interrupção. Nesse caso o próprio corpo deve ser totalmente esquecido. Para essa transposição concentrativa da consciência prefira objetos maiores como flores, plantas, arbustos, árvores, e outros. A consciência não conhece o tempo nem o espaço, portanto ela é um princípio akáshico.

Não se assuste de modo algum com esses exercícios insólitos e nem com eventuais fracassos iniciais; com paciência, perseverança e tenacidade você alcançará o sucesso almejado. Só mais tarde o aprendiz entenderá o significado dos exercícios introdutórios da magia.

b) EM ANIMAIS

Depois de dominada a técnica da transposição da consciência aos objetos inanimados, passaremos aos seres vivos, Como já mencionamos anteriormente, a consciência é isenta de tempo e de espaço, por isso, durante o exercício com os seres vivos, o objeto escolhido não precisa estar diretamente à nossa frente. O aluno já deve estar tão instruído a ponto de imaginar qualquer ser vivo, mesmo que este não esteja presente. Ele deve então transpor sua consciência à de um gato, um cão, um cavalo, uma vaca, uma cabra etc. Não importa o tipo de animal visado, ele poderá ser até uma formiga, um pássaro ou um elefante; devemos imaginá-lo primeiro numa posição de imobilidade, depois andando, correndo, esgueirando-se, voando ou nadando, conforme o animal em questão. O aluno deve ser capaz de transmutar sua consciência a qualquer forma desejada e agir de acordo. Ele deverá manter essa transposição por cinco minutos sem interrupções, caso queira dominar esse exercício. Os iniciados que treinam durante muitos anos estão em condições de entender qualquer animal e dominá-lo conforme a sua vontade.

Com relação a isso, podemos nos lembrar daquelas lendas de lobisomens e outras histórias semelhantes, onde feiticeiros se transformam em animais. Para o mago, essas lendas e histórias fantásticas possuem um significado bem mais profundo. Nesses casos trata-se sem dúvida dos assim chamados magos negros, que para não serem reconhecidos em seus trabalhos perversos, assumem a forma de qualquer tipo de animal no mundo invisível. O bom mago sempre avalia essas atitudes, e suas capacidades espirituais permitem-lhe olhar através desses seres e reconhecer a sua forma original verdadeira. Nossos exercícios preparatórios não têm o propósito de levar o aluno às más ações, mas sim prepará-lo para a alta magia, onde em certos trabalhos ele terá que assumir formas divinas mais elevadas para as quais transporá a sua autoconsciência. Ao atingir o ponto de conseguir assumir, com a própria consciência, qualquer tipo de animal e permanecer nessa imaginação sem interrupções ao longo de cinco minutos, poderemos realizar a mesma coisa com seres humanos.

c) Em Pessoas

No início devemos escolher conhecidos, parentes, amigos, pessoas das quais nos lembramos bem, sem diferenciar os sexos ou as idades. Devemos aprender a transpor a nossa consciência ao corpo do outro de modo a sentir e pensar como a pessoa imaginada. Das pessoas conhecidas podemos passar às estranhas, aquelas que nunca vimos antes, e que portanto só podemos imaginar. Finalmente, como objeto da experiência devemos escolher pessoas de outras raças e cores. O exercício estará completo quando conseguirmos transpor nossa consciência a um corpo imaginado, por no mínimo cinco minutos. Quanto mais tempo conseguirmos mantê-lo assim, tanto melhor.

Através desse exercício o mago adquire o poder de se ligar a qualquer pessoa; ele não só passa a conhecer os sentimentos e pensamentos da pessoa imaginada, seu passado e seu presente, como ela pensa, sente e age, mas também consegue influenciá-la à vontade. Porém nunca se esqueça do ditado: "O homem colhe aquilo que semeia!" Por isso o mago nunca usará sua influência para o mal, ou para obrigar as pessoas a agirem contra a sua vontade. O grande poder que ele adquire sobre as pessoas deverá ser usado só para o bem; assim ele nunca perderá o seu dom. O mago saberá então porque no Oriente o aluno admira tanto o seu mestre, ou guru. Através desse sentimento de admiração pelo seu mestre o aluno liga-se instintivamente à consciência dele, que assim passa a influenciá-lo indiretamente, possibilitando-lhe uma evolução mais rápida e segura. É por isso que os métodos orientais de aprendizado sempre consideram um mestre, ou guru, como fator essencial para o desenvolvimento do aluno. O famoso Ankhur do Tibete apoia-se no mesmo princípio, porém numa sequência inversa, em que o mestre se liga à consciência do aluno e assim lhe transmite o poder e a iluminação. É o mesmo caso dos místicos, em que a transferência é da assim chamada "pneuma".

Instrução Mágica da Alma (IV)

Represamento dos Elementos nas Diversas Partes do Corpo

Neste capítulo ampliaremos o nosso trabalho com os elementos. Através da respiração pelos pulmões e pelos poros nós aprendemos a assimilar um elemento e a sentir a sua característica específica em todo o corpo. Agora carregaremos cada uma das partes do corpo, o que pode ser feito de duas maneiras; de qualquer forma, o mago deve dominar ambos os métodos. O primeiro é o seguinte:

Você deve inspirar o elemento para dentro de seu corpo através da respiração pulmonar e pelos poros e represá-lo, isto é, expirando o ar sem a imaginação. Na inspiração, a sua imaginação sensorial deverá acompanhar-se da característica específica do elemento: no caso do fogo o calor, da água o frio, do ar a leveza, e da terra o peso. Deve-se começar com sete inspirações. Ao invés de dissolver imaginariamente o elemento represado novamente no Universo, conduza-o à parte do corpo escolhida, comprimindo ainda mais a característica específica do elemento e preenchendo essa parte com ele. O elemento, comprimido com sua característica específica, deve ser sentido com mais força na parte do corpo em questão do que no corpo todo. Do mesmo modo que o vapor, comprimido para se obter uma maior pressão, a carne, os ossos e a pele dessa parte do corpo devem ficar bem impregnados pelo elemento. Portanto, quando você sentir com muita força a característica específica do elemento na parte do corpo carregada, deixe-a espalhar-se por todo o corpo com ajuda da imaginação, e fluir novamente para o Universo através da expiração, como explicamos no Grau III. Esse exercício deve ser feito com cada um dos elementos, alternadamente em um órgão externo e outro interno, com exceção do cérebro e do coração. O mago não deve fazer o represamento nesses dois órgãos, nem em si mesmo nem nos outros, para não provocar danos. Só um mestre muito experiente no domínio dos elementos pode fazer um certo represamento também no coração e no cérebro, sem se prejudicar. Ele conhece o próprio corpo e consegue dominá-lo. Qualquer órgão (entre os quais o coração e o cérebro) é apropriado à assimilação dos elementos com suas características específicas, porém sem o represamento. Um iniciante deve evitar represar o coração e o cérebro com os elementos ou com a energia vital, principalmente quando ele ainda não consegue observar a função dos órgãos através da vidência. Quando se faz um represamento dos elementos ou da energia vital em todo o corpo, o cérebro e o coração também se habituam ao represamento geral, pois a força de expansão não se concentra num só órgão, mas se espalha pelo corpo todo. É principalmente nos pés e nas mãos que se deve dominar a técnica do represamento dos elementos e da energia vital, pois eles serão muito necessários na aplicação prática da magia. Nesse caso, deve ser dada uma atenção especial aos dedos.

Outra possibilidade de esvaziamento de um elemento de uma parte do corpo consiste em, em vez de conduzir o elemento represado primeiro de volta ao corpo para depois devolvê-lo ao Universo através da respiração pelos poros, nós podemos, com a ajuda da imaginação, devolver todo o elemento diretamente da parte em questão ao Universo, através da expiração. Este processo é mais rápido. Naturalmente um mago deve conhecer bem ambas as técnicas e usá-las conforme a sua vontade.

O segundo método do represamento dos elementos numa parte qualquer do corpo consiste em transpor a consciência a essa parte deixando-a inspirar e expirar (como a respiração pelos poros). A cada respiração o elemento é inspirado e expirado. Ao sentir que o elemento escolhido foi represado numa quantidade suficiente na parte do corpo visada, devemos liberá-lo novamente através da expiração, i.e., devolvê-lo ao Universo do qual foi extraído. Esse processo é rápido e simples, mas exige uma boa transposição de consciência. A técnica do represamento da energia vital numa determinada parte do corpo também deve ser dominada. Depois de nos tornarmos mestres nessa prática, podemos dar um passo adiante.

Nós já aprendemos que, segundo os elementos, o corpo humano é dividido em quatro regiões principais. Para nos lembrarmos melhor disso, repetiremos essas divisões: dos pés até às coxas – ou cóccix, inclusive os órgãos genitais – é a região que corresponde à terra; a região ventral, com todos os órgãos internos, como intestinos, baço, vesícula biliar, fígado, estômago, até ao diafragma, corresponde ao elemento água; o tórax com os pulmões e o coração, até ao pescoço correspondem ao elemento ar, e a cabeça com todos os seus órgãos corresponde ao elemento fogo. O objetivo do exercício que se segue é carregar as regiões do corpo com seus elementos correspondentes. Na prática isso funciona da seguinte forma:

Assuma a sua posição preferida do corpo (asana). Através da respiração pelos pulmões e pelos poros inspire o elemento terra, com sua característica específica do peso, a região do corpo correspondente à terra – dos pés ao cóccix, passando pelos órgãos genitais. Você deve inspirar o elemento terra por sete vezes e expirar o ar vazio, para que essa região seja preenchida com o elemento que a influencia. Mantenha o elemento terra na região da terra e inspire o elemento água à região da água, portanto o ventre, mas sem expirá-lo, para que essa região também fique preenchida com seu próprio elemento. Depois passe para o próximo elemento, inspirando o elemento ar por sete vezes para preencher o tórax e deixando-o em sua própria região, sem expirá-lo. Segue-se a região da cabeça, que é preenchida também através de sete inspirações do elemento fogo; a expiração que se segue é vazia, para que esse elemento permaneça na região. Assim que todas as regiões forem carregadas com seus respectivos elementos, tente permanecer nessa condição de dois até cinco minutos, e depois comece com a dissolução deles. Deve-se começar no lugar onde se terminou, portanto em nosso caso começaremos com o elemento fogo da cabeça, inspirando-se sete vezes o ar sem o elemento, e irradiando-o em direção ao Universo a cada expiração (ao todo sete vezes). Assim que a região da cabeça estiver livre do seu elemento passaremos à região seguinte, a do ar, depois à da água e finalmente à da terra, até que o corpo todo esteja livre do represamento dos elementos. Ao conseguirmos obter uma certa prática nesse exercício, poderemos ampliá-lo, não só preenchendo as regiões do corpo com os elementos, mas também represando-os ali. O processo é o mesmo que já descrevemos, i.e., começamos novamente com o elemento terra e terminamos com o elemento fogo. O processo de dissolução é o mesmo do exercício anterior.

Esses exercícios são muito significativos, pois eles promovem o uníssono do corpo material denso e também do corpo astral com as leis universais dos elementos. Se por algum motivo o mago entrar em desarmonia e praticar esses exercícios, então ele logo recuperará a harmonia perdida. Ele sentirá a influência benéfica da harmonia universal total, não só por algumas horas mas por vários dias. Essa harmonia promoverá nele um sentimento de paz e de felicidade. A harmonização dos elementos no corpo ainda oferece outras possibilidades, entre as quais citarei algumas aqui. Mas o importante é que o aluno seja poupado das influências prejudiciais do lado negativo dos elementos. Assim que alcança o equilíbrio mágico, o aluno passa a se situar no ponto central dos acontecimentos e vê todas as leis, todo o vir a ser e tudo o que passou numa perspectiva universal, portanto verdadeira. Ele é poupado de muitas doenças e promove um efeito compensador em seu próprio karma, e com isso também em seu destino, tornando-se mais resistente contra as influências desfavoráveis. Purifica suas auras mental e astral, desperta suas capacidades mágicas, e sua intuição assume um caráter universal. Seus sentidos astrais refinam-se, e suas capacidades intelectuais aumentam.

Instrução Mágica do Corpo (IV)

Neste momento, os exercícios do primeiro grau já devem ter-se tornado um hábito de vida. Os do segundo devem ser aprofundados e fortalecidos conforme a disponibilidade de tempo e as possibilidades do aluno. Devemos ter a capacidade de manter corretamente qualquer ascese que nos propomos a praticar, sem nos debatermos com tentativas, ou sermos dominados por elas. Os exercícios do terceiro grau também devem ser aprofundados. Já devemos dominar a postura do corpo a ponto de conseguirmos aguentar a asana sem sentir o mínimo desconforto, nervosismo, tensão ou câimbras da musculatura. A energia de irradiação deverá tornar-se mais forte, profunda e expansiva, i.e., mais dinâmica, o que pode ser alcançado através da imaginação, portanto da força de imaginação e da meditação profunda. O mago deve aprender a usar a energia de irradiação na prática, em qualquer ocasião e situação. Ele deve chegar ao ponto de conseguir realizar imediatamente qualquer desejo colocado na sua energia de irradiação. Assim ele poderá ajudar as pessoas em casos de doença e acidentes, o que lhe trará muita satisfação.

Rituais e as Possibilidades de sua Aplicação Prática

Agora passaremos a um capítulo pouco conhecido, referente às posições do corpo, gesticulações e posições dos dedos nos rituais em geral. O princípio básico dos rituais consiste em confirmar uma ideia, um pensamento através de uma expressão exterior, ou então o contrário, evocar uma ideia ou um pensamento através de um gesto ou uma ação. Esse preceito básico vale para toda a magia ritual. Com isso queremos dizer que não é só toda a ideia (ou todo o ser) que pode ser expresso através de uma ação exterior, mas eles também podem ser conectados a uma tarefa específica. Aquilo que não possui ou não contém um nome específico, um símbolo ou algum sinal externo, não tem significado. É nessa tese primordial que se baseiam todos os processos ou rituais mágicos, assim como todos os sistemas religiosos, que possuem desde tempos primordiais, os seus procedimentos específicos de culto. A diferença consiste somente no fato das massas sempre terem tido acesso apenas a uma pequena parte disso, pois a maior parte desses procedimentos era guardada em segredo e utilizada só por altos sacerdotes e iniciados. Cada ritual tem um objetivo específico para a pessoa a quem ele serve, sem levar em conta se é um feitiço tibetano ou uma postura de dedos dos sacerdotes de Bali, em cultos orientais ou rituais de maldição dos magos negros.

A síntese é sempre a mesma. Nas ações judiciais, quando a pessoa jura que está dizendo a verdade e só a verdade, ela ergue a mão mostrando três dedos, o que também é considerado um gesto mágico. Do ponto de vista cristão, os dedos erguidos simbolizam a trindade unificada. Cada uma das inúmeras sociedades secretas e seitas possui o seu ritual próprio. As lojas maçônicas, por exemplo, estão relacionadas a um determinado sinal, uma palavra e um toque. Do ponto de vista histórico poderíamos ainda falar muita coisa sobre esse tema. Mas para a magia e o desenvolvimento práticos, esse estudo seria totalmente inútil.

Para o verdadeiro mago, não faria muita diferença ler nos mais diversos livros que o mago costuma desenhar um círculo mágico considerando-o um símbolo da eternidade, da divindade e da intocabilidade, colocando nele anjos e espíritos protetores; ou então como um lama desenha a sua mandala, e coloca os Thatagatos em seus rituais como divindades de proteção. O nosso mago não precisa dessas instruções estranhas porque ele sabe que são só conexões de ideias e auxiliares da memória, ou do espírito. Neste quarto grau o mago aprende a arte de criar os seus próprios rituais, cultos, gestos, posições de dedos. Tudo isso depende só da sua individualidade e capacidade de assimilação. Às vezes um mago consegue muito mais com os rituais mais primitivos, do que um especulador filosófico com os cultos mais complicados. Nesses casos não se pode traçar uma diretriz exata; o aluno deve agir intuitivamente e expressar cada ideia e pensamento, assim como aquilo que ele quer ver concretizado, através de um gesto, uma posição dos dedos ou um ritual que têm a ver com ele. Com certeza ele não expressará um gesto de bênção com o punho cerrado, ameaçador. Conforme o local e a situação em que se encontra, ele deverá compor o seu ritual individual e discreto, que deverá ser utilizado em segredo quando não houver ninguém observando. Existem magos que praticam a sua magia ritual sem que ninguém perceba, com movimentos dos dedos no bolso do paletó ou do casaco, até mesmo com muita gente em volta deles. Eles usam os cinco dedos em analogia aos elementos; o dedo indicador corresponde ao fogo, o polegar à água, o dedo médio corresponde ao Akasha, o anular à terra e o mínimo ao ar, sendo que a mão direita se refere aos elementos positivos e a esquerda aos negativos. Esse pequeno exemplo deve ser suficiente para um esclarecimento sucinto.

Você deve aprender também a atribuir sinais específicos às suas ideias. Mas não fale sobre isso a ninguém, pois se outra pessoa usar o mesmo sinal que o seu, para a mesma ideia, poderá enfraquecê-la através do desvio de sua energia. Conecte e amarre aquele seu desejo pessoal, que você quer ver realizado rapidamente, ao seu próprio ritual ou gesto, de preferência as gesticulações dos dedos, e imagine que através desse gesto que o seu desejo logo se realizará, ou melhor, que ele já se realizou. A lei da forma presente e imperativa também se aplica nesse caso. A imaginação da concretização, em conjunto com o gesto ou o ritual devem, no início, conter um sentimento intenso de segurança, certeza e confiança, além de uma crença inabalável na sua realização efetiva.

Primeiro nós devemos utilizar ambos, tanto a imaginação quanto o ritual. Mais tarde, quando nos ocuparmos só da imaginaçãao do desejo e de sua concretização, então, sem perceber e sem ter consciência do fato, seremos induzidos a usar o ritual ou o gesto. Quando chegamos ao ponto de automatizar o desejo na nossa imaginação, o processo se inverte; fazemos o gesto ou realizamos o ritual, e a imaginação ou a sua energia correspondente automaticamente libera o seu efeito. Esse é o objetivo em si do ritual ou da gesticulação, do posicionamento do corpo ou dos dedos. Quando o ritual com a imaginação torna-se automático, basta realizar o ritual para se obter o efeito ou a influência desejados. Podemos fazer uma comparação aproximada com uma bateria carregada, na qual basta fazer o contato correto para se obter a corrente elétrica necessária, a qualquer hora. Repetindo-se constantemente a imaginação com o gesto ou ritual escolhido forma-se um reservatório de energia na esfera das coisas primordiais do Princípio do Akasha, que assimila a vibração necessária (fluido eletromagnético), cor, som e outras analogias correspondentes ao desejo ou objetivo. Podemos dizer, com razão, que são até porçoezinhas de sangue, em sua natureza. Quando esse reservatório de energia é carregado através da repetição frequente, o ritual atua no sentido de descarregar uma parte do reservatório e promover o efeito necessário. Por isso é que aconselhamos o mago a não falar com ninguém sobre isso senão uma outra pessoa poderia, sem esforço, extrair a energia acumulada através do mesmo ritual e obter o mesmo efeito, tudo isso às custas do seu autor original. Existem sociedades secretas que deixam os seus iniciantes realizarem rituais com os quais esses reservatórios de energia são carregados automaticamente. Os iniciados mais graduados têm então um meio fácil de repor o seu próprio reservatório, podendo assim trabalhar com ele sem esforço. Mas à medida em que o aluno progride, conseguindo abastecer-se sozinho nesse reservatório, lhe é aconselhado que use o ritual o menos possível.

Muitas pessoas se lembrarão que os movimentos e partidos políticos promovem uma ação mágica indireta em seu gesto de saudação, conduzindo pequenas porções adicionais de energia vital dinâmica ao reservatório geral, através da repetição constante. Por exemplo, no partido nacional-socialista alemão (partido nazista), a mão erguida que acompanhava a saudação era uma espécie de gesto de poder. Mas quando um reservatório coletivo de energia que se torna tão poderoso é usado para fins maléficos e gananciosos, essa energia espiritual volta-se contra seus criadores (por causa da polaridade) e provoca a destruição e o aniquilamento. Apesar disso, as pragas rogadas pelos inúmeros presos, em parte inocentes condenados à morte ou sacrificados nos campos de batalha, acabam provocando uma polaridade contrária que também contribui para uma decomposição desse reservatório de energia negativa.

A mesma lei, na mesma medida, vale para os outros tipos de culto, seja em religiões, seitas ou sociedades secretas. As curas miraculosas em locais de peregrinação possuem o mesmo fundamento. O crente, através de sua grande fé e confiança inabaláveis no retrato ou na imagem do santo, atrai para si a energia espiritual extraída do Princípio do Akasha e represada ali pelos fiéis ao rezarem, promovendo assim a cura miraculosa. O mago correto sempre encontra a única verdadeira explicação para esses e outros fenômenos, baseando-se nas leis universais. Se ele quisesse, em função do seu conhecimento dessas leis, principalmente das leis da polaridade, ele poderia atrair para si essa energia do reservatório correspondente e com ela realizar essas curas ou supostos "milagres". Mas o mago que possui um elevado senso de ética consideraria esse procedimento uma malversação e por isso jamais se utilizaria dele, pois afinal ele dispõe de outras possibilidades. Esse é só um comentário marginal; em seguida retornaremos ao assunto dos rituais.

Como já foi mencionado, toda ideia, desejo e imaginação podem ser concretizados através de um ritual, sem levar em conta o plano a ser considerado, o material denso, o astral ou o espiritual. O momento de qualquer concretização depende em primeiro lugar da maturidade espiritual, e em segundo lugar do empenho na execução do ritual. O mago deve escolher aqueles rituais que ele poderá utilizar durante toda a sua vida, tomando como base os rituais de caráter universal. Quanto menos desejos ele tiver tanto mais rápido será o seu progresso. Enquanto os primeiros rituais escolhidos não surtirem o efeito desejado, não se deve adotar outros. No início será suficiente um único ritual, ou no máximo três. Ao chegar a esse grau de evolução, o mago já tera aprendido a manter a medida correta, e também a saber quanto conseguirá carregar.

Resumo de todos os Exercícios do Grau IV

I. INSTRUÇÃO MÁGICA DO ESPÍRITO:

Transposição da consciência para o exterior:

a) Em objetos.
b) Em animais.
c) Em pessoas.

II. INSTRUÇÃO MÁGICA DA ALMA:

1. Represamento dos elementos:

a) Em todo o corpo.
b) Nas diversas partes do corpo com a ajuda de dois métodos.

2. Promoção da harmonia dos elementos nas respectivas regiões do corpo:

a) Fogo – cabeça.
b) Ar – tórax.
c) Água – ventre.
d) Terra – cóccix, genitais, pés.

III. INSTRUÇÃO MÁGICA DO CORPO:

Rituais e a possibilidade de sua aplicação prática:

a) Gesticulação (gestos).
b) Posições do corpo.
c) Posições dos dedos.

Fim do quarto grau

Grau V

O sábio Arquimedes disse uma vez: "Mostre-me um ponto no Universo e eu tirarei a Terra de seus eixos". Só muito poucos sabem que essa frase contém um grande mistério oculto, que é justamente aquele da quarta dimensão. Na escola nós aprendemos que tudo possui uma forma; a pedra, a planta, o animal, o homem, enfim, todos os corpos têm um comprimento, uma largura e uma altura conhecidos. Se imaginarmos um cruzamento duplo no meio de uma forma, como por exemplo uma esfera, então se produzirá um ponto no local da interseção, o assim chamado ponto de profundidade. Foi nesse ponto que Arquimedes pensou ao formular a frase, pois trata-se tanto de um ponto de partida quanto de chegada. Ele é o nucleo de todas as formas. Do ponto de vista desse ponto, todas as formas são regularmente objetivas, i.e., encontram-se em seu verdadeiro equilíbrio. É nisso que reside o segredo da quarta dimensão, portanto do conceito de tempo e de espaço, ou da ausência deles, e com isso também do mistério da magia em ambientes. Recomenda-se ao aluno que medite sobre isso, assim ele poderá alcançar profundidades insuspeitadas e adquirir uma grande intuição como recompensa. Dedicaremos a instrução mágica do espírito do quinto grau à magia em ambientes.

Instrução Mágica do Espírito (V)

Magia em Ambientes

Nos exercícios anteriores o aluno adquiriu uma certa capacidade de concentração e aprendeu a transpor a sua consciência ou a adaptá-la a qualquer forma. Com isso ele terá condições de enxergar mais longe e mais profundamente. As instruções do quinto grau nos mostrarão como transpor a consciência ao ponto central de uma forma qualquer, desde o menor átomo até o Universo mais amplo. Através disso o aluno aprende não só a entender, assimilar e captar a forma a partir do seu ponto central, mas também a dominá-la. As capacidades que ele poderá adquirir através da assimilação dos exercícios que seguem tem um grande significado para a magia, pois só através deles ele será capaz de promover o equilíbrio espiritual. Esse equilíbrio espiritual é a característica específica básica do Princípio do Akasha ou princípio primordial do espírito. Mas vamos agora voltar aos exercícios práticos.

Assuma sua posição costumeira. Coloque à sua frente alguns objetos maiores, eventualmente uma grande esfera, um dado etc. No início, seria conveniente selecionar alguns objetos bem compactos. Fixe um desses objetos por algum tempo, feche os olhos e transponha a sua consciência ao ponto de profundidade, portanto exatamente ao meio do objeto. Imagine-se e sinta-se no ponto central desse objeto. A transposição da consciência deve ser tão forte a ponto de fazer com que você se esqueça do próprio corpo. Esse exercício é difícil, mas afinal, o treinamento é que cria o mestre! Ninguém deve assustar-se com os fracassos iniciais, mas deve continuar a praticar o exercício com perseverança. Como o homem só está acostumado a três dimensões, no começo surgem dificuldades que vão diminuindo a cada exercício; gradualmente nós vamos nos acostumando à concentração no ponto de profundidade de qualquer objeto. Ao conseguir realizá-lo por no mínimo cinco minutos, passe ao exercício seguinte. Depois de ser bem sucedido, vá escolhendo outros objetos, desta vez não simétricos. A cada vez você terá de transpor a sua consciência ao meio do objeto e sentir-se tão pequeno quanto uma sementinha de papoula, ou mesmo um átomo. Depois de conseguir fazê-lo sem perturbações, passe a outro exercício, que consiste em assimilar a dimensão e a forma do objeto a partir de seu ponto de profundidade. Quanto menor você se imaginar ali e quanto mais a sua consciência encolher, tanto maior lhe deverá parecer o entorno ou a amplitude desse objeto. Para você, esse objeto escolhido deve ser todo um universo, e essa sensação deve ser mantida o máximo de tempo possível. Ao conseguir isso sem perturbações, tanto com um objeto simétrico quanto assimétrico, então passe para outro exercício. O exercício anterior pode ser considerado como bem assimilado quando você tiver tido sucesso com cada um dos objetos igualmente. Depois de exercitar-se bastante na transposiçãao ao ponto de profundidade você será capaz de olhar através de qualquer objeto e conhecer intuitivamente a sua estrutura material e espiritual.

Ao mesmo tempo você também será capaz de influenciar qualquer objeto a partir desse ponto de profundidade, portanto do núcleo, carregá-lo magicamente e impregnar a sua esfera mental com um desejo. No quarto grau nós aprendemos a dominar isso através do represamento da energia vital de fora para dentro; esse grau nos ensina como fazer o mesmo de forma mais penetrante, i.e., de dentro para fora.

Um mago deve conseguir realizar a mesma coisa com animais e pessoas. Ele também deve ser capaz de fazê-lo com aqueles objetos que não se encontram diretamente diante de seus olhos. Não há limites para a consciência, ela pode se transportar a qualquer distância, por maior que seja. Ao chegar a esse ponto o aluno deverá passar aos exercícios seguintes, cuja finalidade é transpor a consciência ao próprio corpo, i.e., a quarta dimensão do corpo, ao pequeno universo ou microcosmo, portanto ao Princípio do Akasha do próprio ser. A prática é a seguinte:

Sente-se tranquilamente em sua posição habitual e feche os olhos. Transponha a sua consciência ao meio do seu corpo, isto é, à caixa torácica, onde está o coração, o assim chamado plexo solar. Você deverá sentir-se um simples pontinho, um grãozinho de átomo no ponto central de profundidade localizado entre a coluna vertebral externa e a caixa torácica anterior que envolve o coração. Esse ponto central é o ponto mais profundo do seu corpo. Tente permanecer lá, com a sua consciência por pelo menos cinco minutos; para controlar o tempo use um despertador. Partindo desse ponto, comece a observar o seu corpo. Quanto mais diminuto você se imaginar tanto maior e mais abrangente lhe parecerá o entorno de seu corpo, que se assemelhará a um grande universo. Nesse momento então, pense o seguinte: "Eu sou o ponto central do meu corpo, eu sou a energia determinante dele". As dificuldades iniciais não devem intimidar o aluno. No início talvez ele só consiga realizar o exercício por alguns segundos, mas com o treino constante esses segundos se transformarão em minutos. O aluno deverá ser capaz de manter a sua consciência nesse ponto de profundidade por pelo menos cinco minutos. Ao exercitar-se no quinto grau ele deverá conseguir transpor-se a esse ponto de profundidade em qualquer situação ou momento, portanto transpor-se ao Princípio do Akasha, e a partir daí reconhecer tudo o que se refere ao seu ser e atuar nele. Essa transposição da consciência ao próprio Princípio do Akasha é o verdadeiro estado mágico de transe, que é o grau anterior à conexão com a consciência cósmica. A prática para essa conexão com a consciência cósmica será descrita num grau subsequente.

O estado mágico de transe não deve ser confundido com aquele que é evocado pelos médiuns espíritas, caso se trate de uma mediunidade espiritual verdadeira. Na maioria das vezes é criada uma grande farsa para enganar os crédulos. Os verdadeiros médiuns espíritas induzem os seus estados de transe através da oração, do canto, ou de alguma meditação, ou mesmo inversamente através da passividade (vazio mental) do espírito, sobre a qual evocam um deslocamento espontâneo da consciência. Nesse estado torna-se possível a indução do corpo astral e do corpo material denso, por elementares, desencarnados e outros seres inferiores, a manifestações e comportamentos estranhos. Do ponto de vista hermético essas experiências são encaradas como possessões, mesmo quando se tratam de seres de boa índole. O verdadeiro mago não duvida desses fenômenos, quando são experiências espiritualistas autênticas, mas no máximo ele lamentará a sina desses intermediários-médiuns. O mago age de outra maneira, conectando-se aos seres conscientemente. Descreveremos mais detalhes sobre isso num capítulo especial.

Instrução Mágica da Alma (V)

As indicações práticas do quarto grau nos ensinaram a atrair os quatro elementos do Universo ao nosso corpo, represá-los no corpo inteiro e depois em cada parte dele individualmente, promovendo assim uma tensão dos elementos, ou melhor, uma dinâmica desses elementos. Devido a essa tensão, o corpo a cada exercício foi se tornando mais elástico e resistente à pressão sofrida. Esse grau nos leva mais adiante, ao nos ensinar a projetar os elementos para o exterior e a dominá-los, pois sem essa projeção externa o trabalho com a magia prática é impensável. Esse é o motivo porque devemos nos empenhar bastante em dominar essa prática com maestria.

Projeção dos Elementos para o Exterior

a) Através do Próprio Corpo E Represados pelo Plexo Solar

Sente-se na posição habitual. Com ajuda da imaginação inspire o elemento fogo pelos pulmões e os poros para o corpo inteiro. Inspire esse elemento com sua característica de calor, para todo o corpo, e expire o ar vazio. Assim que o calor estiver contido com força em seu corpo todo e o elemento fogo estiver represado, deixe, através da imaginação, que o elemento flua do plexo solar e preencha todo o ambiente em que você se encontra. Ao esvaziar o elemento do corpo você deverá sentir que este se libertou completamente, e que o elemento antes represado espalhou-se pelo ambiente, de modo semelhante ao que foi feito na impregnação do ambiente com a energia vital. Repita por algumas vezes esse esvaziamento e represamento do elemento, e a cada libertação de seu corpo, represe-o cada vez mais no ambiente. Assim que você estiver livre do elemento, deverá sentir e perceber em seu próprio corpo o elemento represado no ambiente, a ponto deste até tornar-se aquecido. Depois de algum tempo de prática, o calor do ambiente não só será subjetivo, como existirá de fato; se uma pessoa iniciada ou não na magia entrar nesse local assim preenchido com o elemento, com certeza ela vai sentir esse calor. Um termômetro poderá nos provar se a nossa imaginação relativa ao fogo consegue materializá-lo a ponto de tornar real o calor do ambiente. O sucesso desse exercício depende da vontade e da força de imaginação plástica. Porém nessa etapa ainda não teremos a possibilidade de produzir um calor físico que possa ser captado por um termômetro. Mas se um mago tiver bastante interesse em agir fenomenologicamente nessa direção, então, de posse das instruções pertinentes ele poderá especializar-se nisso, na medida em que passar a concentrar-se no exercício com esse elemento em particular. Mas o verdadeiro mago não se sentirá satisfeito só com um fenômeno tão pequeno, e com certeza vai preferir trabalhar em sua evolução, pois está convencido de que com o tempo poderá chegar bem mais longe.

O exercício da projeção no ambiente estará completo quando o mago sentir nitidamente o calor naquele local. Se for esse o caso, então ele deverá dissolver o elemento fogo represado devolvendo-o ao infinito, portanto ao Universo, e deixando-o fluir em todas as direções, em forma esférica.

Mesmo que o ambiente esteja carregado com o elemento, o mago poderá sair dele quando quiser, sem ter de dissolver esse elemento antes. Ele poderá também determinar o tempo de duração do elemento no ambiente, de modo semelhante à impregnação que vimos anteriormente. Toda ocorrência depende da sua vontade e da sua imaginação. Mas não é conveniente abandonar por muito tempo um ambiente represado com um determinado elemento, pois os seres elementares gostam de brincar nessa atmosfera, o que geralmente acontece às custas do mestre. Mais detalhes no capítulo referente ao trabalho com os espíritos elementares.

Devemos ainda lembrar que caso o mago esteja trabalhando ao ar livre, portanto num ambiente sem limites, então, com a ajuda da imaginação, ele deve delimitar um certo espaço de qualquer tamanho, à sua escolha. A imaginação não deve ter limites, em qualquer caso. Do mesmo modo que com o elemento fogo, você deverá realizar esse mesmo exercício com os outros três elementos, isto é, depois do fogo o ar, a água, e por último a terra. A organização dos exercícios fica a critério do aluno, pois ela depende das suas possibilidades e da sua disponibilidade de tempo. Ele poderá represar um elemento num dia, outro elemento no dia seguinte etc., ou então o primeiro elemento de manhã, o segundo à tarde, o terceiro à noite e o quanto na manhã seguinte. Os alunos que dispõem de bastante tempo e muita força de vontade poderão exercitar-se nos quatro elementos em seguida. Esses alunos darão grandes passos no domínio dos elementos, e ao dominá-los todos, poderão prosseguir em sua caminhada.

b) REPRESADOS PELAS MÃOS

O exercício anterior ensinou ao mago como represar exteriormente, no ambiente, o elemento inspirado através do plexo solar. No exercício seguinte ele aprenderá a deixar fluir ao ambiente o elemento previamente represado através da respiração pulmonar e pelos poros, não só pelo plexo solar mas também pela expiração através dos poros de todo o corpo, produzindo assim um represamento de elementos no ambiente. Isso deve ser exercitado da mesma forma com todos os outros elementos. A dissolução no Universo, no infinito, ocorre do mesmo modo descrito no exercício anterior. Ao dominar totalmente esse exercício, o aluno poderá prosseguir, realizando esse exercício com as diversas partes do corpo. Na magia são normalmente usadas as mãos e os dedos, aos quais o aluno deve dedicar a máxima atenção. Através da respiração pelos poros ele deverá represar o elemento em questão em uma das mãos ou em ambas, de tal maneira que, com um simples movimento, ele poderá instantaneamente jogar o elemento da mão ao ambiente escolhido, impregnando-o. Através da repetição constante dos exercícios nós nos tornaremos mestres nisso. O aluno deverá realizar e dominar esses exercícios com todos os elementos, e depois poderá seguir adiante.

Sente-se na sua posição habitual. Inspire o elemento fogo com a respiração pulmonar e dos poros de todo o corpo, represando-o no corpo inteiro até começar a sentir calor. Então imagine que o elemento fogo represado na caixa torácica, no plexo solar, forma uma esfera de fogo compacta, com um diâmetro de cerca de 10 a 20 cm. Essa esfera compacta deve ser tão clara e incandescente, a ponto de parecer um sol brilhante. Então imagine que ela se liberta de seu envoltório solar e passa a flutuar livremente no espaço. Mesmo flutuando assim no espaço a esfera deve ser imaginada branca, incandescente, irradiando calor. Conserve essa imagem na mente o máximo que puder. Ao aproximar as mãos dessa esfera, você deverá sentir o calor irradiado. Termine o exercício com a dissolução lenta da esfera no Universo, ou até mesmo súbita, deixando-a explodir no nada. Ambas as possibilidades deverão tornar-se corriqueiras para o mago. Do mesmo modo devemos proceder com o elemento ar, com o elemento água, e por último com o elemento terra. Para imaginar melhor o elemento ar, confira à esfera compactada a cor azul. A água deverá ser mais fácil de imaginar; mas se for difícil para você, então tente imaginá-la, no início, como um pedaço de gelo esférico. Com certeza não será difícil imaginar o elemento terra como uma esfera de barro. Assim que você conseguir realizar e dominar esse exercício com todas as quatro esferas dos quatro elementos, tente realizá-lo, usando o mesmo método, em outras formas de elementos. No início escolha formas simples, como dados, cones, pirâmides etc. O exercício pode ser considerado completo quando você conseguir adensar cada um dos elementos que foram represados em seu corpo, numa forma qualquer, projetando-a para o exterior.

Só quando o exercício anterior for dominado totalmente é que devemos passar para o seguinte, que descreve a projeção dos elementos diretamente do Universo.

Projeção Externa sem passar pelo Corpo

Sente-se na sua asana e respire tranquilamente, sem esforço. Imagine-se atraindo o elemento fogo do espaço infinito, do Universo, e preencha com ele o ambiente em que você mora. Imagine o Universo como uma esfera imensa, da qual você extrai o elemento de todos os lados, preenchendo com ele o ambiente ao redor. Imagine que o elemento fogo é o mais etérico, o mais sutil da fonte primordial, e quanto mais você o aproxima de si, tanto mais denso, material e quente ele fica. Nesse exercício, você deverá sentir o calor em seu próprio corpo. Quanto mais o elemento comprimido for adensado no ambiente, tanto maior será o calor. Você deverá sentir-se como em um forno. Depois, dissolva esse elemento novamente no infinito, através da força de vontade e da imaginação.

Repita a mesma coisa com o elemento ar, que também deverá ser atraído de todos os lados do Universo esférico, para depois preencher o ambiente adensando-se nele. Nesse exercício você deverá ter a sensação de flutuar num mar infinito de ar, totalmente livre de peso e da força da gravidade. Se esse exercício tiver sido bem realizado, você se sentirá, nesse ambiente assim preenchido, tão leve quanto um balão. O elemento ar adensado deve ser dissolvido em sua substância primordial da mesma forma que o elemento fogo descrito no exercício anterior. Proceda da mesma forma com o elemento água. Imagine-se atraindo esse elemento de um oceano infinito, primeiro na forma de um vapor frio, que você irá adensando cada vez mais à medida em que for aproximando-o de você e do ambiente. Com esse vapor frio você deverá preencher todo o ambiente, imaginando-se no ponto central desse elemento aquoso imaginário. Você deverá ter a sensação de um frio gélido, que chega a provocar arrepios na pele de seu corpo material denso. Assim que sentir esse frio, você deverá transferir o elemento água novamente à sua forma primordial e deixá-lo fluir ao infinito. Desse modo, como mago você será capaz de tornar o seu ambiente fresco e confortável em poucos minutos, mesmo no verão mais quente. Proceda da mesma forma com o elemento terra. Puxe uma massa cinzenta do Universo, que, como o barro, vai se tornando cada vez mais marrom à medida em que desce, aproximando-se de você. Preencha todo o ambiente densamente, com essa massa pesada. Com isso você deverá sentir o seu peso, assim como a sua força relativa e a pressão em seu próprio corpo. Depois de sentir o elemento terra em toda a sua potência, transponha-o novamente à sua substância primordial, como foi feito com os outros elementos.

    Como podemos ver, nesse processo a extração e a materialização dos elementos dirige-se exatamente aquele local em que nós os concentramos, sem que o elemento com o qual estamos trabalhando no momento passe pelo corpo. Portanto, tudo acontece fora de nosso corpo. O mago deve dominar ambos os métodos perfeitamente, porque em alguns trabalhos mágicos ele precisa de um elemento materializado através de seu corpo, como p.e., na cura de doentes, na produção de espíritos serviçais e elementares; em outros casos ele precisa do elemento universal adensado, de forma direta. Dominando bem essa prática, ele estará apto a seguir adiante.

    O exercício seguinte consiste em extrair um elemento do Universo, não para preencher um ambiente como no exercício anterior, mas para adensar uma determinada forma escolhida, similarmente ao que descrevemos naqueles exercícios em que foram adensadas formas do elemento no corpo (plexo solar) e fixadas fora do corpo como se flutuassem no ar. A diferença é que agora as formas não são mais criadas no corpo, mas sim diretamente no ar, onde passam a flutuar. Assim o mago deverá saber produzir uma esfera de fogo, uma de ar, uma de água e uma de terra. Depois de conseguir isso sem dificuldades, ele deverá criar outras formas a partir dos elementos que flutuam à sua frente no ambiente, e depois de certo tempo deixar esses elementos fluirem novamente ao Universo. Mas ao fazê-lo, deverá sempre manter a nítida percepção da característica específica do elemento com que trabalha; deverá até conseguir com que um não-iniciado ou leigo sinta e veja o elemento em questão. Mas essas já são grandes conquistas, o resultado de um trabalho árduo nesse campo. Finalmente, ao longo de sua evolução, o aluno deverá ir se tornando capaz de adensar todos os elementos do Universo, comprimindo-os em qualquer forma desejada. É esse o objetivo do exercício que acabamos de apresentar. Nesse aspecto, os magos bem treinados conseguem adensar um elemento de tal forma que ele chega a se transformar numa energia material. Assim por exemplo, com o elemento fogo você poderá atear fogo em algo que estiver a uma enorme distância. No começo, experimente comprimir uma esfera de fogo diretamente com a imaginação, puxando-a do Universo sem deixá-la passar primeiro pelo corpo, até que ela se transforme numa esfera pequenina, quase uma fagulha incandescente. Coloque essa fagulha num chumaço de algodão embebido em material levemente inflamável como éter, gasolina ou álcool. Prepare da mesma maneira uma outra fagulha com o elemento ar e deixe ambas se tocarem; você verá o chumaço começar a queimar. Depois que o mago conseguiu realizar essa pequena proeza, deverá tentar fazê-lo com o pavio de uma vela normal e depois com uma lamparina de querosene. Não será difícil. Ele poderá também criar uma fagulha num copo de vidro ou numa garrafa, jogando neles depois uma fagulha de água rápida como um raio. Ao se tocarem ambos os elementos explodem, e o copo ou a garrafa se quebra em mil pedacinhos. O próprio mago poderá depois montar essas e outras brincadeiras semelhantes, pois já terá conhecimento e domínio das leis. Mas o verdadeiro mago não deve perder tempo com esses truques de magia; ele sabe que pode produzir fenômenos naturais através dos elementos, como raios, trovões, tempestades e chuvas, e também afastá-los, fixá-los ou transferi-los. Todas essas forças que aparecem ao homem normal como milagres são naturais para o mago, e fica a seu critério ocupar-se desses fenômenos ou seguir adiante em sua evolução mágica. Entre outras coisas ele sabe que os faquires do Oriente conseguem, só através do domínio dos elementos, realizar o autêntico milagre da mangueira, em que esta cresce da semente à árvore e finalmente produz frutos, tudo isso em uma hora somente.

O aluno tem a possibilidade de controlar também fisicamente o adensamento material de um elemento, na medida em que joga a forma adensada desse elemento num copo de água pura, ou melhor, destilada, repetindo a operação várias vezes. Ele perceberá que com o elemento fogo a água terá um gosto meio azedo, com o ar ele será meio adocicado, com a água o gosto será acre, e com a terra mofento. Esse processo pode até ser provado quimicamente, ao molharmos com essa água impregnada uma pequena tira de papel de tornassol. Numa impregnação firme e bem feita constataremos que com os elementos ativos, fogo e ar, ocorre uma reação ácida no papel, e com a água e a terra ocorre uma reação alcalina.

Quem não se lembra daquela passagem descrita pela Bíblia, as Bodas de Canaã, em que Cristo transforma a água em vinho? Só um grande iniciado como Cristo poderia ter realizado esse milagre; não através da influência dos elementos a partir do exterior, mas através do domínio do Princípio do Akasha da água a ser transformada, de dentro para fora.

Com isso está concluído o item sobre o domínio dos elementos na Instrução Mágica da Alma, do Grau V. Ninguém deve seguir adiante sem praticar exaustivamente todos os exercícios e tarefas. Todos os exercícios estão regularmente ordenados e seguem concatenados, pois um sempre depende do outro. Presumo que ninguém terá a ideia de realizar exercícios avulsos ou prender-se a métodos aleatórios, pois assim o desejado sucesso não ocorreria, e além disso o aluno poderia sofrer danos em sua saúde. Tudo isso deve ser considerado. Mas quem conseguir assimilar bem um exercício atrás do outro, poderá seguir adiante com a consciência tranquila, trabalhando em sua evolução mágica a todo vapor.

Instrução Mágica do Corpo (V)

Preparação para o Manuseio Passivo do Invisível

Nessa etapa eu apresento exercícios que possibilitam a relação passiva consciente com o invisível, do ponto de vista mágico. Os métodos têm alguma semelhança com os dos espíritas, mas como o próprio mago verá, ele não se transformará num instrumento sem vontade própria, como é o caso do médium espírita. O mago não deve ser um brinquedo de energias incontroláveis, mas pelo contrário, deverá induzir as suas energias conscientemente e aprender a usá-las também com consciência. Para isso ele levará em conta as leis do mundo invisível assim como as do mundo físico. Para a relação passiva com o invisível apresentamos primeiro os exercícios de levitação, que têm o objetivo de preparar qualquer parte do corpo magicamente a fim de que qualquer ser possa se manifestar com a sua ajuda.

a) LIBERTAÇÃO DA PRÓPRIA MÃO

Sente-se confortavelmente diante de uma mesa e coloque as duas mãos sobre ela. Faça um represamento de energia vital na mão direita e concentre-se, imaginando dominar a sua mão e os seus dedos só com a força de vontade, portanto não com os músculos. Depois deixe essa energia vital fluir novamente ao Universo através da imaginação, e comece com o exercício de levitação. Represe o elemento ar no dedo indicador da mão direita enquanto imagina que ele é tão leve quanto o ar. Depois, imagine que conseguirá erguer o dedo só com a sua vontade, enquanto a mão com os outros dedos permanece tranquila e imóvel sobre a mesa. Você deve sentir que não são os músculos que erguem o dedo, mas sim a sua vontade. Tão logo o dedo tenha se erguido, deixe-o descer novamente, através da sua vontade. Se você deixar de se concentrar enquanto o dedo estiver no ar, então ele logo cairá. Podemos experimentar isso só para constatar se são os músculos ou a vontade que está agindo. Depois de conseguir fazer o dedo indicador da mão direita levitar através da vontade, devemos proceder do mesmo modo com os outros dedos. O exercício de levitação estará concluído quando você conseguir erguer e abaixar todos os dedos da mão direita através da sua própria vontade. O procedimento é o mesmo para a mão esquerda e os seus respectivos dedos. Depois de conseguirmos isso poderemos tentar erguer toda a mão da mesma maneira, primeiro a direita e depois a esquerda, e se tivermos sucesso nisso também poderemos prosseguir erguendo todo o braço, não só da mão até o cotovelo, mas também até o ombro. Podemos inclusive ampliar o exercício e erguer ambas as mãos simultaneamente. Se o mago conseguir extender esse exercício ao corpo todo, em pouco tempo ele será capaz de erguer o seu corpo inteiro no ar, usando a própria vontade. Poderá andar sobre a água sem afundar, viajar pelos ares junto com seu corpo, e muitas outras coisas. Mas para realizar todas essas façanhas ele teria que praticar esses exercícios durante muitos anos. Os grandes iniciados conseguem facilmente realizar todos esses fenômenos sem ficar treinando por tantos anos, pois isso depende do grau de maturidade e de evolução mágica de cada um. Um mago evoluído não produzirá esses fenômenos sem um motivo importante e muito menos para satisfazer a curiosidade dos outros. Em nosso estágio de evolução nós nos satisfaremos só em movimentar as mãos e os dedos. Ao chegar a esse ponto passaremos a outro pequeno exercício preparatório, necessário para a relação passiva com o invisível, cuja prática é a seguinte:

Sente-se novamente junto a uma mesa, pousando as mãos sobre ela tranquilamente. Então imagine, visualmente, que a mão direita espiritual se desliga da mão física. Coloque a mão psíquica ao lado da mão física ou deixe-a deslizar até os joelhos, através da mesa. Encare a mão espiritual que está à sua frente como a mão verdadeira. Na mão carnal forma-se um espaço livre mental que possui a forma externa da mão. Pense que essa mão carnal é inofensiva e encontra-se na quarta dimensão, no Princípio do Akasha. Ao conseguir fazer isso por alguns momentos volte novamente com a sua mão mental, a mão carnal e encerre o exercício. Repita-o algumas vezes até conseguir exteriorizar a mão, da forma acima descrita, por no mínimo cinco minutos. Você poderá trabalhar dessa forma também com a outra mão. Depois de conseguir realizar isso com sucesso, estará preparado para assumir a relação passiva com o invisível.

Manuseio Passivo

Como podemos ver, esta preparação mágica é diferente daquela dos espíritas, que se comportam passivamente ao pegar um lápis e começar a escrever e a pintar. Se as comunicações que os espíritas chamam de escrita ou pintura mediúnica são realmente provenientes da quarta dimensão, ou como dizem, do além, ou mesmo só do inconsciente do médium em questão, é uma afirmação que deixaremos o mago julgar por si mesmo. Uma mão exteriorizada através do nosso método é realmente transposta à quarta dimensão e pode ser vista como um ser daquela esfera, que se serve dela e transmite mensagens ao nosso mundo material denso.

a) COM O PRÓPRIO ESPÍRITO PROTETOR

Depois de assimilar os exercícios descritos o aluno será capaz de se comunicar com os seres da quarta dimensão. O mago tentará, sobretudo, estabelecer a comunicação com o seu espírito protetor, o guia espiritual que lhe for mais próximo. Todo o aluno de magia sabe que desde o seu nascimento lhe foi destinado, pela Providência Divina, um ser que possui a missão de protegê-lo, estimulá-lo e inspirá-lo. Dependendo da evolução e do karma, esse guardião poderá ser alguém já falecido ou um ser ainda não encarnado neste planeta, enfim, só uma inteligência. Ela cuida do bem estar espiritual do seu protegido, geralmente até a puberdade. Quanto mais madura intelectualmente for a pessoa, tanto menos atenção lhe dará o guia espiritual, principalmente aquelas pessoas que nem se lembram deles. O contato vai se dissolvendo. Podemos dizer muita coisa sobre as hierarquias ou graus desses espíritos protetores assim como sobre suas ações, mas isso extrapolaria o âmbito desta obra.

O mago tem a possibilidade de se comunicar com o seu guia e através dele saber tudo o que quer e precisa saber. Ele deve ter a certeza de que caso tenha a intenção sincera de enobrecer o seu caráter e trabalhar com afinco, interesse e persistência, o seu guia será o primeiro a tentar manifestar-se para ele. Portanto, o aluno deve empenhar-se, sobretudo, em estabelecer um contato consciente com o seu espírito protetor, Eis a prática exigida para isso:

Pegue um pêndulo sidérico (*ver:* Spiesberger, "Der Elfolgreicher Pendelpraktiker" – O Usuário bem sucedido do Pêndulo). Não precisa ser um pêndulo especial, basta ser um anel ou um objeto pequeno, ou num caso extremo um prego preso a um fio de seda. Enrole a extremidade do fio no dedo indicador, dando muitas voltas; o pêndulo oscilará livre no ar por cerca de 20 a 25 cm. Sente-se confortavelmente junto a uma mesa colocando suas mãos sobre ela, e apoiando nela o cotovelo da mão que segura o pêndulo. Este começa a oscilar livre sobre o tampo cerca de 2 a 3 centímetros. O cotovelo continua apoiado, e a mão deve ser mantida no alto. A cerca de 5 ou 7 centímetros na lateral, ou atrás do pêndulo coloque um copo de água, um vaso ou qualquer outro objeto que emita um som. Assim que estiver tudo preparado, de acordo com essas indicações, exteriorize a sua mão mental separando-a daquela que segura o pêndulo e deixe-a pousar ao lado da mão carnal. Então deixe-se levar por alguns momentos ao estado de transe, como ensinamos na instrução mental, transpondo sua consciência ao meio do umbigo; assim você passará à quarta dimensão. Nessa condição você poderá chamar o seu guia e pedir-lhe, em pensamento, que ele se expresse através de sua mão magicamente preparada. Fique tranquilo e observe o pêndulo, pedindo ao guia que responda "não" com um toque do pêndulo sobre o copo, "talvez" com dois toques, e "sim" com três toques. Você ficará espantado ao ver o pêndulo começar a se mexer e a dar as respostas através dos toques solicitados. As pessoas mais sensíveis até notarão que a mão que segura o pêndulo é movida por uma outra mão, estranha a ela. Talvez você também tenha a sensação de que a sua mão é só uma luva, dentro da qual há uma mão estranha que movimenta o pêndulo. Mas as outras pessoas podem nem perceber tudo isso e terem a sensação de que indiretamente o pensamento é dirigido pelo desejo e move os músculos da mão provocando os movimentos do pêndulo. Isso é totalmente individual e depende do dom de cada um. Caso a ligação com o guia espiritual não ocorra na primeira tentativa, não devemos desanimar com um eventual fracasso. A perseverança sempre leva ao sucesso! Depois de algumas tentativas todos os alunos conseguirão efetuar essa ligação com o seu guia espiritual, ao qual poderemos depois fazer perguntas através do espírito, ou mesmo em voz alta, obtendo as respostas "sim", "não", e "talvez". As perguntas deverão ser sobretudo relativas ao próprio guia, p.e., se ele está disposto a se manifestar, se ele já esteve encarnado nesse planeta etc.

Depois de conseguirmos estabelecer esse contato com o pêndulo podemos, em vez de de tocar no copo, utilizar um tabuleiro redondo. Este é uma placa circular dividida em campos distintos; em cada um desses campos está escrita uma letra do alfabeto, e no meio é deixado um pequeno espaço livre, circular, para se jogar. O pêndulo indicará as letras, e através da soletração obteremos informações mais detalhadas do nosso guia. Depois de conseguirmos isso podemos montar um tabuleiro maior com o alfabeto inteiro, com todos os números, campos com as palavras SIM, NÃO e TALVEZ, além dos dias e das horas. No meio haverá um campo livre do qual poderemos partir. Nesse tabuleiro maior devemos abandonar o pêndulo e substituí-lo por um pequeno copo de licor. Com tinta ou com uma caneta devemos desenhar uma seta no pé do copo, para servir de indicador. Devemos segurar a parte inferior do copinho entre os dedos indicador e médio e deixar que a mão do guia movimente-o indicando alguma letra através da seta. Para que o copinho deslize mais facilmente podemos colocar o tabuleiro sob um vidro. O próprio aluno poderá depois criar esse e outros meios auxiliares; além disso poderá encontrar também diversas referências na literatura espírita (*ver:* Roesermüller, "Die Praxis des Jenseitsverkehr" – A Prática dos Contatos com o Além). Mas tudo isso são só meios auxiliares iniciais que poderão ser eliminados mais tarde.

Outro método consiste em pedir ao guia que erga o dedo indicador da mão magicamente preparada. Nesse caso ele deverá erguer o dedo uma vez se a resposta for "não", duas vezes se for "talvez" e três vezes se for "sim". Se tivermos sucesso nesse procedimento, podemos tentar fazer o mesmo com os outros dedos. Mas perceberemos que sempre haverá um dedo preferencial, que para um aluno poderá ser o indicador, para outro o dedo médio, e para outro ainda o dedo anular. Devemos sempre realizar o exercício com aquele dedo que funcione melhor para nós, o que dependerá da flexibilidade de cada um.

Para o mago esse método será bem vindo, pois assim a sua relação passiva com o mundo invisível, seja com o seu guia ou com um desencarnado, também poderá ser ativada em ocasiões em que ele não puder usar um lápis ou um tabuleiro, como p.e., numa reunião social, na natureza etc. Podemos até deixar a mão no bolso e obter respostas "sim" ou "não" até mesmo no meio do maior aglomerado de gente, principalmente quando já alcançamos uma certa presteza nisso. Depois de dominar essa técnica, podemos passar à escrita mediúnica. O método é o seguinte:

Coloque uma folha de papel em branco à sua frente e pegue um lápis, segurando-o entre o polegar e o indicador como se fosse escrever normalmente. Introduza um anel de borracha não muito apertado nos dedos polegar, indicador e médio; esse anel você poderá fazer sozinho a partir de uma câmara de pneu de bicicleta ou uma mangueira flexível. A finalidade do anel é fazer com que você não tenha que se concentrar especialmente no lápis que está segurando, Em seguida você deverá transpor-se ao transe, evocar o seu guia espiritual e preparar-lhe magicamente a mão direita do modo descrito, pedindo-lhe que escreva com a ajuda dessa mão. No início serão só alguns traços tortos, palavras ilegíveis, mas depois de algumas tentativas já aparecerão palavras inteiras e frases. Quando a folha de papel estiver preenchida devemos trocá-la por outra, já preparada anteriormente; desse modo podemos obter todas as respostas diretamente.

b) COMO OS MORTOS E OUTROS SERES

Ao nos exercitarmos constantemente obteremos uma habilidade tal que a escrita mediúnica não nos trará mais nenhuma dificuldade. Desse modo podemos chamar parentes, conhecidos, membros da família já falecidos, estabelecendo contato com eles à vontade. O mago verá que não existe um além ou um aquém; são só diferentes graus de densidade na quarta dimensão, em que se localizam os diversos seres. Para ele a morte não será o fim, mas só uma passagem à quarta dimensão. Finalmente quero observar ainda que existem vários tipos de escrita mediúnica, segundo a aptidão de cada um. Citarei alguns:

1. O método automático – mecânico. Nesse método a mão movimenta-se automaticamente sem que o mago saiba de antemão

o que ele quer escrever ou o que o espírito em questão pretende escrever. Nesse caso também podem ocorrer comunicações em línguas estranhas, que o mago não conhece ou nunca ouviu. Podem até surgir imagens ou desenhos.
2. O método inspirador. É o método mais comum; nesse caso as comunicações parecem-se a um pensamento expresso oralmente, interna ou externamente à pessoa. Quase que já pressentimos o que o ser pretende escrever. Através da repetição frequente, essa inspiração, na relação passiva, torna-se um pensamento e uma audição expressos. Então passamos a sentir as comunicações do fundo da alma ou exteriormente a nós mesmos.
3. O método intuitivo – no qual temos a sensação de que nós mesmos é que vamos escrever; as perguntas formuladas são imediatamente respondidas. Parece que nós mesmos já sabemos as respostas. É um tipo de conhecimento clarividente. A mão escreve conscientemente palavras e frases sem que tivéssemos ouvido algum som ou tivéssemos sido inspirados por algo.

Os métodos também podem surgir misturados, p.e., meio automático e meio inspirado ou intuitivo, ou então juntos, inspirado e intuitivo. Só depois de muito tempo de exercício é que poderemos saber qual o método predominante. Quando é empregado correta e honestamente, qualquer método é bom e confiável. "O treinamento é que produz o mestre!"

Ainda gostaria de observar algo em relação às perguntas dirigidas aos seres e as comunicações que podemos obter deles: o mago jamais deverá vangloriar-se de seus exercícios ou de seus sucessos. Quanto mais ele se calar sobre o seu relacionamento com o invisível, tanto melhor para ele. Além disso, ao escolher as perguntas devemos lembrar que se tratam de seres regidos por leis muito diferentes das nossas leis humanas, do plano físico; os seres que já viveram antes nessa terra estão desorientados, pois nosso plano físico é tridimensional, isto é, dependente do tempo e do espaço, o que não ocorre na esfera da quarta dimensão. Só os seres altamente evoluídos estão em condições de dar informações corretas sobre o tempo, os acontecimentos, o futuro etc. Por isso o mago deve perguntar aos seres algo sobre sua pátria, seu lar, e para seu próprio aprendizado obter respostas sobre a quarta dimensão. Mais tarde, quando o aluno tiver desenvolvido seus sentidos espirituais ele não precisará mais do relacionamento com o invisível, porque já terá condições de saber por si mesmo o que um ser poderia lhe dizer. O relacionamento passivo só deve servir para que a pessoa se convença da existência de outro mundo, que será visitado e habitado por todos depois do final da vida.

Resumo de todos os Exercícios do Grau V

I. INSTRUÇÃO MÁGICA DO ESPÍRITO:

Magia no ambiente.

II. INSTRUÇÃO MÁGICA DA ALMA:

Projeção dos elementos para o exterior:

a) Através do próprio corpo, represado pelo plexo solar.

b) Represado pelas mãos, e de forma bastante dinâmica pelos dedos.

Projeção externa, sem passar pelo corpo.

III. INSTRUÇÃO MÁGICA DO CORPO:

Preparação para o relacionamento passivo com o invisível:

a) Libertação da própria mão.

Relacionamento passivo:

a) Com o próprio espírito protetor.

b) Com os mortos e outros seres.

Fim do quinto grau

Grau VI

Antes de descrever os exercícios do sexto grau, eu gostaria de enfatizar novamente que todos os exercícios até agora apresentados devem estar totalmente dominados para que o equilíbrio seja mantido, inclusive nas etapas mais avançadas do desenvolvimento. Seria totalmente sem sentido pular qualquer uma dessas etapas, ou excluir e negligenciar qualquer um dos exercícios. Surgiria uma lacuna evidente, e seria muito difícil para o aluno recuperar um ou outro exercício depois. Portanto, a conscienciosidade é uma pré condição muito importante para o sucesso!

Instrução Mágica do Espírito (VI)
Meditação Sobre o Próprio Espírito

Nesse grau nós estudaremos a meditação sobre o espírito. Na parte teórica deste livro eu já descrevi em detalhes o que é a esfera mental e o corpo mental, portanto o espírito. A missão desse grau é efetuar um retrato do próprio espírito com suas funções, relativamente aos quatro elementos, além de diferenciar essas funções entre si, o que pode ser realizado através de uma meditação especial. As características do espírito relativas aos quatro elementos são as seguintes: a vontade, que está subordinada ao princípio do fogo; o intelecto, com todos os seus aspectos paralelos, como a razão e a memória, subordinadas ao princípio do ar; a sensibilidade com todos os seus aspectos, subordinada ao princípio da água, e a consciência, também com todos os seus aspectos, como interligação dos três elementos, subordinada ao princípio da terra.

Mergulhe em seu íntimo, com seus pensamentos, observe a si mesmo e às funções do espírito, e medite sobre isso. Você deverá imaginar claramente cada uma das funções correspondentes aos elementos. Tente diferenciar as funções do espírito, i.e., criar uma imagem nítida delas, e depois siga adiante. Esse exercício preliminar é muito importante, pois com ele o mago terá condições de influenciar, dominar, fortalecer ou até desligar essas funções com os respectivos elementos na esfera mental, tanto em si mesmo quanto nos outros. Outro exercício é conscientizar-se de todo o corpo mental no corpo astral e junto com este no corpo material denso, como se uma mão estivesse dentro de uma luva de seda e sobre esta houvesse outra luva mais grossa. A sua mão deverá sentir ambas as luvas. Da mesma forma deve ser sentido todo o corpo espiritual; você deverá sentir seu espírito no corpo astral sutil e este por seu lado no corpo material denso. Essa sensação é o espírito. Medite sobre isso em todas as ocasiões. Quando você tiver certeza de que o seu espírito impregna o corpo anímico e o corpo material denso, capta-os e movimenta-os, e que todas as ações são realizadas por ele através desses dois envoltórios, então você poderá prosseguir.

Todas as pessoas agem de forma consciente, meio consciente ou quase inconsciente, obedecendo a um impulso interior ou exterior, sem que elas percebam. O exercício seguinte as ensinará a agir de forma consciente, no início em pequenas coisas, depois nas maiores, e sempre tentando estender a duração de cada ação consciente. Com a expressão consciente não queremos dizer que estamos envolvidos na ação com o pensamento ou com toda a nossa atenção, mas com a imaginação e a sensação de que é o espírito que age, com a ajuda da alma e do corpo material denso. Por exemplo, ao caminhar na rua eu não devo ficar pensando que sou eu quem caminha, mas que é o meu espírito que o faz, movimentando meus pés astrais e materiais. A mesma coisa ocorre com os braços e as outras partes do corpo. Você dominará totalmente esse exercício depois de conseguir isso por no mínimo dez minutos. Quanto mais tempo você aguentar, sem manifestações colaterais como tonturas, sensações de cansaço e de fraqueza, desequilíbrio, tanto melhor. Por isso o ideal é começarmos primeiro com pequenas ações de pouca duração e aumentá-las gradativamente até nos acostumarmos com essa sintonia e conseguirmos estendê-la sempre que quisermos.

Esse exercício é muito importante pois ele possibilita ao aluno realizar uma ação tanto espiritual quanto astral em conexão com o corpo material, no caso dele trabalhar com a esfera mental ou astral, respectivamente. Uma ação desse tipo é chamada de ação mágica. Agora com certeza o aluno entenderá porque os rituais mágicos realizados por não-iniciados e pessoas sem o conhecimento da magia não surtem efeito, pois elas não possuem a habilidade de realizar o ritual de forma mágica, i.e., não estão preparadas e sintonizadas a trabalhar de forma mental e astral em conexão com a matéria densa.

Quando por exemplo um magnetizador de cura faz a imposição das mãos ou transmite vibrações magnéticas a um paciente, mas sem irradiá-lo ao mesmo tempo com as mãos espiritual e astral, e sem imaginar que a força espiritual está influenciando e irradiando o espírito, a força astral influenciando e irradiando o corpo astral e a força material influenciando e irradiando o corpo material do paciente, então seu sucesso será só parcial, pois o paciente é constituido dessas três partes indissolúveis, o corpo, a alma e o espírito. Para o mago é obvio que o corpo mental só influencia a esfera mental ou o espírito, o corpo astral só influencia a esfera astral, portanto a alma, e o corpo material só influencia o mundo material. Essa lei deve sempre ser respeitada. Por esse motivo é preciso que o mago aprenda a se sintonizar tanto espiritual quanto animicamente e aja sempre em conexão com o espírito ou com a alma. Depois de ter aprendido e entendido bem esse assunto, e dominar a sua prática ele poderá prosseguir em sua evolução.

Conscientização dos Sentidos no Espírito

A próxima lição será a instrução mágica dos sentidos, Primeiro, um exercício preliminar importante; assim como no anterior, nesse exercício você deverá também conscientizar-se de que não é a sua visão material que enxerga as coisas, mas sim a espiritual, que com a ajuda dos olhos astrais e materiais (físicos) capta o que está à sua volta. Reflita o mais frequentemente possível sobre isso. Você deverá conseguir sintonizar-se por no mínimo cinco minutos na ideia de que o espírito enxerga e vê através dos olhos corporais. Quanto mais você aguentar, tanto melhor. Repetindo bastante esse exercício, você se tornará mestre! Ao conseguir realizá-lo com os olhos, tente fazê-lo com os ouvidos, imaginando que não são os ouvidos materiais que captam as ondas sonoras, mas os ouvidos espirituais, que com a ajuda dos ouvidos astrais e materiais captam tudo ao redor. Obtendo o mesmo sucesso que conseguiu com os olhos, faça o mesmo com o tato, imaginando que o espírito, através do corpo astral e este por seu lado com a ajuda do corpo material sente os objetos, o calor, o frio etc. Pratique bastante esses exercícios, até chegar a realizá-los com os olhos, os ouvidos ou o tato num tempo igualmente longo. Se você quiser desenvolver-se mais ainda, poderá realizá-los também com os outros dois sentidos, o olfato e o paladar. Porém deve-se dar uma importância maior aos três sentidos mencionados anteriormente, ou seja, a visão, a audição e o tato, que são os mais úteis na magia prática. Ao obter o sucesso correspondente nessa conscientização espiritual dos sentidos, tente, da mesma forma que na concentração dos sentidos, sintonizar dois sentidos ao mesmo tempo em seu espírito. Em primeiro lugar os olhos e os ouvidos. Tente realizá-lo por no mínimo cinco minutos sem interrupções; depois sintonize três sentidos ao mesmo tempo, ou seja, os olhos, os ouvidos e o tato. Ao conseguir isso, você terá feito um enorme progresso na evolução mágica. Esse exercício preparatório tem um grande significado para a clarividência, a clariaudiência e a sensitividade, e deve ser bem dominado.

O exercício principal poderá ser encontrado no sétimo grau deste curso.

Instrução Mágica da Alma (VI)

Preparação para o Domínio do Princípio do Akasha

No quinto grau nós aprendemos a projetar os elementos para o exterior. Nesse grau nós avançaremos mais um pouco e aprenderemos a dominar o Princípio do Akasha referente aos elementos. Como já mencionamos na parte teórica, os elementos se formaram a partir do Princípio do Akasha e são por ele dominados e mantidos em equilíbrio. Aquele mago que depois de exercitar-se por muito tempo conseguiu ter êxito com os elementos, também poderá dominar o princípio mais sutil, o éter astral. O exercício é o seguinte:

Assuma aquela posição habitual do corpo (asana) e feche os olhos. Imagine-se num espaço infinito, no qual você é o ponto central. Lá não existe em cima nem embaixo, nem laterais. Esse espaço infinito está preenchido com o material energético mais sutil, o éter universal, que na verdade não tem cor, mas que aparece aos sentidos como ultravioleta tendendo ao violeta bem escuro; é assim que nós o imaginaremos. Inspire esse material etérico através da respiração pulmonar e conduza-o conscientemente ao sangue. Ao consegui-lo, efetue a respiração consciente pelos pulmões e pelos poros da mesma maneira que o represamento da energia vital, com a diferença de que em vez desta última você estará inspirando o éter na cor mencionada e preenchendo todo o seu corpo com ele. Nesse exercício você deverá manter a sensação de conexão com todo o espaço infinito. Devemos nos desligar totalmente do mundo e nos acostumarmos com essa situação inusitada ao longo de todo o exercício. De qualquer maneira, devemos evitar perder a consciência ou adormecer. Se nos sentirmos cansados, devemos interromper o exercício e escolher um outro momento para realizá-lo, em que possamos estar mais alertas. Ao obtermos êxito na inspiração do Akasha através dos poros do corpo todo, então poderemos prosseguir. Como já dissemos antes, o Akasha é o mundo da origem de todas as coisas. Quando é evocada uma coisa primordial nessa esfera, como um desejo, um pensamento ou uma imaginação, com as respectivas concentração dinâmica da vontade, crença firme e convicção determinada, então com certeza ela vai se realizar através dos elementos, independentemente do plano ou da esfera em que deverá ser concretizada. Esse é um dos maiores segredos mágicos, e para o mago é uma chave universal, de cuja abrangência ele só se convencerá ao longo de seu aprendizado. O aluno não deve perder de vista o seu desenvolvimento ético, que o ajudará a só praticar as coisas boas e nobres. Nosso próximo exercício consiste em obter o poder absoluto sobre os elementos nos três reinos, através do Princípio do Akasha.

Provocação Consciente de Estados de Transe Através do Akasha

Sente-se na posição habitual e inspire um fluxo de Akasha através da respiração pulmonar e dos poros, preenchendo com ele o seu corpo todo. A propósito, devo lembrar-lhe que o Akasha não pode ser represado como a energia vital. Já na inspiração você deverá imaginar que desperta o poder sobre os quatro elementos e que já possui a habilidade de dominá-los; eles satisfazem todos os seus desejos e ordens, independentemente do plano em que a realização de seu desejo deva se concretizar. A cada inspiração que fizer nessa condição, você deverá sentir o poder sobre os elementos. A crença e a convicção do poder sobre os elementos deve ser inabalável; nelas não deve haver espaço para a mínima dúvida. Quem fizer todos os exercícios de todos os graus com consciência, obterá, depois de algum tempo de treino, o poder total sobre os elementos. Aquele mago que conquistou o equilíbrio mágico e em relação aos elementos, e em função disso equilibrou e enobreceu seu caráter, com a melhor das intenções e ideais mais elevados, poderá logo alcançar esse poder. Ele sentirá uma fé muito firme, uma total convicção dentro de si, além de uma segurança absoluta que excluirá qualquer dúvida. Mas ao contrário, aquele aluno que não trabalhou com o esforço necessário, excluiu algumas etapas, exercícios, ou mesmo os negligenciou, verá surgirem dúvidas diversas, e a influência do elemento que o atrapalha mais não pemitirá que seja dominado. Agora o aluno pode ver porque damos tanto valor à conscienciosidade e à perseverança nos exercícios. No desenvolvimento espiritual não deve permanecer nenhuma lacuna, senão o aluno fica para trás; as coisas então só poderão ser recuperadas com muita dificuldade, às vezes até sob as condições mais adversas, pois os obstáculos serão bem maiores.

Domínio dos Elementos através de um Ritual Individual Extraído do Akasha

Aquele aluno que tiver certeza de dominar os elementos, conseguirá uma grande facilidade para projetá-los, em todos os planos, tanto para o exterior quanto para o interior; isso lhe parecerá até um brinquedo de criança. Ao chegar a esse ponto, o mago deve passar o domínio dos elementos a um ritual adequado. Já falei sobre isso detalhadamente no capítulo sobre os rituais. Através de um posicionamento dos dedos, de um movimento das mãos etc., conforme sua preferência, o mago deverá criar um ritual para esse poder. Com a sua evolução mágica ele já terá desenvolvido tanto a sua intuição que poderá facilmente elaborar o ritual correto, correspondente àquele elemento em particular. Deverá evocá-lo com uma palavra qualquer, escolhida por ele, (uma fórmula) conectando-a a um determinado som correspondente ao elemento. Nesses casos não podem ser cometidos erros, pois esses rituais são totalmente individuais e pessoais. Por isso, os rituais que o próprio mago cria para esses fins, não devem ser passados a ninguém! Uma outra pessoa poderia ter o mesmo sucesso na dominação dos elementos ao empregar esse ritual, o que ocorreria às custas da energia do mago que os criou. Ao usar esses rituais, uma pessoa que não possui maturidade mágica sofrerá grandes danos, e poderá também trazer a desgraça para as outras pessoas, invocadas no ritual. Por isso devemos ter muito cuidado e escolher aqueles rituais que puderem ser utilizados também numa situação social, com muitas pessoas em volta, como p.e., uma posição de dedos que poderá ser feita no bolso da calça. O verdadeiro mago vai considerar essa advertência como totalmente justa.

    O mago deve, sobretudo, tentar criar um ritual para um elemento da esfera astral, com o qual ele colocará em ação o efeito desse elemento, e ao mesmo tempo usar outro ritual para dissolver essa força imediatamente no momento em que assim o desejar. Do mesmo modo ele deverá proceder com os outros três elementos; assim ele terá criado, através de seu poder, oito rituais para a esfera astral e ao mesmo tempo oito rituais para a produção material. Quando, depois de muitas repetições e muitos exercícios os rituais se tornarem automáticos, será suficiente executá-los para que o elemento entre imediatamente em ação, conforme a finalidade que se quer dar a ele. Quando o mago quiser suprimir o seu efeito, será suficiente usar o ritual de supressão. Esse método deverá ser exercitado até que possa ser realizado sem esforço e sem qualquer imaginação.

    Já mencionei aqui que o mago poderá conseguir tudo o que desejar através do efeito dos elementos no mundo astral e material denso. Para que essa condição de maturidade seja alcançada, ele deverá ter paciência, perseverança e exercitar-se muito, aprofundando-se cada vez mais. Mesmo depois, quando o aluno atingir etapas superiores, ele deverá continuar trabalhando no domínio dos elementos, até tornar-se um mestre nisso. Se ele tiver ideais elevados e estiver empenhado em praticar o bem ajudando a humanidade, a Providência Divina o abençoará e o proverá com talentos insuspeitados, que o ajudarão a alcançar um grande sucesso.

Instrução Mágica do Corpo (IV)

Nessa etapa não será mais necessária uma instrução especial do corpo, pois aplicaremos na prática todas aquelas forças ocultas que o aluno assimilou ao longo dos exercícios, considerando-se que ele acompanhou e compreendeu todos eles e que sua prática já se tornou um hábito. Os exercícios prescritos podem ser mais aprofundados, a fim de se alcançar um êxito mais concreto. Não será possível descrever todas as práticas da magia que o aluno poderia dominar, pois eu precisaria escrever mais um livro inteiro. Escolherei só as mais interessantes. Enquanto isso o aluno já amadureceu tanto, que é capaz de realizar sem problemas as práticas da magia mais elementar, principalmente quando seu objetivo é nobre e elevado.

Reconhecimento Consciente de Seres de Diversos Tipos

a) ELEMENTAIS

Ao contrário dos pensamentos, que com suas formas habitam as esferas mental ou espiritual, os elementais são seres com um certo grau de inteligência criados pelo mago conscientemente. Esses elementais realizam determinadas tarefas no plano mental, e por isso podemos considerá-los como servos obedientes do mago. Este poderá criar toda uma equipe desses servidores, conforme aquilo que pretende obter. Através da criação dos elementais da assim chamada magia dos elementais, o mago poderá obter tudo o que deseja, quer se trate de uma esfera própria ou de uma outra, estranha. Em função da diversidade, citarei só alguns exemplos. Através dos elementais o mago poderá influenciar o pensamento de uma outra pessoa, fortalecer ou enfraquecer as energias espirituais e intelectuais dela, proteger a si mesmo e aos outros de influências estranhas, transformar amizades em inimizades e vice-versa, produzir um clima favorável no trato com as outras pessoas e dominar com a sua vontade qualquer pessoa com pouca força de vontade e espírito não evoluído. O negociante poderá aumentar sua clientela, e em outras coisas mais os elementais poderão prestar bons serviços. O mago autêntico porém só visará o bem, o altruismo e o motivo mais nobre, se quiser galgar os degraus mais elevados da maturidade mágica. A prática da geração dos elementais é muito simples e depende da imaginação do mago. Mas devemos obedecer certas regras:

1. Devemos dar ao elemental uma forma determinada, correspondente ao desejo que queremos ver realizado. Essa forma é criada através da imaginação intensiva.
2. Deve ser dado um nome à forma, o assim chamado invólucro. Tudo o que existe, com ou sem forma, deve ter um nome; aquilo que não tem nome não existe.
3. A tarefa deve ser atribuída ao elemental através da vontade e da força de imaginação, portanto, devemos lhe comunicar qual o efeito que deverá desencadear. Para isso deve ser utilizado o modo presente e imperativo, como foi ensinado no capítulo sobre o subconsciente.
4. A capacidade de agir deve ser transmitida ao elemental, sem considerar se se trata de um elemental de efeito temporário ou permanente.

Essas regras básicas devem ser obedecidas sem exceções, se quisermos obter êxito no trabalho com os elementais. Usando mais um exemplo prático, pretendo tornar a questão mais compreensível.

Suponhamos que o mago tenha a intenção de fortalecer, através dos elementais, a memória ou alguma outra capacidade intelectual de alguém. Para isso, ele deverá fazer o seguinte: imaginar um enorme mar de luz universal, de cuja matéria luminosa ele cria uma enorme esfera de luz. Depois essa esfera deverá ser comprimida, portanto represada através da imaginação até atingir uma dimensão de cerca de 30 a 40 centímetros de diâmetro. Através da compressão da luz, essa esfera passa a se assemelhar a um sol radiante. O mago deverá impregnar essa esfera com o desejo e a firme convicção de que ela obtenha a mesma energia e capacidade que a fará despertar, fortalecer e melhorar na respectiva pessoa a desejada capacidade mental, como a memória, a arte da oratória etc. Depois que o mago criou esse sol – esfera – mental, ele deverá lhe dar um nome adequado, como por exemplo Lucis, ou algo assim. Além disso, ele deverá determinar por quanto tempo a esfera deverá agir na esfera mental da pessoa em questão, como p.e., "Você deverá agir na esfera mental até que essa pessoa adquira totalmente a capacidade desejada e esta se torne um hábito permanente". Depois de fixar o tempo, o mago deverá transmitir a ordem para que o elemental, depois de cumprida a tarefa, se dissolva novamente no mar de luz. Assim, de acordo com a expressão mágica, fica determinado o nascimento e a morte do elemental, como no caso do destino de um ser humano ou de qualquer outro ser vivo. Como o elemental não tem noção do tempo nem do espaço, podemos enviá-lo à esfera mental ou do pensamento da pessoa em questão. O envio ocorre subitamente, como se rompêssemos uma corda entre nós e o elemental; então devemos nos ocupar com outras coisas e não pensar mais nesse elemental recém-criado. Podemos acompanhar o envio com um gesto de desligamento, assim como na criação, que também foi acompanhada do respectivo gesto. Tudo isso fica a critério do aluno, que na atual etapa de evolução deverá ter condições, em função de sua intuição já bem desenvolvida, de formular sozinho essas prescrições e outras semelhantes. Quanto mais desligado do mago estiver o elemental, i.e., quanto menos o mago pensar nele durante o dia, tanto mais eficaz ele será na esfera mental daquela pessoa para a qual foi criado. Liberto do pensamento do mago, ele poderá trabalhar independentemente na esfera mental consciente. É conveniente de vez em quando carregá-lo novamente, dar-lhe uma força maior de expansão; para isso ele deverá ser chamado da esfera mental da pessoa em questão, usando-se o nome a ele atribuído anteriormente, torná-lo mais dinâmico através de um novo represamento da luz, e depois enviado de volta novamente. Assim que o elemental cumprir a tarefa que lhe foi determinada, ele se dissolverá por si só no mar de luz. Esse exemplo deverá ser suficiente para que o mago tenha uma ideia de como gerar os elementais. A experiência aqui descrita é usada de diversas maneiras pelos iniciados, para inspirar e fortalecer um aluno que está aprendendo.

b) Larvas

A diferença entre um elemental e uma larva consiste no fato do elemental ser gerado conscientemente pelo mago, ao passo que as larvas se criam sozinhas, aleatoriamente, na esfera mental correspondente, através de fortes estímulos psíquicos, de quaisquer tipos. Quanto mais forte for o estímulo tanto maior é a perda de matéria mental da pessoa e tanto mais forte, densa e vital torna-se a larva, principalmente quando aquele estímulo psíquico se repete constantemente. Essa geração aleatória de larvas na esfera mental ocorre com todas as pessoas, magicamente instruídas ou não, jovens e velhas, inteligentes ou não, sem levar em conta o fato de elas saberem disso ou não. Quando não se dá mais atenção àquela coisa que provocou o estímulo psíquico, a larva vai-se afastando aos poucos, até finalmente se dissolver totalmente e desaparecer. Por isso é que nossa esfera mental exige uma constante geração e destruição de larvas criadas pelos nossos estímulos psíquicos, o que acarreta uma perda de matéria mental nas pessoas. As causas desses estímulos psíquicos podem ser muitas, mas normalmente são: o medo, a preocupação, o horror, o ódio, a inveja etc. A forma assumida por uma larva depende da origem do estímulo psíquico e é sempre simbólica. Quem conhece um pouco o simbolismo vai conseguir ter uma ideia clara a respeito, p.e., um pensamento de amor assumirá a forma de um coração, um pensamento de ódio poderá assumir a forma de um raio ou de uma flecha etc. Apesar das larvas, essas habitantes indesejadas da mente, não poderem ser vistas por um ser humano normal, elas existem de fato, e um mago bem instruído consegue captar a sua existência na esfera mental. Nas pessoas mais sensíveis ou mais estimuláveis, magicamente instruídas ou não, a matéria mental se desprende mais facilmente, por isso as larvas surgem com mais frequência e maior intensidade. Essas pessoas se prejudicam a si mesmas, tanto em sua saúde, ou seja, em sua energia nervosa, quanto também no aspecto espiritual, atraindo outras pessoas que se deixam influenciar facilmente, por piedade. Essa é a origem de todas as formas de psicose de massa. Não preciso descrever aqui o quanto essas psicoses podem ser eficazes, pois cada um de nós já deve ter feito suas observações ou ter tido suas experiências próprias sob esse aspecto.

Podemos então concluir que a larva se torna tão mais forte quanto mais retornamos à origem do estímulo psíquico e quanto mais lhe damos atenção. Se uma larva chega a se adensar muito, ela adquire um instinto de autopreservação e tenta prolongar a sua vida o máximo possível. Em qualquer oportunidade ela provoca o espírito da pessoa em questão para trazer de volta a sua atenção à origem do estímulo e reavivá-lo. Uma larva tão bem nutrida pode se tornar um tormento para uma pessoa mais sensível ou estimulável, e provocar muitas perturbações mentais, como a mania de perseguição, e outras. Quantas pessoas vivem com medo de serem perseguidas ou eliminadas por magos negros, e com isso acabam sendo vítimas de sua própria fantasia, ou melhor, de sua própria larva, criada por elas mesmas. Normalmente essas pessoas só percebem isso depois de deixarem o seu invólucro carnal. Apenas uma percentagem muito pequena é de fato perseguida pelos magos negros. É só nos lembrarmos das muitas vítimas inocentes do passado, que sucumbiram a inquisições. Para a humanidade em geral é uma vantagem que a crença nas leis espirituais tenha diminuído com a mudança dos tempos, mas com isso, sem examinar as leis superiores e sem fazer uma distinção correta, nós jogamos fora tanto o joio quanto o trigo.

O mago perceberá porque, já no início da parte prática desta obra, nós conferimos um peso tão grande à importância da introspeção, do controle e do domínio do pensamento. Se durante o aprendizado ele não tivesse conseguido submeter o pensamento à sua vontade, poderia inconscientemente criar larvas que cedo ou tarde se tornariam um tormento.

c) ESPECTROS

A diferença entre uma larva e um espectro é que uma larva, em função de um estímulo psíquico sempre repetido na esfera mental, assume inconscientemente uma forma condizente com o motivo, enquanto que o espectro possui uma forma determinada, surgida da fantasia da pessoa. Assim como no caso das larvas, os espectros também são fortalecidos, animados e adensados através de evocações repetidas da imagem, qualquer que seja ela. Eles podem se tornar tão fortes que sua influência pode ser exercida não só no plano mental ou astral, mas também no plano material. A seguir descrevo dois exemplos disso:

Um exemplo muito marcante é o assim chamado complexo de perseguição, que descreverei, em relação aos espectros, de dois pontos de vista diferentes. Existem pessoas que nascem com um aspecto sombrio ou com feições demoníacas e que por isso têm a aparência exterior de um mago negro, talvez sem ter a mínima noção da existência de uma ciência espiritual ou da magia. Quando uma pessoa sensível e facilmente influenciável, enfim, impressionável, por alguma razão se depara com um tipo desses, no seu trabalho ou em qualquer outra ocasião, ela sente imediatamente uma antipatia muito grande por ele. Pode acontecer também que esse tipo sombrio, sem querer, até crie um estranho azar naquele mesmo dia, para a outra pessoa. Esta sem dúvida pensará que se trata de um mago negro. Por algum motivo ela pensará mal desse tipo de pessoa, e com isso dará o primeiro passo para se autoimpressionar. Ela se confrontará com algumas pequenas contrariedades do dia a dia e não investigará a verdadeira causa delas, simplesmente vai atribuí-las ao encontro com o tipo sombrio. A atenção é desviada, a pessoa se observa, e a imagem daquele tipo humano torna-se cada vez mais nítida. Ela já se sente perseguida. Os olhos tornam-se cada vez mais brilhantes, o tipo passa a aparecer em sonhos, sua imagem é cada vez mais vívida e às vezes aparece também durante o dia; finalmente a pessoa se sente seguida, passo a passo. Através da imaginação a imagem poderá adensar-se tanto que até será vista por outras pessoas, mais sensíveis. A pessoa perseguida passa a acreditar em todas as coisas ruins que possam lhe acontecer, e vê aquela imagem diante de si o tempo todo. Procura ajuda, reza, e faz tudo o que é possível para afastar aquela influência; chega a ter um colapso nervoso, um desequilíbrio mental e finalmente pode até tentar o suicídio, ou então terminar seus dias num hospício. O espectro cumpriu sua missão. Mas como deve ser grande o susto de um espírito desse tipo quando ele perceber, na esfera mental, que realizou um bem sucedido suicídio mágico! Que decepção amarga! Nosso tipo sinistro evidentemente não tem a mínima noção de tudo o que aconteceu, de que ele afinal foi só um meio para um fim. Seu rosto, seu comportamento, foram só as formas, os modelos usados pela pessoa que criou aquele ser destrutivo, o assim chamado espectro, do qual se tornou uma vítima. Esses e outros exemplos tristes ocorrem com muito mais frequência do que se imagina; mais rápida e drasticamente com um, e com o outro mais devagar, infiltrando-se mais lenta e subrepticiamente. Se, no entanto, ousarmos dizer a verdade a essa pessoa, ela não vai acreditar de jeito nenhum, pois o espectro vai agir do modo mais sutil possível para não perder a sua vítima. Caso a Divina Providência leve esse ser perseguido às mãos de um autêntico mago – iniciado – que consegue ver o jogo tenebroso de um espectro, esse iniciado terá a difícil missão de convencer a vítima a mudar a direção do seu pensamento. Às vezes, principalmente quando a vítima está totalmente enfeitiçada por esse espectro, o iniciado precisa interferir de modo extremamente enérgico e drástico a fim de restaurar o equilíbrio.

Segue-se o segundo exemplo, que segue o mesmo processo, mas com outra causa. Trata-se neste caso de um ESPECTRO ERÓTICO. O nascimento dele (se pudermos usar aqui o termo nascimento), é um rosto, um belo corpo de uma pessoa viva ou mesmo um retrato, uma ação, um desenho pornográfico ou algo semelhante, que estimule os sentidos, o impulso sexual de um ser do sexo masculino ou feminino. Quando a pessoa enamorada não tem a possibilidade de satisfazer seus anseios pessoais, a vontade torna-se cada vez mais premente, o espectro se fortalece e torna-se cada vez mais penetrante, pois ele se alimenta dos sentimentos de ansiedade. Quanto mais a pessoa se defende contra essa paixão insatisfeita, tanto mais insistente se torna o espectro. No início ele surge nos sonhos e provoca na sua vítima as mais deliciosas sensações amorosas. Depois, ele atiça nela o impulso sexual e permite que ela realize o ato sexual com ele. As poluções dali resultantes ajudam o espectro a se densificar, a aumentar cada vez mais a sua influência na vítima, pois o esperma é energia vital concentrada, sugada pelo espectro como se este fosse um vampiro. Não se trata nesse caso do esperma material, mas da energia vital animal contida nele. A vítima perde o chão sob os pés, perde sua força de vontade, e gradualmente o espectro conquista sua supremacia. Se essa pessoa não tiver a sorte de ser esclarecida a tempo, para encontrar uma compensação ou uma distração adequadas, o espectro vai assumindo formas de agir cada vez mais perigosas. A pessoa torna-se confusa, para de comer, seus nervos ficam superexcitados, e outras coisas mais. Com a paixão não satisfeita, o espectro pode tornar-se tão denso que chega a assumir formas corporais, levando sua vítima a praticar vários tipos de perversões sexuais. Milhares de vítimas sucumbiram ao espectro, praticando o suicídio, por causa de amores infelizes e de impulsos não satisfeitos. Isso nos lembra vividamente das autênticas ocorrências de incubos e slicubos da Idade Média e dos processos de bruxaria ligados a eles. Realmente um divertimento perigoso!

Munido desses dois exemplos o mago poderá observar o modo de agir dos espectros, e poderá até criá-los; mas devemos adverti-lo de que corre o risco de ser influenciado e dominado por eles. Ele conhece o processo que ocorre com as pessoas normais, assim como a constatação consciente do ponto de vista mágico, mas ele não deve se deixar convencer a testar essa prática sozinho; deve sempre se lembrar da frase mágica: "O amor é a lei, mas deve ser consciente!"

d) FANTASMAS

Fantasmas são formas vivas imaginadas, de pessoas já falecidas. Darei uma atenção especial a esse assunto para dissipar as muitas dúvidas que ele desperta, assim todos poderão separar o joio do trigo. Quando uma pessoa se desfaz de seu invólucro carnal, ela passa imediatamente à quarta condição agregada, o que normalmente é designado como além. Sem uma substância de intermediação, não é possível para um ser agir em nossa esfera tridimensional, assim como o peixe não consegue viver sem a água. O mesmo vale para aqueles seres que já foram para o além. Através da imaginação e de lembranças, seja admiração, dedicação, luto etc., são criadas e vitalizadas formas imaginárias do morto, que passam a ter vida longa quando são constantemente evocadas. Essas imagens, constatadas pelos vivos, são chamadas de fantasmas. É esse tipo de fantasma que se manifesta nas diversas sessões dos espíritas, nas evocações espirituais etc. Os espíritos brincalhões e cuspidores também são fantasmas que se nutrem, densificam e mantêm através da atenção dos que aqui ficaram, como no caso dos espectros. Isso pode ser facilmente constatado quando alguém é citado em lugares diferentes e ao mesmo tempo, o que ocorre através dos médiuns; esse fenômeno nada mais é do que a manifestação do fantasma do falecido, pois fantasmas podem ser criados às centenas. É lamentável que esses fantasmas sejam identificados pelos médiuns espíritas como pessoas falecidas autênticas. No espiritismo ocorrem muitas fraudes e trapaças. Podemos observar que através de cada médium as manifestações podem ser de muitos seres, por exemplo, num deles manifesta-se um senhor feudal, no outro um artista, no outro ainda um santo, um faraó, e até mesmo um anjo, e assim por diante. Por isso não é de se espantar que justamente esse campo do saber, por causa do seu grande número de fraudes, produza tantos oponentes e céticos. Podemos entender porque um fantasma desse tipo passa a ter um instinto de sobrevivência tão forte e se transforma num vampiro do médium ou de todo o grupo, tornando-se um tormento inclusive para toda a vizinhança.

Mas com isso não queremos dizer que um mago autêntico, que domina o quarto estado agregado, portanto o Princípio do Akasha, não esteja em condições de estabelecer uma conexão com um falecido ou com uma inteligência desencarnada. Já descrevi essa prática na parte referente à escrita mediúnica. Além disso, com a ajuda da imaginação o mago também está em condições de criar uma forma, um invólucro, transpô-la ao quarto estado agregado e pedir ou obrigar o ser verdadeiro a entrar naquela forma e a se manifestar para o exterior. Essa prática pertence ao campo da necromancia ou feitiçaria e não tem nada a ver com o espiritismo em geral que todos conhecem. O autêntico mago só usará essa prática em casos extremos, e não evocará um ser para fora de sua esfera, pois aquilo que esse ser do quarto estado agregado puder fazer no mundo material ou astral ou dizer sobre ele, o próprio mago será capaz de realizar através do seu amadurecimento espiritual.

Resumo de todos os Exercícios do Grau VI

I. INSTRUÇÃO MÁGICA DO ESPÍRITO:

   1. Meditação com o próprio espírito.
   2. Conscientização dos sentidos no espírito.

II. INSTRUÇÃO MÁGICA DA ALMA;

   1. Preparação para o domínio do Princípio do Akasha.
   2. Indução consciente do estado de transe através do Akasha.
   3. Domínio dos elementos através de um ritual individual extraído do Akasha.

III. INSTRUÇÃO MÁGICA DO CORPO:

   1. Reconhecimento consciente de seres de diversos tipos:
   a) Elementais.
   b) Larvas.
   c) Espectros.
   d) Fantasmas.

Fim do sexto grau

Grau VII

Instrução Mágica do Espírito (VII)

Análise do Espírito em Relação à Prática

No sexto grau o aluno aprendeu a tomar consciência do próprio espírito, tratá-lo no corpo como espírito e também a usar os sentidos conscientemente.

Nesse grau passaremos a acompanhar e a utilizar conscientemente as qualidades do espírito ou do corpo mental. Além disso, como nos outros lugares, aqui também devemos levar em conta as analogias dos elementos. Como já dissemos, o elemento fogo pode ser transformado em luz e vice-versa, a luz no elemento fogo. Sem a luz não haveria a assimilação das cores pela visão, e sem a luz não poderíamos nem usar os nossos olhos. Por isso o sentido da visão é análogo ao fogo, e esse elemento fogo no espírito possui como característica específica a vontade. A característica do espírito correspondente ao ar é o intelecto, com todos os seus aspectos, e é atribuído à audição. O elemento água do espírito manifesta-se no tato ou na vida. Esses três elementos-princípios do espírito, portanto fogo, ar e água juntos, formam o princípio da terra, que se manifesta na característica específica da consciência. Em sua forma mais primitiva, o Princípio do Akasha se manifesta na consciência.

O mago logo perceberá como é importante essa analogia, caso ele tenha progredido a ponto de já ter alcançado o equilíbrio mágico no corpo astral através dos trabalhos anteriores de introspecção. A tarefa seguinte será a de analisar o seu espírito e descobrir qual o elemento predominante nele.

As pessoas que têm uma grande força de vontade, e com isso não queremos dizer que são só teimosas, mas que realmente têm uma força de vontade muito intensa, têm como elemento predominante o fogo. Se no espírito do mago predominarem o intelecto ou a razão, em todos os seus aspectos, então concluiremos que o elemento mais representativo é o ar. Se ele for uma pessoa sensível, então o elemento água é o que representa o papel mais importante em seu espírito, e se ele tiver uma memória fraca, então é por que a sua consciência é influenciada de várias maneiras, e podemos dizer com certeza que o elemento terra assumiu a supremacia.

Essa distribuição serve para constatar o efeito dos elementos no espírito e organizar a evolução de forma a obter o equilíbrio dos elementos mais fracos através de exercícios adequados de concentração e de meditação profunda. O mago não deve permitir que um dos elementos predomine, como o princípio do fogo, o do ar, da água ou da terra, e deve distribuir seus exercícios para equilibrar os elementos em questão através de um trabalho intensivo. Apresentaremos um exemplo para que isso fique mais claro.

Suponhamos que o mago tenha um intelecto muito desenvolvido, mas uma vontade fraca, que não corresponde à maturidade desse seu intelecto. Nesse caso ele deverá empenhar-se em fortalecer a vontade através de exercícios de concentração adequados, que promovam o crescimento do princípio do fogo no espírito. Ele deverá escolher sobretudo aqueles exercícios de concentração que desenvolvam a visão, i.e., ligados à imaginação visual, porque, repetindo o que já dissemos antes, o elemento fogo corresponde à visão.

Mas se o mago tiver uma vontade forte e um intelecto fraco, então concluiremos que através dos exercícios de imaginação ele deverá dar maior atenção à audição, devendo escolher os exercícios de concentração e de meditação que priorizem os ouvidos.

Constatando que possui uma vontade forte e um bom intelecto mas que a sua vida sensorial deixa a desejar, o mago deverá tornar o seu espírito mais sensível, o que ele poderá conseguir através daqueles exercícios de imaginação e meditação que influem nas sensações. Se ele perceber que seu corpo astral assim como o seu corpo mental tendem ostensivamente ao elemento terra, p.e., seus pensamentos só surgem no espírito muito lentamente e ele se sente muito melancólico, é sinal de que o elemento terra predomina e de que ele deverá controlar a consciência através de exercícios adequados.

O mago deverá desenvolver seu espírito de forma totalmente harmônica em relação aos elementos e realizar os exercicios que correspondem ao mesmo tempo aos elementos e aos sentidos, para que nele a vontade, portanto o fogo, o intelecto-ar, a sensação-água e a consciência-terra sejam reforçados e desenvolvidos por igual. Baseado nessa descrição elaborei uma tabela que apresento a seguir, para possibilitar uma visão mais abrangente:

ELEMENTOS	FOGO	AR	ÁGUA	TERRA	AKASHA
Sentidos	Visão	Audição	Tato	Paladar Olfato	Tudo junto
Características do Espírito	Vontade	Razão	Sensação	Conscientização	Consciência
Exercícios de concentração e meditação	Visuais	Auditivos	Sensoriais	Ampliadores da consciência	Materialização

O Princípio do Akasha surge por si só através da concentração, portanto não preciso entrar em detalhes a esse respeito. É suficiente enumerar só alguns exercícios de concentração e meditação, pois o próprio aluno poderá determiná-los, de acordo com a característica específica dos elementos predominantes nele. Numa vontade fraca, ele poderá escolher, como exercício de concentração, a imaginação de objetos, quadros etc. Afinal, ele já fez esses exercícios ao longo do segundo grau deste curso. A tabela de harmonias aqui apresentada deve servir como uma orientação, um compasso, para se reconhecer o elemento predominante e os exercicios que devem ser realizados. Como resultado dessa distribuição hermética o Princípio do Akasha também acabará se revelando.

Instrução Mágica da Alma (VII)

O Desenvolvimento dos Sentidos com a Ajuda dos Elementos e dos Condensadores Fluídicos

Nesse grau abordaremos um assunto muito especial, que será o desenvolvimento dos sentidos astrais em relação aos elementos. Através dos exercícios apresentados até agora os sentidos astrais do mago foram instruídos, desenvolvidos e vitalizados; mas há casos em que se faz necessário um aperfeiçoamento excepcional dessa ou daquela habilidade mais deficiente, pois todas as pessoas são diferentes. Portanto é conveniente que eu apresente aqui alguns exercícios com os quais o mago terá a possibilidade de desenvolver rápida e facilmente os sentidos do corpo astral.

Na instrução mágica do espírito, do sexto grau, o aluno aprendeu a tomar consciência de seu espírito e a agir como tal, através dos corpos astral e carnal. Logo em seguida tratarei de uma das questões mais interessantes relativas a isso, ou seja, a clarividência. Muitos livros já foram publicados sobre o assunto, mas dentre todos os que me chegaram às mãos, nenhum apresentou alguma utilização prática que pudesse ser adotada pelo mago. Esse é mais um motivo para tratarmos detalhadamente dessa questão.

a) CLARIVIDÊNCIA

Sob o conceito de clarividência define-se geralmente o segundo rosto, como diz o povo, ou a visão além do tempo e do espaço, seja ela do passado, presente ou futuro, ou então a visão de desencarnados e outros seres. Só poucos autores descreveram essa capacidade psicologicamente ou de um outro ponto de vista qualquer, por isso a nossa tarefa será estudar a clarividência com muita precisão. Antes de qualquer coisa, o mago perceberá que existem vários tipos de clarividência. O primeiro deles é a clarividência nata, conferida ao seu portador já no mundo invisível, ou transferida à sua existência atual por encarnações anteriores. Esse tipo de clarividência é o melhor, mas poucas pessoas são clarividentes natas e têm essa capacidade tão desenvolvida a ponto de poderem usá-la na prática quase imediatamente. Um outro tipo de clarividência expressa-se de forma autônoma, em função de um desvio involuntário dos elementos no espírito, e é encarada como uma manifestação patológica. Traumas decorrentes de casos de doença também podem provocar visões clarividentes. Geralmente isso se manifesta na pessoa quando ela sai de seu equilíbrio normal devido a um enfarte, um colapso nervoso ou então um declínio físico, psíquico ou mental; assim, de forma mais ou menos nítida, mais ou menos pura, surge uma espécie de clarividência, como efeito colateral. Para o mago prático esse tipo de clarividência é indesejado, pois cedo ou tarde ela provoca um colapso total, não só acarretando a perda dessa capacidade, mas também exercendo influências prejudiciais à saúde que podem até levar a um fim precoce. Esses clarividentes são dignos de pena, principalmente quando pretendem que seus dons sejam fenomenais. Nessa categoria incluem-se aquelas pessoas que possuindo alguma tendência mediúnica obtiveram essa capacidade através da evocação de um ser. Esse método também não é aconselhável para o mago, pois essas pessoas acabam enlouquecendo. Muitas das pessoas internadas nos asilos devem sua triste situação à prática indiscriminada do espiritismo, não importando se os motivos que lhes serviram de pretexto foram sérios ou se eles se limitaram a uma simples curiosidade. Outro tipo de clarividência induzida, que também pertence a esse grupo, é a produção forçada dessa capacidade através de drogas, como o ópio, a maconha, a mescalina (Peyoil), e outras. O mago não deverá dar-lhe atenção, pois ela provoca a dependência e bloqueia os preceitos morais e espirituais, a vontade, e finalmente toda a energia nervosa, o que naturalmente terá reflexos muito negativos em sua saúde e em sua evolução. O Oriente testemunhou milhões de casos, e no Ocidente assim como em outros países civilizados eles também ocorreram em enorme quantidade.

Com certeza o mago terá a possibilidade, enquanto não tiver ainda atingido a maturidade, de convencer-se de um modo ou de outro da existência da clarividência e de outras manifestações sobrenaturais; mas geralmente – e este é o ponto mais vulnerável – ele não se limita à simples constataçãao, mas faz dela um hábito. Essas pessoas então caem na mesma situação de inúmeras outras que sucumbiram à perplexidade e à confusão. Por essa razão tenho o cuidado de não descrever nesta obra nenhum método que possa levar o mago a realizar experiências com os meios citados, mas indico só métodos totalmente inofensivos, que provocam o surgimento da clarividência automaticamente em função da maturidade espiritual do aluno, isto é, como manifestação natural de uma evolução adiantada.

Outro tipo de clarividência é aquela que surge em função do enfraquecimento ou da paralisia temporária de um órgão dos sentidos, como nesse exemplo seria a visão. Os livros que ensinam a clarividência através da fixação do olhar em um objeto, um espelho mágico, uma bola de cristal ou em pedras preciosas são até bons, mas não são adequados a todas as pessoas. Esses meios auxiliares só são úteis para a vidência nas mãos de um mágico instruído, e não devem produzir essa capacidade através da influência no nervo ótico, mas somente servir como meios auxiliares de uma visão conscientemente instruída. Do ponto de vista mágico nenhum meio auxiliar, por mais bem fabricado e prestigiado, é perfeitamente adequado para produzir o dom da clarividência. Esta depende exclusivamente de: 1. O dom natural; 2. A evolução psíquica e astral, além da maturidade do respectivo mago.

Os outros capítulos, em que descrevo a produção de condensadores fluidos, também contêm indicações de espelhos mágicos e outros meios auxiliares.

Durante o seu estudo, o mago deve saber que todos os meios auxiliares aqui enumerados são só instrumentos, mas não o fator em si que promove o resultado desejado, ou seja, a autêntica clarividência.

Finalmente mencionarei o último tipo de clarividência, que surge em função de um desenvolvimento mágico correto, e que é provocado através do desdobramento sistemático dos sentidos, no nosso caso a visão clarividente. Tomei a decisão de apresentar nesta obra um método mágico secreto ainda não mencionado em nenhum outro livro, mas que é extremamente prático do ponto de vista hermético e das leis da analogia dos elementos.

Em seguida apresentaremos a prática para o desenvolvimento dos sentidos astrais.

A Clarividência Mágica

Antes de descrever o exercício em si, devo avisá-los de que neste caso se trata da luz. Como todos sabem, a luz é um aspecto do fogo e por isso análogo à visão e à vontade. Nessa experiência, para alcançarmos o objetivo desejado devemos aprender a imaginar a luz intensamente, isto é, visualizá-la.

Assuma a sua posição habitual (asana), e imagine-se sugando para dentro de seu corpo, através da respiração pelos pulmões e pelos poros ou só imaginativamente, a luz universal, semelhante à nossa luz solar em brilho e forma. O seu corpo deve ser visto como um espaço vazio, preenchido pela luz branca, brilhante e universal. Nessa luz do corpo é que você deverá concentrar a característica da clarividência, i.e., deverá imaginar que a luz penetra tudo, vê tudo e transpassa tudo. Nem o espaço e nem o tempo são obstáculos para ela. Você deverá estar tão convicto da característica da luz que não terá nenhuma sombra de dúvida. Se você for religioso, será mais fácil acreditar que essa luz universal seja uma parte de Deus, que possui todas as características aqui descritas. Depois de ter sugado a luz para dentro de seu corpo, com as características aqui descritas, e sentir a sua tensão e força penetrante, então tente represá-la a partir dos pés e mãos em direção à cabeça, comprimindo-a de modo a concentrá-la nas íris de seus dois olhos. Se lhe for mais conveniente, você poderá também preencher primeiro um olho e depois o outro.

Existem magos que desenvolvem e vitalizam só um dos olhos para a clarividência, e deixam o outro livre. Isso pode ficar a critério do aluno, mas sou de opinião que é melhor tornar os dois olhos igualmente clarividentes.

Depois que você realizou o represamento de suas duas íris, imagine que seus olhos passam a ter todas as propriedades concentradas na luz. Esse exercício deve durar no mínimo dez minutos, e quando você tiver certeza de que o seu olho preenchido imaginariamente com a luz universal passou a ter as características dessa luz, então deixe-a, novamente com a ajuda da imaginação, fluir diretamente do olho ao mar universal de luz, ou penetrar novamente em seu corpo na forma original e de lá dissolver-se na luminosidade do Universo. Ambos os métodos aqui descritos são igualmente bons, e o sucesso é o mesmo. O importante é que o olho libertado da luz torne-se novamente capaz de ver normalmente. Isso é importante para que o olho astral desenvolvido magicamente não se torne tão sensível a ponto do mago não conseguir distinguir o que é captado pelo seu olho normal ou seu olho clarividente. Se o mago deixar de realizar a dissolução da luz concentrada, os seus olhos poderão permanecer clarividentes e ele tenha dificuldade em diferenciar o que é material do que é espiritual. Por isso ele deve manter sua clarividência sob controle e só deixá-la exercer sua força quando lhe aprouver. Através da repetição constante desse exercício o mago obterá uma habilidade tão grande nessa prática que conseguirá pôr em funcionamento o seu olho clarividente, o olho de luz, em poucos minutos. O olho assim preparado será capaz de ver tudo aquilo que o mago desejar ver (com o olho físico fechado ou aberto), numa bola de cristal ou de vidro, num armário polido ou num espelho mágico; seu olho clarividente enxergará tudo. A qualidade do que ele vê depende da pureza de seu ser.

    Um excelente meio auxiliar que produz um resultado mais rápido na clarividência é que também age no olho físico de modo favorável, para que as pessoas de vista fraca e que sofrem de moléstias da visão possam obter benefícios, não só do ponto de vista mágico mas também da saúde física, é a preparação de uma solução oftálmica de fogo. Os ingredientes são os seguintes:

1. Um grande frasco de água destilada, que pode ser comprada na drogaria ou na farmácia.
2. Algumas flores de camomila (secas ou frescas).
3. Um pouco de eufrásia (*Herba Euphrasia*), também fresca ou seca.
4. 7 a 9 pequenos galhos de aveleira ou de salgueiro, que podem ser encontrados na natureza. Eles devem ser desfolhados, cortados no mesmo comprimento e amarrados em feixe com um barbante, dando-se os nós em vários pontos. Depois o maço de varetas deve ser deixado ao sol, ao ar seco, ou colocado num forno para secar.

5. Por último ainda precisaremos de um pedaço de filtro de papel e um pequeno funil.

Providenciados todos os ingredientes, podemos começar com a preparação em si da solução oftálmica. Num recipiente limpo despeje 1/4 litro de água destilada, coloque-a ao fogo, e assim que começar a ferver acrescente duas colherinhas de chá de flor de camomila e uma colherinha de chá de eufrásia. Deixe a solução ferver só alguns segundos, tire-a do fogo e cubra-a. Depois de cerca de dez minutos despeje-a num outro recipiente purificado, e assim que esfriar, pegue o maço de varetas de aveleira ou de salgueiro e acenda suas extremidades no fogo de alguma chama disponível, deixando-as arder lentamente. Depois mergulhe essas extremidades na solução preparada anteriormente; assim nós passamos para essa infusão, que podemos considerar como um condensador líquido (sobre isso entrarei em detalhes num capítulo posterior), o elemento denso-material do fogo. Esse condensador líquido deve então ser filtrado através do funil devidamente forrado com o papel filtrante, e despejado num outro recipiente devidamente purificado. Essa filtragem é necessária para se eliminar qualquer resíduo, pedacinho de carvão ou cinza, que podem ter se desprendido do maço de varetas ao mergulharmos suas extremidades em brasa na infusão. Essa solução é então despejada numa vasilha ou num prato e colocada à frente da pessoa que vai usá-la.

Inspire o elemento fogo em seu corpo, através da respiração pulmonar ou dos poros, ou de ambas simultaneamente, e preencha-o completamente com esse elemento. Nessa projeção não deve ser dada muita atenção à intensidade do calor, que será sentido sem problemas, mas ao fato do elemento fogo ser o portador do desejo que lhe foi transposto imaginativamente. Quando seu desejo de fortalecer os olhos materiais e de manter o desenvolvimento do olho astral foi transposto ao elemento fogo, como no caso da experiência do represamento de luz, então você deverá projetar esse elemento através do plexo solar, de suas mãos ou mesmo de seu bafo, ao líquido à sua frente. Se você perceber que a projeção não foi suficiente, poderá repeti-la várias vezes, mas não mais de 7 ou 9 vezes. Com isso o condensador assim preparado tornar-se-á uma essência bastante eficaz, exercendo um efeito benéfico não só na visão mas também fortalecendo, vitalizando e desenvolvendo os sentidos astrais. Esse condensador fluido deve ser colocado num frasco limpo e fechado, e guardado num local fresco. A solução oftálmica pode ser usada para o fortalecimento da visão ou para o seu tratamento mágico. Em casos de fraqueza visual grave, esse condensador fluido pode ser pingado nos olhos, pois a combinação das duas ervas usadas no preparado são fortalecedoras da visão e antiinflamatórias. Mas para a prática mágica, i.e., para o desenvolvimento dos sentidos astrais, podemos usar um chumaço de algodão enrolado em gaze e comprimido em forma de tampão, ou um pequeno retalho de linho puro, que serve ao mesmo propósito, i.e., umedecer os olhos e ser usado como compressa durante a experiência da vitalização dos olhos com a luz.

Mais tarde, quando os olhos astrais estiverem suficientemente desenvolvidos, as compressas embebidas no condensador fluido não serão mais necessárias, e será suficiente realizar o represamento de luz nas íris. Depois de várias repetições, quando o olho físico já estiver bastante desenvolvido através desses exercícios com a luz, só precisaremos concentrar nossa atenção no olho astral e no desejo de enxergar com ele. As compressas podem ser usadas depois, também antes de dormir, para que durante a noite elas exerçam seu efeito automaticamente; a única desvantagem é que os olhos e as pálpebras poderiam tornar-se supersensíveis por causa da infiltração do elemento fogo, em função do uso contínuo da compressa. Por isso é recomendável usar essas compressas só durante os exercícios. Elas devem ser amarradas com um pano, para não caírem durante a realização dos exercícios. Essa operação mágica deve ser executada sem a presença de outras pessoas. Devemos tentar preservar a compressa e a essência por algum tempo, para que não tenha que ser renovada de uma experiência a outra e não caia em mãos indesejadas, mesmo de membros da família.

Se o aluno realizar conscientemente todas as etapas descritas, ele poderá, com esse método, desenvolver seu olho clarividente de modo totalmente inofensivo, em poucos meses, e numa previsão otimista até em poucas semanas. Será capaz também de acompanhar a prática de todas as tarefas e operações que ainda encontrará pela frente, em seu caminho da evolução mágica. Seria impossível apresentar resultados individuais dos métodos descritos, pois são tão diversos e fenomenais, que deixaremos a cargo do próprio mago determinar até onde ele pretende desenvolver a sua capacidade de clarividência através do olho astral. De qualquer forma, devemos adverti-lo para que não se vanglorie das capacidades adquiridas, ou pior, usá-las para prejudicar seus semelhantes. Deve usá-las somente para o benefício da humanidade. O tempo e o espaço não serão obstáculos para ele, e para a sua visão clarividente não haverá nada que possa permanecer oculto.

b) CLARIAUDIÊNCIA

O Desenvolvimento Mágico da Clariaudiência Astral

Esse desenvolvimento é realizado quase nas mesmas condições do anterior. A capacidade da clariaudiência astral consiste em ouvir vozes até mesmo de grandes distâncias, e ao mesmo tempo entender várias línguas. No início essa capacidade se manifesta através de um pensamento verbalizado, que vem do interior da pessoa, da região do coração ou do plexo solar. Depois de muito exercício e da assimilação do hábito a clariaudiência desenvolve-se tão completamente, que passamos a captar tudo com a audição supranormal, como se conversássemos normalmente com uma pessoa. Essa capacidade também é própria de todos os magos e sem ela não faríamos progressos na magia. Por isso devemos dar tanto valor à clauriaudiência quanto à clarividência, ou visão astral, e não negligenciar esse exercício de modo algum. Aquilo que foi dito sobre a visão astral, seu uso, e também as condições que podem ser produzidas por manifestações patológicas, vale também para a clariaudiência e a sensitividade. Esta última será tratada logo em seguida.

Passemos diretamente à prática da clariaudiência; para o exercício seguinte você precisará somente de um chumacinho de algodão e de um condensador fluido. Faça duas bolinhas pequenas com o algodão, do tamanho de tampões para ouvidos. Mergulhe-os levemente no condensador e coloque-os à sua frente. Assim como foi descrito no caso do desenvolvimento do olho astral, trabalhe com o elemento ar carregando-o em seu corpo através da respiração pulmonar ou dos poros. O corpo inteiro passa a se assemelhar a um balão cheio de ar. Através da imaginação transfira ao princípio do ar a ideia de que ele produzirá a capacidade da clauriaudiência ao seu corpo material e astral. Ao ter a certeza de que o elemento ar impregnou-se suficientemente com o seu desejo e sua imaginação, projete-o aos dois chumacinhos de algodão através do plexo solar, das mãos ou do bafo, comprimindo-o e represando-o a ponto dele assumir o tamanho dos chumacinhos. Você poderá impregnar magicamente os dois chumacinhos de uma vez só ou um após o outro, com a quantidade total de elemento. Essa experiência depende basicamente da firme convicção e da crença de que essa capacidade se desenvolverá rapidamente em você. Como condensador fluido você poderá usar uma infusão forte de camomila em água destilada. Para 1/8 de litro você deverá usar duas colheres de sopa de flores de camomila; depois a cocção será filtrada e guardada na geladeira, para que não embolore. Um condensador embolorado não perde o efeito, mas é anti-higiênico.

 Depois de carregar esses dois chumacinhos de algodão com o elemento ar, individualmente ou ao mesmo tempo, coloque-os na cavidade de seus ouvidos, tampando-os completamente. Depois transmita imaginativamente a toda a sua cabeça o Princípio do Akasha, transponha a sua consciência à região dos ouvidos e imagine a capacidade da clauriaudiência absoluta. Imagine que o Princípio do Akasha transferido aos seus ouvidos produz imediatamente o dom da clariaudiência. Depois de algum tempo de meditação e de concentração dissolva novamente o Princípio do Akasha no Akasha universal, tire os chumacinhos de algodão dos ouvidos, e guarde-os bem para que não caiam em mãos alheias. Se isso acontecer, você deverá preparar outros. Caso contrário, basta tirá-los dos ouvidos para que o elemento ar represado através da imaginação possa se dissolver novamente. O ideal seria usar novos chumacinhos a cada nova experiência, carregando-os sempre de novo, se tivermos o tempo disponível para isso. Se você quiser utilizar a sua audição astral numa experiência qualquer, então transfira somente o Akasha, do tamanho de seu tímpano, ao conduto interno de seus dois ouvidos. Depois de algum tempo de prática nesse método, você terá condições de usar a clauriaudiência para os fins desejados, a qualquer momento. Quando não precisar mais dessa capacidade, tente converter o Princípio do Akasha de volta à sua forma original, portanto, ao Akasha universal. Através da introdução do Princípio do Akasha no conduto auditivo, a audição mental e astral é influenciada e desenvolvida, e através do elemento ar concentrado é alcançada a clariaudiência física. Quem refletir bastante sobre isso encontrará logo a correlação e poderá comparar o processo ao do rádio, onde o éter – o princípio akáshico da matéria – e o ar, representam o papel de transmissores de ondas sonoras.

c) SENSITIVIDADE

O Desenvolvimento da Sensitividade Astral

Antes de passarmos ao desenvolvimento da sensitividade astral, consultaremos nosso diário mágico e voltaremos ao tempo em que nos ocupamos detalhadamente da introspeção das características boas e ruins. De acordo com o espelho mágico podíamos saber quais as características relativas aos elementos, predominantes em nós. A importância dessa introspeção derivava do fato de justamente essa predominância do respectivo elemento indicar nosso centro de percepção astral. Se o elemento predominante era o fogo, então o centro de percepção se localizava na cabeça, ou melhor, na testa; no caso do ar esse centro era o coração, e no caso da água o plexo solar. No caso da terra o centro se localizava nas mãos ou nas coxas. Depois de enunciar nosso campo astral dessa forma, passemos à prática.

Proceda da mesma maneira que no desenvolvimento dos dois sentidos anteriores. Precisaremos novamente de um retalho de flanela, linho ou um chumaço de algodão, embebido levemente num condensador fluido. Este último poderá ser novamente uma forte infusão de camomila. Nesse processo carregue seu corpo com o elemento água, através da respiração pulmonar e pelos poros, com o desejo de que esse elemento provoque a sua sensitividade. Sob o termo sensitividade compreendemos a capacidade de sentir e perceber todos os fenômenos e forças que ocorrem no Akasha e nos elementos, inclusive a capacidade da psicometria, isto é, a percepção do passado, do presente e do futuro de qualquer objeto, carta etc.

Também pertence a essa classiticação a capacidade da materialização de um pensamento, ou de um ser, sem considerar se é um ser criado por nós ou já existente no Akasha. Há outras capacidades ligadas à percepção e à sensação que podem ser incluídas na categoria da sensitividade; mesmo a intuição possui suas origens na sensitividade. Esses poucos exemplos devem ser suficientes para elucidar a capacidade sensitiva. A prática em si é o que se segue:

Depois de represar o elemento água em todo o corpo, através da respiração pulmonar e pelos poros, carregue-o com a imaginação intensiva da capacidade sensitiva. Você deve ter certeza de que o elemento é suficientemente forte para despertar essa capacidade em seu corpo astral. Com ajuda da imaginação extraia o elemento água do corpo, através do plexo solar, da testa, mãos ou bafo, e represe-o no trapo de flanela ou chumaço de algodão embebido no condensador fluido. Você poderá repetir esse carregamento, mas não deverá fazê-lo por mais de 7 ou 9 vezes. Nesse exercício você não deverá assumir aquela sua posição costumeira, mas deitar-se confortavelmente num sofá ou no chão. A condição básica é ficar numa posição horizontal, só a cabeça deve ficar um pouco erguida. No desenvolvimento da sensitividade astral não é usado o elemento água diretamente, mas só a força de atração magnética da água. O condensador fluido deve ser colocado no campo de percepção determinado, antes do exercício, e este deve ser praticado, no início, só de olhos fechados. Imagine então que todo o seu corpo boia no elemento água universal, como se você se encontrasse no ponto central da superfície de um oceano infinito. A única coisa que você sente é água e mais água. Fique muito alerta, pois nesse exercício você poderá sentir muito sono. Apesar de todas as precauções não é impossível que você até chegue a adormecer; se isso ocorrer, desperte e tente afastar o sono com todas as suas forças, pois se isso se tornar um hábito, dificilmente você conseguirá evitá-lo.

Através da imaginação descrita, transponha-se com a consciência ao campo da percepção e pense que a capacidade magnética da água dentro de si vitalizará até as mais ínfimas porções desse campo e produzirá a sensitividade astral. Você deverá imaginar com tanta intensidade a força de atração da água, que ela se tornará uma realidade indiscutível. Quando, através de uma longa meditação, você tiver a certeza de ter vitalizado satisfatoriamente o campo de percepção, então deixe a imaginação dessa água universal cair aos poucos, dissolva o elemento água de seu corpo no elemento universal, tire o condensador fluido, e devolva o seu elemento concentrado ao elemento universal. Com isso o exercício estará terminado. Quando você quiser usar esse campo de percepção na prática, basta transpor a sua consciência a ele e a capacidade é imediatamente ativada.

Devemos lembrar ainda que seria conveniente exercitarmos diariamente o desenvolvimento dos sentidos astrais, a visão, a audição e a sensitividade, até que eles estejam totalmente dominados, mesmo que tenhamos pouco tempo disponível para isso. O êxito não tardará a chegar. Deixaremos de lado o desenvolvimento dos outros sentidos, pois eles não são tão importantes para a prática do mago. De qualquer maneira fica a critério do aluno desenvolver esses outros sentidos a partir dos três exercícios apresentados. As capacidades obtidas através do desenvolvimento astral desses sentidos são tão abrangentes, que não precisamos nem falar muito sobre isso. A alegria que se sente com o sucesso conquistado iguala-se ao de um cego que durante anos não conseguia ver nada, e de repente começa a enxergar tudo.

Instrução Mágica do Corpo (VII)

Dominando a projeção dos elementos para fora, isto é, conseguindo projetar ou fazer sobressair cada elemento através do próprio corpo ou diretamente através do Universo, o mago poderá criar elementares para si e para os outros, e torná-los úteis. Surgirão seres que o servirão fielmente não só no plano mental, mas também no astral e no material-denso, respectivamente criados pelo mago de forma mental, astral e material, ou melhor, adensados. Já me referi aqui à criação consciente de formas-pensamento ou elementares. A diferença entre um elementar e um elemental é que este último é criado através da imaginação e da força de vontade do mago, em função de uma forma-pensamento consciente, e geralmente só age, para ele e para os outros, no plano mental ou do pensamento. Por outro lado um elementar é bem mais estável e penetrante em sua ação, pois é criado a partir de um ou mais elementos. Sobre o ato em si de criação ou de geração de um elementar, assim como o respectivo processo a ser utilizado pelo mago, falarei em seguida de forma bastante elucidativa e detalhada, inclusive citando exemplos. A intuição desenvolvida até agora através das instruções apresentadas será muito útil ao mago para que ele consiga elaborar práticas próprias, conforme o objetivo que deseja alcançar. Em função de sua evolução ética, com certeza ele jamais se atreverá a criar elementares para fins maléficos, pois o mundo invisível se vingará dele. Com o conhecimento do método de criação de elementares o mago passa a ter uma chave poderosa em suas mãos, com a qual ele poderá alcançar tudo o que quiser no plano mental, astral e material-denso. Ele não deve esquecer que a responsabilidade pelas suas ações deve ser só sua, e não do elementar produzido. Nas mãos do mago os elementares são instrumentos obedientes, que seguem fielmente a sua vontade e satisfazem qualquer desejo, sem considerar se os propósitos são bons ou ruins.

Assim como não podemos exigir que o marceneiro produza pãezinhos, não podemos exigir do elementar, criado para um fim bem determinado, que ele cumpra uma tarefa para a qual não foi gerado. Portanto nunca devemos dar duas ou mais tarefas a um elementar, pois ele não executará nenhuma das duas com perfeição e confiabilidade. Além disso, devemos considerar a analogia dos elementos. Seria errado e contra as leis produzir um elementar que não estivesse em harmonia com a analogia dos elementos. Na fantasia do mago não precisa haver limites para a forma desses elementares, ele poderá escolher a forma que quiser e que sua intuição lhe apontar. Mas deverá evitar escolher a forma de seres vivos ou já falecidos, que ele conhece ou conheceu um dia, ou com os quais esteve em contato. Isso por que ele poderia facilmente invadir o campo do corpo mental ou astral daquela pessoa e provocar-lhe graves danos. Além disso, haveria o perigo desse elementar, em função de uma inteligência intrínseca, voltar-se contra o próprio mago e prejudicá-lo seriamente num momento imprevisto. O elementar poderia vampirizá-lo, induzi-lo indiretamente ao sono, e outras coisas desagradáveis desse tipo. Essa advertência deve ser levada a sério pelo mago!

Além disso, tanto faz ao elementar o nome que lhe é dado. Aconselhamos dar-lhes nomes menos comuns, pois basta pronunciar o seu nome que ele logo se aproxima do mago. Ao criarmos vários elementares devemos anotar os seus nomes, para não confundirmos ou esquecermos esse detalhe. De qualquer forma, não devemos revelar nada a ninguém sobre esses elementares, pois um outro mago poderia usá-los e manipulá-los facilmente.

A força e o efeito de um elementar depende de seu carregamento. Quanto mais forte for a vontade do mago, tanto maior é a projeção dos elementos para o exterior, e um elementar carregado com tanta força tornar-se-á muito mais eficaz e penetrante. Um elementar pode ser adensado com tanta força, que ficará visível até para os olhares menos instruídos. Um mago pode ordenar a esse elementar que trabalhe visível ou invisivelmente, conforme a sua necessidade. O tempo de vida do elementar depende da função para a qual ele foi criado, o que deve ser determinado logo no início do ato da criação, pois cumprida a tarefa ele será dissolvido novamente em seu elemento original através da imaginação do mago. Esse processo de dissolução não deve ser esquecido, porque devido ao seu instinto de autopreservação, assim que termina o trabalho o elementar tende a se tornar independente fugindo do campo de domínio do mago e se transformando facilmente num vampiro. O mago então teria de suportar todas as consequências kármicas acarretadas por um elementar desse tipo, transformado em vampiro. Portanto, devemos ter muito cuidado e responsabilidade ao trabalharmos com esses seres. Muitos magos determinam, já durante o ato da criação, o tipo de dissolução a ser usada no elementar, quando por exemplo queimam ou destróem o seu nome, ou usam algum tipo de ritual, sinal, gesto, ou fórmula pré-elaborada. Tudo isso é válido, estritamente individual e fica a critério do mago escolher o que achar melhor. De qualquer forma devemos dar muita importância ao processo de dissolução. Tendo os elementares em suas mãos, ele poderá obrigá--los a obedecer, a qualquer momento, ameaçando-os com a dissolução. Em todo o caso ele deverá se convencer de que possui o poder absoluto de manter os elementares totalmente obedientes e dominados. O mago verá que quanto mais fiel e lealmente o elementar lhe servir, tanto mais ele se apegará ao seu mestre, dissolvendo-se muito a contragosto. Mas o mago nunca deverá se deixar levar por esse sentimento senão poderá tornar-se dependente desse ser. É conveniente dar ao elementar uma vida curta, e num caso de necessidade criar outros elementares para o mesmo fim. Não queremos dizer com isso que se deva criar um novo elementar todas as semanas para o mesmo trabalho, mas é desaconselhável usar o mesmo elementar durante muitos anos para uma e mesma situação.

Os elementares que o mago pretende usar para seu próprio serviço poderão ser criados a partir da projeção dos elementos através do seu próprio corpo, e aqueles que vai usar em outras pessoas poderão ser criados pela projeção dos elementos extraídos diretamente do Universo. O mago sabe que entre ele e cada elementar existe uma ligação invisível que poderia ser prejudicada se ele criasse elementares através da projeção corporal, para as outras pessoas também. Porque isso ocorre, é algo que o próprio mago poderá explicar.

Falaremos agora sobre o local de permanência ou de armazenamento do elementar. No Oriente, os elementares (chamados de Yidams) são transferidos aos Kylichores ou guardados neles. Um Kylichor é um diagrama construído em pedra, correspondente a um Yidam específico, ao qual nenhum estranho tem acesso. O mago instruído não precisa de um local separado para esse fim, ele pode guardar o elementar num ponto qualquer de uma parede, pois sabe que esse ser não está ligado ao tempo e também não exige um local específico. Ele se sentirá tão bem numa parede quanto ao ar livre. Na parede ou num outro grande objeto sólido ele estará até melhor guardado, pois devemos evitar transferi-lo a locais de permanência de muitas pessoas. Se acontecer de uma pessoa tomar aquele mesmo lugar em que se encontra o elementar, ela sentirá uma certa intranquilidade, além de outras manifestações desagradáveis.

No ato de criação deve-se determinar logo no início como será a chamada do elementar. Pode ser através do nome, pronunciado com um sussuro ou só em pensamento, ou então através de um movimento da mão, um gesto, ou um ritual. Isso fica a critério do mago.

Antes de descrever a parte prática, o ato em si da criação, devo observar que o mago não precisa se limitar a essa prática única.

Ela é só uma pequena parte da magia prática e uma indicação do modo como se deve usar os poderes adquiridos. Ele não deve especializar-se só nela, ao contrário, depois de dominá-la completamente deve explorar várias outras possibilidades que estão à sua disposição. Essa parte da magia só deve ser praticada no começo, depois caberá ao mago ajudar-se a si mesmo ou a outras pessoas, o que na verdade é o objetivo deste tema.

Geração ou Criação de Elementares

O ato da criação de um elementar segue quatro métodos básicos:

1. A projeção de um elemento numa forma pronta, que pode ser uma forma mental, astral ou material.
2. A projeção de vários elementos numa forma pronta, que também pode ser mental, astral ou material.
3. A projeção de um elemento sem forma direta, que será criada só através do elemento em questão.
4. A projeção de vários elementos, que só criam uma forma depois.

Explicarei esses quatro métodos através de exemplos práticos.

MÉTODO 1:

Pegue um objeto cuja forma você pretende atribuir ao elementar, e coloque-o à sua frente. Você poderá escolher, p.e., uma esfera, uma grande esfera de madeira ou de vidro, compacta ou oca por dentro, tanto faz. Uma grande bola de borracha de qualquer tipo também servirá. Através da força de imaginação extraia o elemento desejado do Universo e transfira-o para dentro da forma escolhida até que o objeto – a bola de borracha ou outro – fique totalmente preenchido. Proceda da mesma maneira com qualquer dos elementos com os quais você resolver trabalhar, com exceção do Akasha. Você deverá sempre escolher o elemento que corresponde ao seu desejo ou à sua ideia. Repita várias vezes essa projeção, sempre com a sensação de que a cada vez a substância elementar vai se represando e comprimindo mais. Ao ter certeza de que o represamento do elemento é forte o suficiente para satisfazer a sua vontade, impregne esse elementar assim preparado com a concentração do desejo ou do objetivo que você pretende alcançar. Depois, dê um nome ao elementar, sem o qual ele nem poderia existir, e determine também o seu tempo de vida, durante o qual ele terá que cumprir a sua missão. Se você estiver trabalhando com o elemento fogo então terá criado um elementar do fogo, que será uma esfera de fogo. Se ele for da água, a esfera parecerá uma esfera de vidro; se for do ar, a esfera terá reflexos azulados, e da terra, terá as cores de um punhado de barro. Observadas todas regras, tire o elementar do objeto e envie-o à missão que lhe foi atribuída. Antes disso recomende-lhe que volte imediatamente para a forma original depois de executado o serviço. Com isso você terá a possibilidade de controlar o elementar, saber se ele cumpriu a tarefa a contento, aproximando-se da forma em questão com um pêndulo sidérico. Se o elementar efetivamente retomou a sua forma original, em nosso caso a esfera ou bola de borracha, o pêndulo poderá confirmá-lo através das suas oscilações, pois um elementar possui radiações magnéticas e elétricas muito fortes. A experiência com o pêndulo é muito importante, porque ela lhe dará a possibilidade de conferir a efetiva execução do trabalho. Mais tarde, com o desenvolvimento da sua maturidade, você poderá acompanhar o trabalho do seu elementar através da clarividência. Se o pêndulo não oscilar, é sinal de que o elementar ainda não terminou o trabalho.

Ao enviar o elementar à sua missão, você deve lembrar que ele não conhece tempo nem espaço, que para ele não há obstáculos, e que num caso de necessidade ele poderá dar a volta à Terra em poucos segundos. Você deve ter certeza de que ele realizará o seu desejo ou executará a sua ordem no tempo previamente determinado; não deve haver nem um pouco de dúvida em sua mente a respeito do sucesso da missão. Logo depois que o elementar for enviado, corte a sua ligação com ele como se estivesse usando uma faca, cessando de pensar nisso imediatamente após a sua partida. Você poderá se remeter a um estado de vazio total de pensamentos ou desviar a sua atenção a outras coisas. Em resumo, você deverá esquecer-se totalmente do elementar; quanto melhor você conseguir fazê-lo, tanto mais livre e penetrantemente o elementar enviado poderá agir. Ao terminar o prazo determinado para a tarefa, certifique-se através do pêndulo sidérico se o elementar já voltou à sua forma original. No caso positivo, você poderá dissolvê-lo da forma descrita anteriormente, que, como dissemos é totalmente individual; pode ser a queima do seu nome ou a realização de um ritual, ou mesmo a soletração do seu nome de trás para a frente, em voz bem baixa. A dissolução pode também ser feita através da imaginação normal, do mesmo modo recomendado para a projeção dos elementos. Se você quiser, poderá usar o elementar para a mesma tarefa, de outra maneira.

Se o seu elementar não voltar para a forma original após o término do prazo que lhe foi imposto, isto é, você constatar que sua ordem não foi satisfatoriamente cumprida, chame o elementar de volta e realize outro represamento através de um reforço na imaginação e na projeção do elemento que está sendo empregado, enviando depois o elementar novamente para o cumprimento de sua missão. Esse carregamento pode ser repetido tantas vezes quantas forem necessárias para se alcançar o efeito desejado. Essa repetição só será inútil quando você atribuir ao seu elementar tarefas para as quais ele não possui força ou tensão suficientes. Você não deve esquecer que o efeito de um elementar depende da sua maturidade espiritual, portanto de sua capacidade de adensar um elemento, além da sua vontade, sua convicção e a emanação de sua fé, capazes de remover montanhas.

Esse método de criação de elementares é o mais simples e mais fácil, e deve ser usado pelo mago só em tarefas simples, ideias e influências bem delimitadas, que não exigem nenhuma inteligência excepcional, por exemplo, transmitir algum recado a uma pessoa, pedir proteção em ocasiões corriqueiras etc. Como já observamos antes, através dos elementares podem ser alcançados objetivos mentais, astrais ou materiais.

Da maneira aqui descrita também poderão ser criados seres elementares sem uma forma material. Nesse caso devemos projetar o elemento desejado numa forma-pensamento e proceder do mesmo modo que na forma material. Esse tipo de criação do elementar é mais difícil, mas tem a vantagem de se poder transpor a forma a um lugar em que um corpo material não caberia, p.e., um canto, uma parede, ou outros lugares onde o encontro com outras pessoas é impossível.

Essa prática oferece muitas possibilidades ao mago, e cabe à sua intuição ajudá-lo a decidir como e onde usar os elementares criados; através de um elementar ele poderá, p.e., pedir proteção à sua casa, pedir um ambiente favorável etc. Como todo o conhecimento pode ser usado tanto para o bem quanto para o mal, infelizmente essa prática também pode ser empregada em trabalhos maléficos e benéficos. Um vendedor pode, por exemplo, criar um elementar que lhe arranje muitos clientes. Todas as casas mal assombradas e coisas desse tipo, atribuídas aos magos mal intencionados, têm sua explicação na geração consciente de elementares para fins malévolos. Um mago de intenções nobres jamais se submeterá a esse tipo de prática.

MÉTODO 2:

Apesar de poder escolher para esse método qualquer objeto, como, p.e., uma pequena estátua, uma boneca de criança etc. e usá-lo como forma para seu elementar, apresento-lhe aqui uma prática secreta e bastante útil. Compre argila branca e cera de abelha, e faça o seguinte:

Pegue 2/3 de argila e 1/3 de cera, sendo que as partes não devem ser consideradas pelo seu peso mas pela sua substância, isto é, para um litro de massa devem ser usados 2/3 de litro de argila e 1/3 de litro de cera, para se obter a proporção correta para a massa. Acrescente um pouco de água morna e mexa a argila até formar uma pasta grossa, depois coloque a cera ligeiramente amolecida ou derretida a quente. Amasse bem até que a argila fique bem ligada à cera. Não se deve colocar muita água na argila para que ela não fique muito mole e difícil de modelar. Se você não conseguir encontrar cera de abelha verdadeira, poderá usar outra substância análoga, como sebo, estearina, parafina etc. que geralmente são usados para a fabricação de velas. Mas isso só em último caso, pois a cera de abelha é bem mais vantajosa.

Com a massa bem compacta devemos modelar uma figura, portanto, aquela forma que o elementar deverá assumir. Se quisermos dar ao elementar a forma de uma pessoa, então a massa deverá ter essa forma. Enquanto o boneco ainda estiver quente e macio, produza um orifício perfurando-o com um objeto pontudo ou um prego, da cabeça em direção aos pés, isto é, mais ou menos ao longo da coluna vertebral. Esse orifício deverá ser preenchido com um condensador fluido e depois fechado, enquanto o boneco ainda não estiver seco, para que esse condensador, caso seja um líquido, não escorra para fora. Podemos também introduzir o condensador quando a figura já estiver seca e dura, e depois fechar a abertura com cera derretida ou com uma vela. O tratamento com condensadores mágicos será explicado num capítulo específico. Se o mago tiver a intenção de criar o elementar só para seus próprios objetivos, então ele deverá fechar a abertura da figura só com um chumacinho de algodão impregnado com algumas gotas de sua própria substância orgânica, isto é, sua "matéria-prima". Este é o Alpha e Ômega, portanto, algumas gotas do próprio sangue ou do próprio sêmen. Em nosso caso bastaria a utilização de um ou de outro, mas se as duas mumias de primeira classe puderem ser conjugadas, o efeito é melhor ainda. Tratando-se de uma maga, uma gotinha do próprio sangue exerce o mesmo efeito. O chumacinho de algodão impregnado desse modo deve ser primeiro introduzido no orifício da figura e depois só impregnado com o condensador líquido, antes de se fechar a abertura. De acordo com as leis da magia, uma figura desse tipo é a forma ideal para a criação de um elementar. O tamanho da figura não é importante, mas quanto maior ela for, mais facilmente conseguiremos trabalhar a imaginação. Um mágico competente consegue trabalhar perfeitamente com uma figura de cerca de dez centímetros de altura.

Porém se quisermos criar um elementar e sua respectiva figura para uma outra pessoa, então não devemos de modo algum acrescentar nossa própria matéria-prima ao condensador fluido, pois assim o mago correria o risco de sofrer algum tipo de dano. Em função da ligação mental, astral ou material, a pessoa em questão teria a possibilidade de influir no mago direta ou indiretamente, não só de forma benévola como também malévola. Por exemplo, se uma figura preparada com a mumia fosse colocada em água fria, o mago que a preparou sentiria calafrios, e vice versa, se fosse colocada em água quente, ele sentiria febre. Há outras possibilidades de efeitos provocados pelo encantamento mágico, que não descreverei aqui, para que o aluno não seja induzido a praticar o mal.

O boneco aqui descrito naturalmente só poderá ser carregado com um único elemento e produzir o elementar correspondente, como explicámos na apresentação desse método, mas pretendo descrever também em detalhes a prática do segundo método.

Pegue a figura de cera com a mão esquerda, e afague-a com a direita, como se você quisesse reavivá-la. Com sua própria respiração bafeje-lhe o ar por algumas vezes, como se quisesse tirar a figura de seu estado inerte e despertá-la para a vida. Dê ao seu elementar o nome escolhido, pronunciando-o várias vezes sobre ela. Os magos de formação cristã até costumam batizar a figura, como se batizam os recém-nascidos, dando-lhe um nome durante essa cerimônia. Essa é uma escolha do próprio mago e não é algo necessariamente importante. De qualquer modo o mago deve certificar-se de que o seu elementar possui um corpo completo com a forma dessa figura. Depois de dar um nome ao boneco, preencha o seu próprio corpo com o elemento terra, através da respiração pelo corpo inteiro, projete-o para fora pela sua mão ou pelo plexo solar, e preencha com ele a figura, começando pelos pés e subindo até à região dos órgãos sexuais. Nesse preenchimento o elemento terra deverá ser represado dinamicamente nessas partes do boneco. Você deverá se concentrar e enviar todas as características específicas do elemento terra, como o peso etc., a essas partes da figura e ter a firme convicção de que elas permanecerão ali e surtirão o seu efeito. Proceda da mesma maneira com o elemento água, que deve ser projetado à região do ventre do boneco, assim como o elemento ar, que deverá ser projetado à região torácica e o elemento fogo, que deverá ser projetado à região da cabeça.

Tendo projetado todos os quatro elementos na figura, com a ajuda da imaginação, você poderá ter a certeza de que criou o corpo astral de seu elementar, e que este assumiu a forma do boneco, podendo sair dele e ficar do tamanho que você determinar. O corpo astral de seu elementar permanecerá ligado ao corpo material, isto é, ao boneco, através de um cordão invisível, e tanto a vida quanto a existência desse elementar ficarão vinculados ao corpo físico desse boneco; depois de realizado o trabalho a que foi destinado o elementar deverá reassumir a forma do boneco e entrar nele, conectando-se novamente ao seu corpo físico. Até esse ponto você poderá repetir a experiência várias vezes, e reforçar o seu efeito através de uma meditação profunda. Criando dessa forma o corpo astral de seu elementar, você deverá agora criar o seu corpo mental, fazendo o seguinte:

Com ajuda da força da imaginação crie o corpo mental do boneco, extraindo esse corpo mental do material etérico mais sutil e fazendo com que ele assuma a forma da figura inteira. Concentre na cabeça do boneco todas as propriedades da alma e do espírito que você deseja para ele, aprofundando-as através da meditação. Não pense em qualidades excepcionais, assim você poderá introduzir nele as quatro características específicas do espírito: a vontade, o intelecto, a sensação (percepção) e a consciência, e também aprofundá-los através da meditação. Depois de certificar-se de que a sua figura está suficientemente carregada e será plenamente eficaz na realização de seus desejos ou das suas intenções, passaremos à descrição da técnica do despertar da vida em seu elementar.

Extraia do Universo uma grande quantidade de luz, represando-a em sua mão, a ponto dela brilhar como o sol. Pegue a figura com a sua mão esquerda, estendendo a mão direita incandescente sobre ela, a alguns centímetros de distância. Expire o ar quente de seu bafo sobre a região do umbigo da figura e pronuncie em voz alta o nome dela. Imagine que a cada bafo a luz de sua mão direita vai se tornando mais fraca, pois ela vai penetrando no boneco. Já no primeiro bafo você deve imaginar que o coração da figura começa a bater e seu sangue começa a circular. Essa imaginação deve ser tão forte a ponto de você sentir a vida no boneco com tanta nitidez que chega até a ser uma percepção física. No sétimo bafo a luz de sua mão direita estará totalmente apagada e terá penetrado totalmente no boneco; então a forma astral da figura já estará viva e pulsante. No oitavo bafo você deverá imaginar que o corpo físico de sua figura absorve o ar e começa a respirar regularmente. No nono bafo diga o nome dele e ao mesmo tempo fale em voz alta: "Viva! Viva! Viva!" O último Viva! deve ser pronunciado entusiasticamente e com muita convicção, acompanhado da crença inabalável de que o elementar desejado foi efetivamente trazido à vida. Devemos ter a certeza de que, segundo as leis análogas da natureza, foi trazido ao mundo um ser completo.

Depois desse procedimento podemos seguir adiante, ou então envolver a figura num retalho de seda pura e guardá-la para uma utilização posterior. Todo mundo sabe que a seda é a melhor substância para o isolamento mágico. A figura deve ser guardada num local adequado, fora do alcance de outras pessoas. Qualquer trabalho posterior ficará a cargo da imaginação.

Caso você queira prosseguir, então coloque a figura à sua frente e imagine que o corpo astral junto com o corpo mental do boneco se desligam dele. Você deve imaginar o seu elementar como um homenzinho completo, como se fosse um homem normal observado através de uma lente de diminuição. Também fica a seu critério determinar se ele deve ser do sexo masculino ou feminino, conforme a tarefa que lhe será atribuída. O mesmo ocorre com a vestimenta, que será de sua livre escolha. Conforme a tarefa que ele terá que cumprir, você poderá conectá-lo, através da imaginação, a um ritual pré-determinado, e fazer com que ele cresça rapidamente, até o tamanho que você desejar. Instrua o seu elementar desde o início, dizendo-lhe que deverá assumir o tamanho correspondente ao seu desejo. Assim você terá a possibilidade de encolhê-lo até que ele fique do tamanho de um anãozinho, ou então deixá-lo crescer até que se torne um gigante. Ficará totalmente a seu critério também dar-lhe uma forma bela ou um pouco mais feia, o que dependerá do objetivo a que você o destinou. Como todo o corpo astral e mental independem do tempo e do espaço e não se deixam segurar pela matéria, você deverá impregnar imaginativamente o seu elementar com essa característica desde o início. Será conveniente que o mago conecte os processos importantes de trabalho com o elementar a um ritual próprio, criado por ele mesmo, porque depois de muito tempo de trabalho esse processo desejado torna-se tão mecânico que ele não precisará mais usar a sua força de vontade nem a sua imaginação, pois o próprio ritual desencadeará a força e o efeito necessários. Depois de muito tempo de trabalho com o elementar este poderá se adensar tanto, a pedido do mago ou até involuntariamente, a ponto de tornar-se visível aos olhos físicos e não instruídos das outras pessoas. Mas é melhor sempre deixar os elementares agirem invisivelmente; essa condição deve ser combinada previamente também com o elementar, através da imaginação. No início pode-se atribuir ao elementar tarefas mentais, depois astrais e passado algum tempo de uso, até tarefas materiais, dependendo do objetivo para o qual o mago o criou. Esse objetivo, ou tarefa, deve ser passado ao elementar já por ocasião da sua criação, pois mais tarde torna-se mais difícil impregná-lo com outras características. Por isso devemos, antes mesmo da criação desse elementar, fazer um planejamento por escrito, onde serão anotados minuciosamente todos os detalhes. Nunca deixe o elementar dominá-lo, mesmo quando ele se torna tão forte a ponto de conseguir desencadear efeitos mentais e astrais e até mesmo físicos. Depois de completado o trabalho, devemos sempre mandá-lo de volta ao seu corpo – em nosso caso a figura de cera – através do ritual correspondente, e nunca permitir que o elementar exerça a sua própria vontade em qualquer empreendimento. Devemos sempre manter a consciência do nosso poder mágico e nossa autoridade, e ter sempre a certeza de que na figura física do elementar, no seu corpo de cera, nós temos em mãos a sua vida e a sua morte.

Uma destruição da figura de cera, ou um vazamento do condensador fluido teria como consequência a morte ou a decomposição do elementar. Ao enrolá-lo na seda podemos ter certeza de que o seu corpo astral não poderá sair nem entrar de seu corpo material, pois a seda estabelece um isolamento. É muito importante saber disso e lembrar-se também do fato. Quando o elementar se separa do corpo, para ser enviado a algum lugar ou cumprir uma tarefa, ele deve estar livre, isto é, sem nenhum invólucro. Se por acaso embrulhamos o elementar na seda enquanto seu corpo astral ainda está fora, ele poderá morrer – ou eventualmente ser dissolvido – como o mago, que com o seu corpo astral fora de seu corpo físico, torna-se vulnerável e passível de ser tocado e assim morrer. Isso ocorre porque com o toque rompe-se o fio de ligação entre o seu corpo astral e seu corpo material. Portanto, podemos ver que o elementar gerado deve ser tratado da mesma forma que um ser humano comum.

Se quisermos dissolver o elementar não devemos fazê-lo subitamente, pois a força liberada provém do próprio mago; um revés súbito poderia prejudicá-lo também, na medida em que o seu elementar tem a capacidade de provocar fortes efeitos físicos que nem o mago conseguiria dominar. Nesse caso a dissolução deve ser feita de forma gradual. Devemos ter o cuidado de não permitir que o elementar cresça demais a ponto de suplantar as forças físicas, astrais e mentais do próprio mago.

Recomendo dois métodos para a dissolução do elementar. De qualquer modo, a dissolução não pode ocorrer repentinamente, como, p.e., queimar a figura de uma vez só sem descarregá-la antes etc. Devemos nos lembrar que nesse elementar, gerado da forma descrita, existe uma porção de nós mesmos, a projeção de uma parte do nosso eu, e que uma destruição rápida teria como consequência um forte revés mágico. Caso o mago não esteja suficientemente protegido ou não saiba se defender adequadamente de forma mágica contra esses revezes, ele poderá sofrer problemas sérios de saúde em seu corpo, como por exemplo, doenças do coração, colapsos nervosos, paralisias de diversos tipos, perturbações mentais etc. É por isso que na magia o cuidado e a atenção são essenciais, e devemos seguir rigorosamente as prescrições e regras apresentadas. Assim não correremos o risco de prejudicar nossa saúde. Só uma pessoa irresponsável, que não conhece as leis e não as observa é que poderá provocar danos em si mesmo ou nas outras pessoas. Por seu lado, alguém que tenha um caráter nobre só praticará o bem e realizará grandes coisas em prol da humanidade através da magia, pois jamais irá de encontro às leis da natureza e do espírito.

O processo de destruição de um elementar é o mesmo que ocorre com o ser humano, se não tiver sido escolhido previamente um processo específico, já no ato da sua criação. Pegue a figura e imagine o processo usual de respiração do corpo astral. Sinta o coração batendo e o sangue pulsando. Carregue a sua mão direita com o Akasha, imaginando-o na sua cor violeta escuro. Projete esse Akasha no coração de sua figura de forma súbita, como se fosse um raio. Assim você matou o seu elementar. O coração para, a respiração se interrompe. Extraia o corpo mental da figura, pois através da projeção do Akasha rompe-se a ligação entre o corpo mental e astral da figura. Depois de imaginar o corpo mental fora da figura, dissolva-o também através da imaginação como se ele fosse um vapor que se dissolvesse na luz universal. Então proceda à destruição do corpo astral do boneco, deixando fluir um elemento após o outro no Elemento Universal. Devemos começar com o elemento fogo da cabeça da figura, depois o elemento ar de sua região torácica, o elemento água de sua região central e finalmente o elemento terra de seus pés. Abra então o orifício do boneco de um modo qualquer, se for o caso, inclusive arrancando-lhe a cabeça, absorvendo depois o condensador fluido com um pedacinho de papel absorvente, que será posteriormente queimado. O material do boneco poderá até ser reutilizado, mas será melhor destruí-lo queimando-o ou enterrando-o num local isolado. Esse é o procedimento normal de destruição.

A seguir descreverei outro método imaginário, empregado no caso em que o elementar foi tão adensado a ponto de realizar tarefas físicas e exercer efeitos com tanta força a ponto de se voltar contra o mago e suplantá-lo. Para se proteger contra o revés ou contra a astúcia do elementar, devemos seguir à risca as seguintes prescrições:

Prepare um banho com água bem quente, o mais quente que você puder suportar. Entre na banheira e sente-se. Na mão esquerda, segure a figura envolta em seda. A mão direita deverá estar carregada com Akasha. Sacuda o envoltório de seda do boneco com a mesma mão esquerda, e no momento em que a figura estiver nua sobre a água, dirija-lhe o raio destruidor de Akasha atingindo o seu coração. No mesmo instante mergulhe a figura na água imaginando que toda a força, todas as capacidades, toda a vida estará passando para o seu corpo, sua alma e seu espírito através da água. Esse processo é uma forma de destruição bastante eficaz do ser gerado, portanto o seu elementar. O seu corpo, alma e espírito assumem a vida numa medida suportável. A força restante permanece na água, e você estará protegido de um revés mágico. Saia da banheira, enxugue-se, mas deixe o boneco na água até que esfrie completamente. A seda em que ele estava envolvido pode ser mergulhada na água também; tenha o cuidado de deixar a água toda escoar pelo ralo ou então jogue-a fora, mas não deixe ninguém tocá-la ou reutilizá-la. Se você tiver uma certa clarividência e perceber que a figura ainda possui uma aura brilhante jogue-a novamente na água quente e imagine que o último restinho de vida se esvai com a água. Na água quente o boneco se desfaz, e o condensador fluido, portanto o líquido, mistura-se à água quente. Essa experiência também poderá ser feita mesmo que você não veja a aura da figura, por medida de segurança. Pelo menos você terá a certeza de que toda a vida do elementar se apagará. Queime ou enterre o que restou do boneco e da seda; através dessa operação o elementar estará destruído para você.

Antes de concluir a descrição desse método, eu gostaria de dar mais algumas indicações muito importantes para a prática do mago que trabalha com elementares. Como uma pessoa que já nasce com os minutos e os segundos do seu nascimento e da sua morte pré-determinados, você deverá fixar esses parâmetros também para o seu elementar no momento da sua criação, mesmo que ele deva durar alguns anos. Por isso é conveniente que você anote todos esses dados num papel, para não esquecê-los. Depois que os elementares foram gerados e adensados de modo a podermos até conversar com eles como se fossem pessoas de verdade, então você deverá tentar convencê-los a não destruírem o seu criador, ou até ameaçá-los no caso disso acontecer. De forma alguma você deverá deixar de cumprir uma promessa ou uma ameaça. Mais cedo ou mais tarde você poderia perder o seu poder sobre o elementar, que se transformaria num tormento. Mesmo depois que os seus elementares lhe prestaram tantos serviços com lealdade e você até se apegou a eles, não deixe de ter sangue frio para concretizar a sua destruição quando a hora da morte chegar. Você deve colocar em prática o processo de destruição sem sentir piedade, como se realizasse qualquer outra operação mágica.

A fixação do momento exato da morte de um elementar é muito importante também para o caso de acontecer uma desgraça e você morrer antes do término do prazo de vida instituído para ele; assim ele se destruirá por si só quando chegar a hora que você determinou.

Mesmo assim existe a possibilidade da realização do processo de destruição depois do seu falecimento, quando você estiver na esfera akáshica, se ainda tiver interesse nisso. Não descreverei aqui como isso pode ser feito, pois extrapolaria muito o objetivo desse livro. Como mago consciente, isso deverá tornar-se claro automaticamente quando você estiver no plano astral. Se num caso desses um elementar não tiver a data de sua morte pré-determinada, ele continuará existindo por centenas de anos depois do falecimento do seu criador e estará sempre pronto a reviver. Enquanto isso poderá transformar-se num fantasma cuspidor, um "poltergeist" ou um vampiro, e o seu criador no Akasha, isto é o mago, será responsável por todas as ações dele.

Você poderá perguntar, afinal quantos elementares desse tipo ou similares podem ser criados por um mago? Isso fica totalmente a seu critério, isto é, você é quem decide quantos elementares vai precisar para conseguir o que quer para si e para os outros. Alguns magos possuem toda uma multidão de elementares que o servem e que executam fielmente todas as tarefas para as quais foram gerados. Assim o mago poderá, p.e., ter elementares que o previnem de qualquer perigo, outros que o protegem, outros ainda que lhe transmitem recados etc. Seria inútil descrever todas as possibilidades, pois elas são todas totalmente individuais e dependem do desejo que o mago pretende ver realizado. As figuras expressivas de antigos pilares e estátuas dos templos de povos antigos encontram sua explicação na magia dos elementares. Até a famosa lenda do Golem, trazido à vida pelo sábio Rabbi Low, em Praga, que supostamente foi o seu criador, relaciona-se com esse tipo de geração de elementares. Porém nesse caso a geração de Golem foi realizada ritualisticamente com a ajuda da Cabala. Qualquer pessoa versada na mística cabalística sabe dessas coisas; mas a síntese é a mesma apresentada no método que acabamos de descrever.

MÉTODO 3:

Antes de explicar a prática desse terceiro método, eu gostaria de observar que ele é pouco conhecido e é empregado somente por alguns iniciados do Oriente. Portanto, se um mago resolver adotá-lo, ele deverá naturalmente considerar de antemão tudo aquilo que eu descrevi até agora sobre a criação de elementares. Ele deverá sobretudo elaborar um plano de trabalho e refletir muito sobre o objetivo da criação do elementar, i.e., pensar bastante sobre a sua missão e ter em mente uma imagem muito clara dela. Além disso, ele deverá considerar a forma que pretende escolher, em função da sua intenção de criar um ser feminino ou masculino, ou até duplo. Ele deverá também escolher imediatamente o seu nome e anotá-lo. Não deverá se esquecer da determinação do tempo de vida do elementar, fixando com exatidão o dia e a hora do seu término. Caso se trate de um elementar para uso próprio, o mago deverá fazer o carregamento através da projeção de seu próprio corpo, e se o elementar for destinado a outra pessoa, então essa projeção deverá ser feita diretamente do universo. Depois ele deverá determinar como pretende chamar o elementar, se através de um ritual, uma fórmula, um gesto, ou outro método qualquer; ao quê ele pretende conectá-lo, se a um boneco – figura – ou a algum objeto, um talismã ou um pentáculo. O local em que o elementar será guardado também deve ser escolhido previamente, para que esse ser não entre em contato com pessoas estranhas. Depois de pensar muito bem em todos esses detalhes e anotá-los num papel, para ter uma visão geral de todo o seu plano de trabalho, o mago poderá passar à prática. Nesse terceiro método eu descrevo um elementar gerado a partir do elemento fogo, e que o mago usará para seus próprios objetivos.

Desenhe um círculo num pedaço de papel, e dois quadrados sobrepostos no meio dele, obtendo assim um octaedro regular. Esse octaedro representa o símbolo dos quatro elementos em seus efeitos positivos e negativos. O próprio círculo representa o princípio abrangente do Akasha, dos dois quadrados sobrepostos se formaram os quatro elementos. No meio do octaedro você deverá desenhar um sinal qualquer, que será o símbolo do elementar. O papel utilizado para o desenho deverá ser tão grande a ponto do elementar gerado poder ficar livre no interior do octaedro, portanto sobre o sinal. Esse mesmo desenho, com um diâmetro de no máximo um centímetro, deverá ser gravado num objeto redondo bem pequeno, de preferência num pratinho de cobre, prata ou ouro – ou um outro metal qualquer. Em último caso seria suficiente um pedaço de madeira. O melhor seria gravar o desenho com um instrumento pontudo num pedaço de metal plano, principalmente quando se tratar de um elementar de vida mais longa. Os lamas do Tibete que trabalham com isso chamam o desenho grande de "Grande Kylichor", e a gravação pequena de "Pequeno Kylichor", que em caso de necessidade eles carregam escondida, junto de si. No Tibete o Grande Kylichor não é desenhado no papel como no caso aqui apresentado, ele é montado com pedras recolhidas no campo, num local isolado, inacessível às pessoas. A construção do Grande Kylichor passa a ter então um diâmetro de cerca de 3 a 4 metros. Mas para os nossos objetivos basta desenharmos o grande Kylichor num papel, usando tinta, guache, ou qualquer outro líquido que não apague facilmente.

Concluídos os preparativos, podemos começar com a criação propriamente dita do elementar. Sente-se confortavelmente na sua asana habitual, desdobre o papel desenhado à sua frente e coloque o pequeno Kylichor exatamente no meio do grande. Tão logo você tenha largado o pequeno Kylichor de sua mão, pronuncie o nome escolhido para o elementar. O pequeno Kylichor passa a lhe servir como ponto de partida e de apoio da projeção dos elementos. Inspire o elemento fogo através da respiração pulmonar e dos poros para dentro de seu corpo, impregnando-o com o seu desejo ou então fazendo isso só depois, quando ele for projetado para fora, vitalizado pela imaginação. Para obter resultados mais rápidos, podemos empregar ambos os métodos. Agora projete o elemento fogo para fora de seu corpo através de um dos pontos de saída de seu corpo astral, e represe-o de tal forma que todo o conteúdo de seu corpo é comprimido até se transformar numa pequena centelha. Essa pequena centelha de fogo ou esse elemento fogo comprimido deverá ser encantado para a superfície do pequeno Kylichor, através da sua vontade ou da sua imaginação. Repita essa experiência pelo menos sete vezes, represe e concentre o elemento na superfície do seu pequeno Kylichor, vá acrescentando uma centelha a mais a cada repetição, para que ela vá aumentando. Depois de sete repetições a centelha teráa alcançado o tamanho de uma pequena chama, semelhante à chama de uma vela acesa. Se o exercício for muito extenuante, você poderá transpor a chama, com a ajuda do método de transposição e armazenamento, aquele local que você escolheu previamente para guardar o seu elementar. Ela poderá ser guardada numa parede ou em qualquer outro lugar de acesso restrito. Tire então o pequeno Kylichor do grande, guarde-o bem, ou, se você achar mais conveniente, leve-o consigo. O grande Kylichor também deverá ser dobrado e guardado. Assim chegamos ao final do primeiro trabalho.

Nas próximas vezes bastará abrir o grande Kylichor à sua frente, colocar o pequeno no meio e chamar o ser pelo nome; com isso a chama na superfície do seu pequeno Kylichor logo surgirá. Repita o processo de projeção com o elemento fogo, e vá aumentando o tamanho da chamazinha a cada represamento. Depois de represar uma chama através desse método, fazendo com que ela atinja o tamanho e a altura do elementar desejado, você poderá transformar a chama com a imaginação na forma desejada; assim a criação do seu elementar estará concluída. Para obter uma intensidade maior do elementar, você poderá carregá-lo por mais tempo com o elemento fogo; quanto mais você repetir a operação, tanto maior será a força de ação de seu elementar. O processo é o mesmo descrito nos dois métodos anteriores, o carregamento deverá ser feito sempre no grande Kylichor, e a chamada poderá ser feita empregando-se o ritual correspondente ou pegando-se o pequeno Kylichor e transmitindo-lhe a ordem desejada. Esse método é usado no Tibete, e esses elementares chamam-se Yidams. A destruição de um Yidam ocorre de acordo com o processo indicado nos métodos 1 e 2, com a ajuda da imaginação, pressupondo-se que você não tenha determinado algum outro método, montado e escolhido individualmente. A utilização de um elementar desse tipo é tão diversificada que não tenho condições de apresentar aqui todas as suas possibilidades.

Existem, p.e., Yidams gerados para o tratamento de doenças, para o transporte de objetos, para a transmissãao de recados a discípulos e amigos, para proteger o mago e preveni-lo contra os perigos iminentes, para influenciar outras pessoas etc., conforme a necessidade da pessoa que o gerou. O ideal é não dar muitas tarefas para o Yidam realizar, mas criar para ele um único tipo de capacidade e um único campo de ação. O seu tempo de vida deve ser bem delimitado, como já explicamos nos métodos anteriores. Fica a seu critério criar vários desses Yidams. Devemos observar ainda que dessa mesma forma poderão ser também criados Yidams com os outros elementos e até com os quatro elementos juntos; nesse último caso o processo sofre uma pequena variação, devemos iniciá-lo com a terra, depois a água, o ar e por último o fogo.

MÉTODO 4:

Nesse método vocé também poderá trabalhar com um grande e um pequeno Kylichor, conforme descrito no método anterior, com a diferença de que você deverá imaginar, desde o início, a forma definitiva do elementar desejado. Esse elementar assim gerado estará pronto rapidamente, só teremos de aprofundar a sua força e o poder do seu efeito através da repetição constante da projeção dos elementos. Esse método é mais difícil, mas um mago experiente que possui uma boa força de imaginação conseguirá dominá-lo rapidamente. No Oriente os Yidams são criados desse modo, e os retratos de demônios e deuses servem de modelo para as pessoas imaginarem a sua forma. Todas as outras condições, como determinação do tempo, carregamento, atribuição de um nome, chamadas, armazenamento, campo de ação, objetivo, processo de dissolução, são os mesmos dos três métodos anteriores.

Vitalização Mágica de Imagens

Nos quatro métodos de geração de elementares incluímos a vitalização mágica de imagens. De todos os cantos ouvem-se histórias de que imagens, principalmente em locais de culto onde há imagens de santos, estátuas etc., irradiam uma enorme energia mágica e chegam a realizar milagres no corpo, na alma e no espírito, quando são venerados e invocados através de orações. A paz sagrada, a tranquilidade e o misticismo religioso que os visitantes de igrejas e de locais de peregrinação sentem é algo que todos conhecem, por isso não preciso entrar em detalhes sobre isso. Até mesmo as curas milagrosas em lugares sagrados, que em parte até foram comprovadas cientificamente mas que no geral permanecem inexplicadas, podem ser atribuídas à vitalização de imagens e estátuas. A atmosfera excepcional que circunda esses objetos provoca a sua irradiação, criada pela atenção e a oração de milhares de devotos e fiéis. Esse tipo de vitalização de imagens santas e estátuas é totalmente inconsciente. Mas do ponto de vista mágico existe também uma vitalização consciente das imagens.

A vitalização mágica consciente de imagens pertence aos métodos de geração de elementares, quer se tratem de imagens comuns ou sagradas. A síntese é e continua sendo a mesma, o que muda é só a irradiação e o objetivo. Mas sobretudo devemos saber que não se deve vitalizar imagens cujo original ainda vive. Através da ligação simpática ao seu corpo, a sua alma e seu espírito, poderíamos provocar eventuais danos ao ser em questão, se criarmos um ser igual, ligado ao original através de um cordão secreto e invisível de simpatia. Também não devem ser vitalizadas aquelas imagens que possam estimular atos impuros, como assédios sexuais etc. Nesses casos, através da vitalização de uma imagem desse tipo, o mago corre o perigo de evocar um elementar que poderá tornar-se um vampiro, um incubo ou um sucubo. Desse modo também não devemos gerar um elementar que sirva para a satisfação dessas paixões. Essas precauções devem ser tomadas rigorosamente por todos aqueles que pretendem se dedicar à vitalização de imagens, cuja prática passo a descrever:

Caso voce escolha um quadro a óleo para a sua vitalização, não haverá necessidade de um condensador fluídico, apesar dele contribuir para o fortalecimento e a aceleração do processo de geração do elementar. Corte um pedaço de mata-borrão ou de papel-cartão no tamanho do quadro emoldurado, molhe-o no condensador fluídico e deixe-o secar bem. Assim que esse pequeno meio auxiliar estiver pronto, abra a parte de trás do quadro e coloque o papel com o condensador já seco diretamente sobre a parte posterior do quadro, sem considerar se a pintura foi feita em tela, seda, papel ou outro material. Prenda sobre ele um pedaço de papel normal, com tachinhas ou fita adesiva. Se você quiser fortalecer a parte posterior da moldura, use papel-cartão normal, para que não entre poeira. Desse modo o quadro estará pronto para a vitalização. Podemos deixá-lo pendurado na parede ou então colocá-lo à nossa frente, sobre a mesa.

Com a imaginação crie então o corpo mental, que corresponde exatamente ao quadro escolhido, em sua forma e tamanho. Se esse quadro que estiver à sua frente reproduzir só parte do tema todo, então você terá de completar o resto mentalmente. Caso você possua um quadro que seja menor que o tamanho normal exigido, p.e., uma pequena fotografia, então você terá de levar em conta essa condição, ao trabalhar com ele. O resto do processo é o mesmo apresentado no capítulo sobre o segundo método de geração de elementares, em que é empregada uma figura de cera ou de argila. Caso você tenha introduzido no quadro, com a imaginação, a ideia do corpo mental, transponha-lhe então as respectivas características do espírito, que são: vontade, intelecto, sentimento e consciência. Depois disso imagine o invólucro do corpo mental, algo que você poderá fazer também com a ajuda da imaginação. Nesse invólucro você deverá concentrar as capacidades, o campo de ação etc., tudo aquilo enfim que lhe parecer que vale a pena desejar. Caso se trate de um elementar que será usado para outras pessoas, então você não deverá fazer a projeção dos elementos através do seu próprio corpo, mas retirar o elemento em questão diretamente do Universo. Quando se tratar de um quadro que você pretenda vitalizar para si mesmo, então será conveniente efetuar a projeção dos elementos através do próprio corpo. Isso vale para um único elemento, mas você poderá também transpor todos os quatro elementos e até mesmo o Princípio do Akasha para o seu quadro. Caso queira trabalhar com todos os elementos, então deverá proceder, nesse tipo de projeção, do mesmo modo que na criação de uma pessoa completa. Depois de projetar os elementos para dentro do seu corpo astral e conferido ao quadro uma certa densidade, chame-o à vida. O método de evocação à vida é o mesmo prescrito no método 2, para a figura de cera-argila. A forma de dissolução também pode ser a mesma, pressupondo-se que você não tenha preparado um outro método individual de sua preferência. O mago faz bem em não deixar o elementar no quadro, mas guardá-lo na parede por trás do quadro, repetindo muitas vezes o processo já descrito. Depois de vitalizar o quadro, o mago poderá deixar o elementar sair dele e usá-lo do modo apresentado anteriormente. Mas se o mago deixá-lo no quadro, então o elementar poderá adensar-se tanto, que se tornará perceptível até pelos não-iniciados. Devemos evitar a divulgação destas práticas, é melhor sempre guardá-las em segredo para que não caiam nas mãos de magos negros ou feiticeiros.

Da mesma forma podem ser vitalizadas estátuas, bustos etc., só que então o condensador fluídico deverá ser introduzido no busto de alguma maneira; se isso não for possível, podemos esfregá-lo exteriormente e depois deixá-lo secar.

Valendo-me de alguns exemplos apresentei aqui um capítulo muito importante da magia prática, que poderá servir de base para outros métodos que o mago queira desenvolver posteriormente. Achei conveniente apresentar só esses quatro métodos, cuja utilização com certeza é muito clara para todo mundo. Mas devo dizer de antemão, que o aluno que não passou por todas as etapas trabalhando conscientemente, nunca conseguirá gerar um ser elementar autêntico, i.e., completo sob todos os aspectos.

Resumo de todos os Exercícios do Grau VII

I. INSTRUÇÃO MÁGICA DO ESPÍRITO:

Análise do espírito em relação à prática.

II. INSTRUÇÃO MÁGICA DA ALMA:

Desenvolvimento dos sentidos astrais com ajuda dos elementos e dos condensadores fluídicos.

a) Clarividência.
b) Clariaudiência.
c) Sensitividade.

III. INSTRUÇÃO MÁGICA DO CORPO:

1. Criação de elementares com a ajuda de quatro métodos diferentes.
2. Vitalização mágica de imagens.

Fim do sétimo grau

Grau VIII

Instrução Mágica do Espírito (VIII)

Preparação para a Viagem Mental

Nesse grau apresentarei um capítulo muito importante para a magia, e que será a viagem para fora do corpo, o que significa que o corpo mental e depois o astral se desligarão do corpo material denso. Todo mago que trabalha seriamente no campo da magia deve possuir essa habilidade, pois ela lhe possibilitará deixar o seu corpo físico a qualquer momento para alcançar os lugares mais longínquos, até países remotos da Terra, enfim, transportar-se a qualquer lugar que desejar. Essa façanha aparentemente tão complexa é muito fácil para um mago experiente. Assim como a pomba que deixa o pombal, o mago sai facilmente de seu corpo físico para se transportar no mesmo instante àquele lugar em que ele quer ver, ouvir e sentir tudo à sua volta. Essa capacidade não serve somente para a satisfação da sua curiosidade em saber o que se passa no local em questão, mas ela contribui também para o bem-estar das outras pessoas. A matéria não é obstáculo para ele; para o seu espírito não existe tempo nem espaço, e se quiser, ele pode viajar ao redor do mundo num único instante. O desligamento do corpo mental do corpo material lhe permite não só movimentar-se livremente em nosso planeta, mas, de acordo com o seu grau de maturidade, poderá também transpor o seu corpo mental a outras esferas. Assim terá condições de conhecer todo o Universo, e em caso de necessidade, poderá também, em certa medida, atuar em todas as esferas. É muito emocionante para o mago poder conhecer todo o Universo, portanto o Macrocosmo, pois essa é a meta verdadeira de toda viagem mental, isto é, espiritual. Podemos até ensinar muita coisa teórica sobre essa capacidade e tudo o que se refere a ela, mas como se trata no nosso caso de uma obra de cunho prático, não perderemos tempo descrevendo experiências e vivências, pois afinal o próprio mago terá de passar por elas para o seu próprio aperfeiçoamento e uma eventual missão. Concentremos portanto nossa atenção à parte prática do desenvolvimento da viagem mental, que na verdade é uma transposição de consciência, ou seja, uma transposição espiritual.

Aconselhamos ao aluno assimilar primeiro alguns exercícios preliminares, para de certa forma preparar-se antes. Um exercício preliminar importante para a viagem mental é o seguinte: sente-se na sua asana habitual diante de um espelho, em que estará refletido o seu corpo por inteiro. Quem possui um espelho grande não precisa sentar-se a uma distância muito grande dele, mas quem só tiver um espelho pequeno deverá afastar-se até que seu corpo se reflita nele por inteiro. Observe a sua imagem refletida por alguns momentos, feche os olhos, e imagine-a mentalmente. Ao lembrar de todas as particularidades de sua imagem gravando-as em sua imaginação, prossiga. Caso isso não ocorra, repita o procedimento até conseguir imaginar em sua mente cada um dos traços de sua imagem refletida, dando uma atenção especial à cabeça e à expressão do rosto. Ao conseguir, depois de várias repetições do exercício, imaginar a sua imagem refletida de modo totalmente fiel ao original, então transponha a sua consciência a essa imagem de modo a sentir-se pessoalmente no interior da mesma. Essa transposição de consciência serve para que você aprenda a observar o seu corpo, a partir de sua imagem refletida no espelho. Tente observar alguns objetos visíveis por trás da imagem refletida. Como isso lhe parecerá muito difícil no começo, você poderá usar a força da sua imaginação e imaginar com precisão os objetos que estão à sua volta. Com o tempo você será capaz de captar tudo com exatidão logo após a transposição à sua imagem refletida, como se observasse as coisas com seus olhos físicos. Habituando-se com essa capacidade, você estará maduro para a viagem mental propriamente dita.

A Prática da Viagem Mental

O aluno deverá evitar arriscar-se nesse exercício sem a cuidadosa preparação anterior acima referida, pois através da libertação da consciência do corpo físico poderão surgir perturbações na consciência em pessoas mais fracas. Por isso essa advertência é necessária, e só aqueles alunos que podem afirmar, com a consciência tranquila, que já dominam totalmente as etapas anteriores, é que poderão iniciar todos os exercícios subsequentes sem medo de sofrer algum dano à saúde ou à mente.

Para o exercício da viagem mental em si não precisaremos mais do espelho material, pois agora trabalharemos do seguinte modo: assuma sua posição – asana habitual e concentre-se em seu espírito. Imagine que ele vê, ouve e percebe tudo, e que – totalmente independente do tempo e do espaço – pode movimentar-se tão livremente como se estivesse ligado ao corpo material. Devemos proceder desse modo antes de qualquer viagem mental. Quanto mais profunda for a sua meditação e quanto mais você tiver a sensação e a certeza de que o seu espírito está totalmente desvinculado e pode sair do seu corpo livremente de acordo com a sua vontade, tanto mais rápidos e melhores serão seus progressos na arte da viagem mental. Caso você obtenha, nessa meditação que consumirá apenas alguns minutos de sua atenção, a sensação interna de liberdade e desligamento, então imagine-se saindo do seu corpo como se ele fosse uma casca, que depois será colocada ao seu lado. Você terá de transpor-se ao espírito, com a sua consciência, de tal forma a sentir-se materialmente ao lado do seu corpo, como se você deslizasse para fora de um roupão ou de um outro invólucro qualquer. Exatamente desse modo é que deve ser o procedimento, com a ajuda da imaginação. Afinal a imaginação do seu próprio espírito na forma e tamanho do seu corpo já foi treinada exaustivamente diante da sua imagem refletida no espelho.

a) EM AMBIENTES FECHADOS

Tente olhar para o seu corpo como se ele não lhe pertencesse. Tente também repetir várias vezes esse estado de consciência do desligamento assim como sentir-se em pé ao lado do próprio corpo; para isso a primeira tarefa é a observação precisa do corpo. Experimente ver todos os detalhes de seu corpo, como por exemplo a expressão de seu rosto com os olhos fechados, a respiração tranquila e regular, a roupa, a cadeira em que você está sentado etc. Como já dissemos antes, no início tudo depende da força de sua imaginação, mais tarde você não precisará mais imaginar tudo isso.

Quando, depois de repetir várias vezes o exercício, você tiver certeza de estar totalmente consciente ao lado de seu próprio corpo e observá-lo, tente dar atenção à percepção de seu entorno mais amplo. Também nesse caso a imaginação lhe será muito útil. Depois do exercício volte sempre para o seu corpo, como se você entrasse novamente no invólucro, desperte e verifique se tudo aquilo que você imaginou corresponde à realidade. Você deverá alcançar tanta desenvoltura em sua imaginação, que o seu espírito imaginado deverá assimilar todos os objetos do ambiente com a exatidão e a nitidez dos objetos que você vê com os seus olhos físicos. Se depois de exercitar-se bastante você conseguir isso, poderá dar mais um passo no aprendizado.

Transponha-se à lateral de seu corpo, mas não permaneça no mesmo lugar; tente andar de um lado a outro da sala, como se você estivesse desligado do seu corpo físico. A leveza e a percepção da ausência de tempo e espaço contribuirão para que você se movimente a passos bem mais largos do que aqueles aos quais o seu corpo físico está acostumado normalmente, mas isso deve ser evitado no início para que se alcance uma separação bem clara do corpo mental. O importante é você sempre se ver como se estivesse amarrado à terra. Só mais tarde, depois de muito treinamento, é que poderemos usar as leis da esfera mental. Ao conseguirmos andar de um lado a outro da sala, devemos abrir a porta, como se estivéssemos no corpo físico, e tentar sair da sala, passo a passo. Primeiro entraremos só na sala ao lado ou no corredor, onde repetiremos a técnica da imaginação dos objetos, identificando-os depois com os objetos reais assim que voltarmos ao corpo material. Com a certeza de que podemos nos movimentar em nosso corpo mental e captar as coisas da mesma forma que em nosso corpo físico, estaremos prontos para seguir adiante. A prática cria o mestre, e o segredo da viagem mental reside só no treinamento. Devo voltar sempre a enfatizar a importância desses exercícios, pois eles são um estágio preparatório para a separação astral do corpo, conhecida como êxtase, em que não é só o espírito que se separa do corpo, mas o espírito em conjunto com a alma; esse assunto será explicado em detalhes ainda nesse capítulo.

b)   Em Trajetos Curtos

Depois de conseguirmos nos movimentar em nossa casa com nosso corpo espiritual da mesma forma que com o nosso corpo físico, poderemos nos arriscar a andar pequenos trajetos fora de casa. No começo será suficiente fazermos um pequeno passeio até à casa do vizinho ou então visitar conhecidos e parentes que moram nas proximidades; depois visitaremos aquelas pessoas que conhecemos bem. Ao acumularmos alguma experiência através desses exercícios, devemos tentar captar também algumas impressões do entorno, que não se limitem aos objetos. A consciência torna-se tão aguda e instruída ao longo dos exercícios, que ela consegue captar em seu corpo mental também as impressões dos sentidos, como a audição, a visão e o tato, como se estivéssemos naquele local com o nosso corpo físico. Mas só alcançaremos esses resultados depois de exercícios constantes na instrução da viagem mental.

c)   Visitas a Conhecidos, Parentes etc.

Visite seus conhecidos e amigos para ver o que estão fazendo naquele momento. Veremos, p.e., uma pessoa realizar suas tarefas diárias; para isso poderemos inicialmente usar a força de nossa imaginação. Para saber se aquele ato imaginado corresponde à realidade, i.e., se a nossa imaginação e a realidade são iguais, só precisamos imaginar que aquela pessoa que captamos em nosso corpo mental está fazendo alguma coisa diferente, eventualmente até o oposto do que imaginamos a princípio. Conseguindo isso, devemos tentar saber se o ser que captamos o contradiz; em caso positivo, podemos afirmar com certeza que um ou outro não são verdadeiros, mas ainda correspondem só ao imaginário. Então não teremos alcançado o nosso objetivo, e deveremos repetir os exercícios até conseguirmos diferenciar exatamente a realidade da imaginação. No começo nós só sentiremos que a imaginação corresponde de fato à realidade, pois os sentidos foram desligados do corpo com força e transpostos ao corpo mental. Mais tarde não precisaremos mais temer que isso ocorra, pois já teremos a certeza absoluta e poderemos diferenciar com precisão se aquilo que vimos, ouvimos ou sentimos no corpo mental é real ou imaginário. Depois de muito treino essa habilidade torna-se corriqueira para qualquer mago, e em qualquer lugar para onde ele transpuser o seu corpo mental ele só captará o que corresponder totalmente às condições pertinentes.

Ao realizarmos progressos, como quando andamos normalmente em caminhos extensos sem sentirmos cansaço, então estaremos maduros para nos ocuparmos com a lei da ausência de tempo e de espaço. Desligue-se do seu corpo material denso da forma que acabamos de descrever, e imagine-se desligado também do tempo e do espaço. Pense que seu corpo mental poderá estar naquele mesmo instante em qualquer lugar que você desejar. Essa convicção profunda poderá ser alcançada através da meditação constante no corpo mental. Caso você deseje estar em algum lugar com o seu corpo mental, será suficiente imaginar que você já está lá, e isso acontecerá imediatamente. Em distâncias maiores você só conseguirá um sucesso satisfatório depois de muito treino e muita perseverança, e transposições frequentes. Além disso você deverá escolher lugares conhecidos. Só depois que você tiver a certeza de conseguir captar tudo com os seus sentidos, em qualquer lugar em que seu corpo mental estiver, a qualquer distância e hora do dia, então você poderá começar a escolher lugares desconhecidos. As captações dos sentidos no local não lhe deixarão margem de dúvida de que aquilo que você viu, ouviu e sentiu corresponde de fato à realidade. Você terá que exercitar-se por muito tempo e com muito empenho para se acostumar com as impressões desconhecidas. Procure, portanto, com o seu corpo mental, regiões tropicais, costas marítimas, cidades grandes, transponha-se ao extremo sul e ao extremo norte, enfim, a todos os lugares que o atraem e que o seu coração pede para ver. Depois de exercitar-se bastante você conseguirá transpor-se rotineiramente a todos os lugares, nos quais você poderá ver, ouvir, e sentir tudo.

A viagem mental não serve somente para que captemos o que ocorre no presente, naqueles lugares para os quais nos transpomos, mas também para que possamos agir naquele momento. Assim podemos, p.e., não só ver as doenças com nossos olhos mentais, mas temos também a possibilidade de tratar dessas doenças no local, com o nosso corpo mental, ou então usar outros tipos de influências benéficas. Todas as ações e trabalhos na esfera mental, que aprendemos a realizar anteriormente com a ajuda de um elementar, podem ser realizados por nós mesmos através do nosso corpo mental.

E quando finalmente você se sentir em casa no mundo físico inteiro através da viagem mental, e esse mundo não puder mais lhe mostrar nada de novo, então experimente procurar outras esferas através do seu corpo mental; tente entrar em contato com os seres desses outros mundos e obter aqueles conhecimentos de cuja existência o ser humano mediano nem mesmo suspeita. A ascensão a outras esferas é muito simples. Precisamos somente sintonizar-nos com a esfera que queremos visitar com o nosso corpo mental, e então nos deixarmos levar para cima e verticalmente como que sugados por um redemoinho através de um funil. A passagem do nosso mundo material denso a uma outra esfera ocorre muito rapidamente, como se voássemos sobre o mundo todo num único segundo. Nesse caso o mago deverá passar pela sua própria experiência, e por isso é melhor não entrar em maiores detalhes sobre esse assunto.

Durante os exercícios de viagem mental o mago poderá sentir, no início, uma sonolência quase incontrolável, contra a qual ele deverá se defender energicamente. A sonolência ocorre porque com o desligamento do corpo mental o cordão de ligação, i.e., o cordão vital entre os corpos mental e astral torna-se mais frouxo, o que provoca uma transposição de consciência e a consequente sonolência. Com o treinamento constante, quando o desligamento do corpo mental se tornar um hábito, a sonolência acabará.

O domínio da viagem mental aqui descrita é uma preparação indispensável para o envio do corpo astral, cuja descrição e aplicação prática serão apresentadas a seguir, no capítulo "Instrução Mágica da Alma".

Instrução Mágica da Alma (VIII)

O Grande "Agora"

Quem já chegou até aqui em sua evolução deverá dar a máxima atenção ao seu pensamento, principalmente ao pensamento plástico. A capacidade de concentração despertada em consequência dos intensos exercícios evoca imagens penetrantes do Akasha, através do pensamento plástico; elas são fortemente vitalizadas e tentam se concretizar. Por isso só devemos ter pensamentos nobres e puros, e devemos tentar transformar nossas eventuais paixões em qualidades positivas. A alma do mago já deverá ser tão nobre que ele nem mesmo conseguirá ter pensamentos negativos ou desejar o mal a alguém. Um mago deve agir de modo amável, prestativo e solidário, generoso e respeitoso, discreto e silencioso. Deve estar livre de egoísmo, orgulho e ganância. Essas paixões se refletiriam no Akasha, e como o Princípio do Akasha contém a analogia da harmonia, o próprio Akasha colocaria obstáculos no caminho do mago impedindo a sua evolução, ou o que é pior, tornando-a impossível. Um progresso posterior estaria então totalmente descartado. É só nos lembrarmos do livro de Bulwer, "Zanoni", no qual a guardiã da fonte nada mais é do que o Akasha, que impede o acesso dos grandes mistérios aos impuros e imaturos. Mesmo se eles o conseguirem, então o Akasha tentará transformar tal pessoa, deixá-la ser dominada pela dúvida, ou prendê-la a um golpe do destino, para proteger os mistérios de todas as formas possíveis. A um imaturo os mistérios permanecerão sempre ocultos, mesmo se forem divulgados em centenas de livros.

Um mago verdadeiro desconhece o ódio religioso ou sectário; ele sabe que toda religião possui seu sistema específico que levará seus devotos a Deus, por isso ele a respeita. Ele sabe que toda religião tem erros, mas ele não a julga, pois cada dogma serve ao estágio de maturidade espiritual de seu adepto. Através da sua evolução o mago passará a ser suficientemente maduro a ponto de enxergar com sua visão espiritual todos os pensamentos, todas as ações, todas as atitudes, relativas ao passado, ao presente ou ao futuro; ele sempre será tentado a julgar o seu semelhante. Mas com isso ele poderia contrariar as leis e provocar uma desarmonia. Um mago desse tipo não possui maturidade suficiente e perceberá que o Akasha anuviará a sua clarividência e o Maya o atormentará com ilusões. Ele precisa saber que o bem e o mal têm direito à existência e que cada um tem uma missão a cumprir. Um mago só poderá chamar a atenção de uma pessoa ou julgar seus defeitos e fraquezas quando convocado diretamente para tal, e deverá fazê-lo sem colocar nisso uma crítica. O mago autêntico aceita a vida como ela é, o bem lhe traz alegria e o mal lhe traz o aprendizado, mas ele nunca se deixa abater. Ele conhece as próprias fraquezas e se esforça em dominá-las. Jamais cultivará o arrependimento ou a culpa, pois estes são pensamentos negativos e portanto devem ser evitados. É suficiente que ele reconheça seus erros e não os repita novamente.

Sem Apego ao Passado

É basicamente errôneo prender-se ao passado e lamentar as coisas desagradáveis que o destino lhe impôs. Só os fracos se queixam constantemente para despertar a piedade dos outros. O verdadeiro mago sabe que através da evocação de imagens do passado elas podem voltar à vida, desencadeando novas causas e criando novos obstáculos no seu caminho. É por isso que o mago vive exclusivamente o presente e olha para trás só em caso de necessidade. Para o futuro ele fará só o planejamento do que for estritamente necessário e deixará de lado todas as ilusões e fantasias, para não gastar com elas as energias tão arduamente conquistadas, e para não dar ao subconsciente a possibilidade de criar obstáculos em seu caminho. O mago trabalha objetivamente na sua evolução sem esquecer seus deveres materiais, que deverão ser cumpridos com tanta consciência quanto as tarefas de sua evolução espiritual. Portanto, ele deverá ser muito severo consigo mesmo. Deverá sempre ser muito prudente, e no que se refere à sua evolução, discreto. O Princípio do Akasha não conhece o tempo nem o espaço, ele age portanto sempre no presente, pois os conceitos temporais dependem dos nossos sentidos. É por isso que recomendamos ao mago adaptar-se o máximo possível ao Akasha, reconhecendo-o como o grande AGORA, pensando e agindo em função dele.

Perturbações de Concentração como Compasso do Equilíbrio Mágico

A capacidade de concentração, em relação aos elementos, depende do equilíbrio mágico, e é também o melhor parâmetro para se saber qual o elemento do corpo astral que ainda deve ser dominado. Caso o elemento fogo, p.e., ainda consiga de alguma forma atingir o mago astralmente, então os exercícios visionários de imaginação plástica não serão muito convenientes para ele. Quanto ao elemento ar, ele terá mais dificuldades na imaginação auditiva, quanto ao elemento água na concentração do tato, e no elemento terra, no domínio da consciência. Em último caso a viagem mental, p.e., ou um estado de transe onde houver necessidade de uma transposição de consciência, poderá trazer mais dificuldades, e então, nesses casos, deverão ser intensificados os exercícios de concentração que influenciam o elemento em questão. Finalmente, o mago deverá continuar com a prática dos exercícios de concentração e aprofundá-los. Um sinal do equilíbrio mágico é o sucesso por igual na realização de todas as concentrações, tanto as visuais, auditivas, sensoriais quanto as com a consciência. Nesse estágio o mago deverá ser capaz de manter uma imaginação, sem nenhuma interferência, qualquer que seja o seu elemento correspondente, por no mínimo quinze minutos. Portanto, para ele nenhuma concentração deve ser melhor que a outra, e ele não deverá ter a preferência de uma em detrimento da outra. Se isso ocorrer, será um sinal evidente de que o equilíbrio dos elementos no corpo, na alma e no espírito ainda não foi implantado totalmente; então o aluno deverá tentar alcançá-lo através de um treinamento mais intenso. Se ele não o fizer, todas as deficiências que surgirão nos trabalhos espirituais subsequentes poderão atrapalhá-lo.

Segue-se agora a instrução mágica da alma desse grau, que descreve o OR e o OB dos cabalistas, além dos fluidos elétrico e magnético e o seu domínio.

O Domínio dos Fluidos Elétrico e Magnético

De acordo com a descrição apresentada na parte teórica existem dois fluidos principais, surgidos a partir dos quatro elementos, e que são os fluidos elétrico e magnético. O fluido elétrico provém do princípio do fogo, e o magnético do princpo da água. O princípio do ar é o elemento compensador entre esses dois últimos e o da terra é bipolar, portanto contém ambos os fluidos e é eletromagnético; no ponto central ele é elétrico e na periferia é magnético. De acordo com as leis descritas esses dois fluidos agem em todas as esferas, nos mundos mental e astral, assim como material. Eles são a origem de todos os seres. O conhecimento e o domínio desses dois fluidos será nossa próxima tarefa, pois através do seu domínio o mago conseguirá tudo o que quiser em todas as esferas, no mundo mental, astral ou material. O efeito do fluido em uma dessas esferas depende, porém, da maturidade do mago, da força e da penetração que ele pretende dar à sua formação na esfera desejada. Existem dois métodos que podem ser empregados no trabalho com esses dois fluidos, e que são: o método indutivo e o dedutivo. Nesse grau o mago aprenderá a usar ambos. Em primeiro lugar consideraremos o fluido elétrico.

O Domínio do Fluido Elétrico – Método Indutivo

Você poderá realizar esse exercício em pé ou sentado, o que preferir. Assuma a sua posição, feche os olhos e imagine que seu corpo está completamente oco por dentro, e que você é o centro de uma bola de fogo, uma esfera que envolve todo o Universo. Você deverá imaginar esse elemento ígneo cintilante e brilhante como um sol. Assim como aprendeu a sentir o calor no capítulo sobre a projeção, você aprenderá agora a sentir automaticamente o calor na periferia do seu próprio corpo, sem precisar desviar a sua atenção para o fato. Nesse exercício você deverá sentir a expansão do elemento fogo no seu próprio corpo. Deverá imaginar que o elemento fogo universal comprime expansivamente a luz para dentro do seu corpo oco. Quanto mais intensivamente e incandescente você imaginar a bola de fogo, tanto mais luz será comprimida para dentro do seu corpo, vinda de todos os lados e entrando pelos poros da sua pele. Todo o seu corpo ficará carregado, i.e., represado com essa luz. Você deverá sentir a pressão da luz em seu corpo e senti-lo como se fosse um balão cheio de luz. A pressão da luz deve vir de fora para dentro; com isso ela provocará uma sensação estranha de preenchimento, como se fosse estourar. Nesse exercício a respiração deve ser tranquila, pois o mago é induzido a reter a respiração durante o preenchimento dinâmico com a luz, o que deve ser evitado a todo o custo. Ao conseguir provocar um represamento tão forte da luz, ou seja, uma dinamização da luz a ponto de achar que seu corpo vai explodir a qualquer momento, você também sentirá que seu corpo, principalmente as pontas dos dedos, se carregam com uma forte corrente elétrica. Capte com força essa sensação, pois trata-se do fluido elétrico aqui descrito. Tão logo você tenha concluído o represamento, deixe o fogo universal esvair-se lentamente, através da imaginação, até que ele se acabe. Ao mesmo tempo imagine que a luz represada também vai se apagando, a pressão diminuindo aos poucos, até que tudo por fora e por dentro de você se esvai ou se apaga totalmente. Assim estará completo o primeiro exercício com o método indutivo do fluido elétrico. Depois de treinar bastante e conseguir uma certa prática em produzir o fluido elétrico com facilidade e à vontade, tente começar a impregná-lo com um desejo. Para isso você precisará somente imaginar que a luz represada em você, ou melhor, o fluido elétrico contido nessa luz, estimula e fortalece as suas energias ativas do espírito, da alma e do corpo. Desse modo você poderá despertar em si, de fora para dentro, todas as capacidades e características ativas que correspondem aos elementos fogo e ar. Você terá, p.e., a possibilidade de aumentar a sua força de vontade, sua fé e seu poder sobre os elementos até um nível quase sobrenatural. A amplitude do alcance dessa força e desse poder não pode ser descrita em palavras, e você se convencerá melhor disso através da sua própria experiência. Nos graus anteriores enfatizei como é importante enobrecermos a alma, afastarmos todas as paixões e tentarmos alcançar o equilíbrio mágico. Esse exercício ou qualquer outro realizados por uma pessoa sem escrúpulos, que não tenha ainda alcançado o equilíbrio mágico, serviriam apenas para estimular mais ainda essas paixões através da sua ativação. O controle sobre o domínio dessas paixões desapareceria e elas se tornariam um tormento. Todo mundo reconhecerá que essas advertências não são apenas palavras vazias ou pregações de moral. Uma pessoa totalmente equilibrada não tem nada a temer, muito pelo contrário, ela tem a possibilidade de se elevar e terá todas as condições de concretizar os seus ideais.

O Domínio do Fluido Magnético — Método Indutivo

Com esse fluido o método é exatamente o mesmo. Sente-se no seu asana, imagine estar oco como uma bola de borracha e ser capaz de captar o fluido magnético levando-o para dentro de si. Feche os olhos e imagine que o Universo inteiro está cheio de água e que você está no meio dele. Você sentirá imediatamente a umidade e o frio na periferia de seu corpo; mas não desvie sua atenção para o fato. Imagine somente que o seu corpo, como uma esponja seca atirada à água, suga a energia magnética do elemento água universal. Esse exercício de imaginação deverá ser ampliado constantemente, até você sentir uma dinâmica dentro de si semelhante a um pneumático cheio de ar, e saber que não há possibilidade de continuar com o represamento. Você sentirá o fluido magnético como uma força de contração e de atração. Ao atingir, com esse exercício, o ponto máximo da acumulação de energia magnética, deixe a imaginação fluir aos poucos para o nada e a energia magnética acumulada em você dissolver-se no infinito. Depois de conseguir diferenciar os fluidos magnético e elétrico, você terá a possibilidade, como no caso do fluido elétrico, de fortalecer em si aquelas capacidades que correspondem aos elementos água e terra, como por exemplo as capacidades mediúnicas, a sensitividade, a psicometria, a leitura do pensamento, a psicografia etc.

O Domínio do Fluido Elétrico — Método Dedutivo

Só se deve trabalhar com esse método quando os dois anteriores já estiverem bem dominados. O método dedutivo é igual ao indutivo, só que numa sequência contrária. Represe o elemento fogo em seu corpo, extraindo-o do Universo através da respiração pulmonar ou dos poros ou de ambas, ou eventualmente através da simples imaginação, do modo como você aprendeu no capítulo sobre a inspiração dos elementos e seu represamento. Durante o represamento do elemento fogo você não precisará prestar atenção ao calor, pois este será sentido automaticamente. Através do elemento represado é produzida uma enorme expansão, que provoca uma forte irradiação do fluido elétrico para fora do corpo e que é sentida por toda a pele, como quando se é tratado com uma máquina de eletrificação ou com um aparelho de alta frequência. A irradiação do fluido elétrico cresce e torna-se cada vez mais estável e penetrante através da repetição constante e do aumento do represamento do elemento, e densifica-se tanto que chega a ser visto e sentido por um não-iniciado. Podemos aumentar essa energia a ponto de conseguirmos ligar uma lâmpada de néon. Naturalmente esses exercícios não se destinam a esses ou outros objetivos, e experiências semelhantes devem servir somente para nos certificarmos ou convencermos os outros, pois geralmente essa energia só deverá ser usada para objetivos nobres e elevados. Ao alcançarmos com esse exercício o ponto máximo do represamento de um elemento, portanto a irradiação máxima, devemos deixar o elemento fogo, junto com o fluido elétrico, fluir novamente ao Universo, deixando o corpo livre e encerrando o exercício.

O Domínio do Fluido Magnético – Método Dedutivo

De modo semelhante ao descrito no exercício anterior, com o fluido elétrico – método dedutivo –, devemos também proceder neste caso, que trata do domínio do fluido magnético – método dedutivo. A diferença é que ao invés do fogo, neste caso é considerado o elemento água. Represe o elemento água em seu corpo oco através da imaginação, o mais dinamicamente possível. Nesse represamento você poderá empregar a respiração pulmonar, dos poros ou ambas, ou então deixar que a simples imaginação o realize. Apesar de sentir a umidade e o frescor durante o represamento, dirija a sua atenção principal à camada externa e à pele do seu corpo. Você sentirá principalmente nas extremidades e na pele do corpo uma força de contração, como num magneto de verdade. No início, e numa dinamização muito forte, antes de se acostumar, você sentirá esse fluido de forma quase paralisante. Ao levar o represamento ao máximo, vá dissolvendo aos poucos o elemento água junto com o fluido magnético no Universo, através da imaginação, e encerre o exercício.

Todos os quatro métodos devem estar dominados a ponto de conseguirmos empregá-los a qualquer momento através da imaginação, para produzirmos os fluidos elétrico e magnético, o que se consegue depois de um treinamento constante e incansável. Devemos prestar muita atenção nisso, pois o domínio desses dois fluidos é muito importante; através dessas duas energias universais pode-se conseguir tudo, em qualquer esfera que o mago queira exercer sua influência. No início os exercícios deverão ser realizados com os olhos abertos, e depois com eles fechados, sem levar em conta o lugar ou a situação em que nos encontramos. É importante também saber que nos quatro métodos o mago tende a contrair os músculos ou a reter a respiração, o que não deve acontecer. Esses métodos devem ser praticados com tranquilidade e relaxamento, sem nenhum esforço externo aparente.

Como o mago pode ver, o método indutivo serve para canalizar uma energia do Universo para dentro de si, do seu corpo, sua alma e seu espírito, ao passo que o método dedutivo tem a função de enviar uma energia, um fluido, de dentro para fora. Adquirindo uma boa prática nos quatro métodos, ele poderá ampliar o exercício, e ao invés de deixar o elemento fogo externo dissolver-se no nada, através da imaginação, depois de acumular ao máximo o fluido elétrico dentro de si pelo método indutivo, ele poderá manter em seu corpo esse fluido elétrico com sua pressão e o respectivo elemento fogo. Depois de segurar esse fluido por algum tempo, o quanto ele conseguir aguentar, então poderá deixá-lo fluir novamente ao Universo. O mago deverá proceder da mesma maneira com o fluido magnético. Os dois métodos apresentados deverão ser praticados até serem totalmente dominados; antes disso você não deverá prosseguir.

Os métodos aqui descritos para o domínio dos fluidos elétrico e magnético são, de certo modo, exercícios preliminares, e quando o mago conseguir dominá-los poderá passar ao último método, o mais importante, ou seja, o domínio do fluido eletromagnético, que descreverei em seguida.

Devemos observar a seguinte analogia: a cabeça e o peito correspondem ao fluido elétrico, o ventre as coxas e os pés ao fluido magnético, A tarefa do mago é carregar os pés, as coxas e o ventre – até a caixa torácica – com o fluido magnético, e a cabeça, o peito e a garganta com o fluido elétrico, da forma descrita anteriormente. Ele deverá conseguir carregar essas duas partes do corpo com os respectivos fluidos de forma tão dinâmica, a ponto de sentir que está prestes a explodir. Depois de algum treinamento ele será capaz de segurar ambos os fluidos. Ao chegar a esse ponto, ele deverá comprimir o fluido elétrico no lado direito do seu peito através da imaginação, formando assim uma espécie de espaço vazio ao redor do coração. Melhor ainda é ele deixar o lado esquerdo do peito vazio, já no momento em que carregar a região superior do corpo com o fluido elétrico. Chegando nesse ponto, ele deverá tirar o fluido magnético represado da região inferior do corpo, através da imaginação, passando-o pelo peito esquerdo e represando-o em toda a mão esquerda até a ponta dos dedos. A mão torna-se portanto magnética, passando a ter uma irradiação refrescante e de contração. Da mesma forma devemos proceder com a mão direita, represando nela, com a imaginação, o fluido elétrico tirado da cabeça e do lado direito do peito. Com isso a mão direita torna-se elétrica. Passamos a sentir a energia expansiva, quente e elétrica em toda a mão, mas principalmente nas pontas dos dedos. Se essas duas energias não forem usadas para alguma tarefa pessoal, podemos dissolvê-las com a imaginação no Universo.

Ao dominarmos totalmente esse exercício, nos tornaremos mestres do fluido eletromagnético, mestres das duas energias universais com as quais poderemos conseguir tudo o que almejamos. Outras possibilidades de utilização desses dois fluidos serão descritas num outro estudo. Abençõe todo o mago com suas mãos elétricas e magnéticas, pois elas podem ser a verdadeira bênção da humanidade!

Instrução Mágica do Corpo (VIII)

Dominando todas as práticas da instrução mágica do corpo descritas até agora, não precisaremos de mais nenhum tipo especial de instrução. Por isso, apresentarei nos capítulos seguintes da instrução mágica do corpo alguns ensinamentos e indicações para uma utilização eventual. Segue-se um método de influência através dos elementos, que o mago poderá utilizar para se influenciar a si mesmo ou às outras pessoas.

Influência Mágica através dos Elementos

Neste caso não importa se se trata de uma auto-influência ou da influência de outras pessoas, correspondentes aos quatro métodos em questão.

1. Fogo – através da queima.
2. Ar – através do vapor.
3. Água – através da mistura.
4. Terra – através da decomposição.

Pudemos constatar centenas de variações e possibilidades de influências através dos elementos, sobre as quais eu poderia escrever um livro inteiro. Mas prefiro me limitar a um único exemplo de cada elemento. Com ele, o próprio mago poderá incrementar a sua prática e montar o seu próprio esquema de ação.

Esses quatro métodos agem sobre a matriz astral mais sutil do mundo material e induzem os elementos desse plano a agirem em todos os lugares que o mago determinar, indiretamente. Caso se trate de uma influência sobre uma pessoa, então os elementos materiais atuarão, com suas analogias, sobre a substância de ligação entre o corpo astral e o material. Um mago que domina totalmente os elementos em todos os planos, não precisa de nenhum desses métodos, ele alcança a sua meta da mesma forma rápida e segura através da interferência direta. Mas de vez em quando, até mesmo o mago mais iniciado usa as energias inferiores, porque tanto estas quanto as energias superiores lhe servem e obedecem.

Por outro lado os magos menos maduros gostam de usar essas práticas inferiores para realizar os seus desejos, pois essas energias obedecem cegamente à vontade do mago, que sabe como dominá-las. Mas, poderemos perguntar, para quê afinal servem essas energias inferiores e seus métodos? Responderei a essa pergunta com dois exemplos:

Suponhamos que um aluno principiante de magia peça ajuda a um irmão mais evoluído, pois com toda a força de sua vontade ele não está conseguindo combater sozinho uma paixão, vício ou algo similar, ou então dispenderia tempo demais para dominá-la e obter o equilíbrio. O irmão evoluído terá condições de agir sobre o elemento correspondente ao vício através do método adequado, e enfraquecer essa forma negativa do elemento que está influenciando o aluno, para que ele o combata mais facilmente, ou então, até consiga suprimir essa influência.

No segundo exemplo vamos supor que o mago deva tratar, através dos elementos, uma doença crônica de longa duração. Algumas intervenções diretas não seriam suficientes para curar a doença, e uma repetição constante dispenderia muito tempo. Em casos assim o mago poderá usar essas energias como fatores auxiliares. Existem muitos casos desse tipo, em que o mago pode utilizar-se dos elementos dessa categoria. Ele também poderá usar qualquer energia que conhecer; o importante é que os seus motivos e as suas intenções sejam nobres, pois ele parte do princípio de que tudo o que é feito com pureza permanece puro. No trabalho com os quatro métodos o mago terá três campos de ação: 1. A ação imediata; 2. A ação completa, que é temporalmente limitada; 3. A ação a longo prazo, que transcorre com o tempo e finalmente acaba totalmente quando a operação não é renovada. Em seguida passaremos à descrição da prática.

A Influência através do Elemento Fogo

A QUEIMA

Prepare um pedaço de flanela ou papel mata-borrão – em último caso poderá ser um papel comum – cortando-o no tamanho de cerca de 10x10 cm. Embeba-o com um condensador fluídico qualquer e deixe-o secar. Coloque o papel assim preparado à sua frente e concentre para dentro dele o seu desejo, através dos elementos densos e a imaginação. Não se esqueça de determinar o prazo da ação a ser impregnada, i.e., se ela deverá ser imediata, limitada ou a longo prazo. Quando o papel estiver bem carregado com o seu desejo, queime-o numa chama qualquer, que poderá ser a de uma vela. Durante essa queima você deverá concentrar-se novamente no pensamento de que, através da queima do papel ou da flanela, a energia é liberada e aciona os elementos densos a desencadearem o efeito desejado. A cinza restante não tem valor mágico e deve ser tratada como qualquer outra cinza. Nessa experiência você poderá formular a ação também no sentido dela ter, para a pessoa a qual é destinada, um efeito imediato, tão logo ela coma ou beba alguma coisa quente, entre num quarto quente ou faça contato com qualquer outra coisa quente. Através da operação há possibilidade também de se projetar o elemento fogo para dentro do papel, carregá-lo com um desejo e transferi-lo de volta ao elemento fogo ou ao Princípio do Akasha em função da dissolução do efeito. Existem vários outros processos, mas esse exemplo deve bastar para dar ao mago uma indicação precisa nessa direção.

A Influência através do Elemento Ar

A EVAPORAÇÃO

Numa pequena vasilha ou prato de um metal qualquer devemos verter um pouco de água comum, só até ela cobrir o fundo em alguns milímetros. Nela devemos colocar algumas gotas de um condensador fluídico específico para a água; se não o tivermos disponível então poderemos usar o condensador fluídico universal. Proceda então do mesmo modo anterior, concentrando o seu desejo para dentro do líquido. Coloque o pratinho sobre a chama do fogão, ou sobre uma estufa quente – só não use uma fonte elétrica – e deixe o líquido carregado com o seu desejo evaporar. Ao mesmo tempo concentre no vapor o seu pensamento de que o elemento ar assimilou o seu desejo, e o princípio mais sutil do ar foi induzido a realizá-lo. Concentre isso nele até que a última gota de líquido se evapore; então encerre a experiência. Durante a impregnação do desejo você poderá pedir para que a pessoa a ser influenciada assimile o princípio do ar a cada inspiração, quando então o desejo começará a se realizar. Esse é só um exemplo, e variações semelhantes desse tipo de influência pelo elemento ar poderão ser inventadas pelo próprio mago.

A Influência através do Elemento Água

A MISTURA

Pegue uma vasilha, um prato de vidro ou um pequeno vaso e procure uma fonte de água corrente, um regato, uma bica ou um rio. Durante a experiência tente não dar nas vistas. Encha o recipiente com água e coloque nele algumas gotas do condensador fluídico adequado ao elemento água; em último caso use o condensador fluídico universal. Então aja como no caso do elemento anterior, efetuando a impregnação do desejo. Quando a água assim preparada estiver convenientemente carregada com o seu desejo, jogue-a rio abaixo transmitindo-lhe o pedido de que as partes mais sutis do elemento água realizem o seu desejo imediatamente. Quando a pessoa a ser influenciada entrar em contato de alguma forma com o elemento água, p.e., ao se lavar, beber água ou tomar chuva etc., então esse elemento entrará imediatamente em ação liberando o efeito desejado. Esse exemplo deve bastar para que o mago crie seus próprios métodos individuais dentre as várias opções disponíveis, que também serão muito eficazes.

A Influência através do Elemento Terra

A DECOMPOSIÇÃO

No trabalho com esse elemento podemos proceder de duas formas diferentes: l. Do mesmo modo apresentado na experiência anterior, isto é, usando-se água corrente do rio ou da chuva – não se deve usar água da torneira – na qual colocamos um pouco de condensador fluídico, correspondente ao elemento terra. Podemos usar também um condensador fluídico universal. Com o condensador fluídico podemos também trabalhar diretamente, isto é, sem diluí-lo primeiro, e ao invés de jogarmos o líquido impregnado na água, devemos jogá-lo diretamente na terra, fazendo uma forte concentração do desejo para que a terra o absorva e o elemento terra libere o efeito desejado. Para essa experiência não devemos escolher a rua, onde há o trânsito de pessoas, mas um lugar discreto no jardim, gramado ou campo. Se tivermos dificuldade em encontrar esses lugares na cidade grande, então poderemos usar um simples vaso de flores com um pouco de terra. 2. Pegue uma maçã, uma pera, ou melhor ainda, uma batata, e com uma faca ou descascador de batatas faça um buraco nela; jogue nesse buraco o condensador fluídico correspondente ao elemento terra. Em último caso use o condensador fluídico universal. Então proceda do mesmo modo anterior, carregando a batata com a impregnação do desejo. Então enterre a batata, e em cada manipulação concentre no elemento terra a vontade de que ele exerça o efeito desejado. Nesse item também deve ser incluída a simpatia e a magia mumial, o assim chamado transplante, em que não se trabalha com os condensadores fluídicos, mas com mumias, que são partes do corpo, como cabelos, unhas, sangue, suor, urina etc. Não descreveremos aqui esse tipo inferior de magia, pois se o mago se interessar por ela poderá procurar informar-se e praticá-la por si mesmo.

    Esses dois exemplos são suficientes para explicar a influência com o elemento terra. Seguindo essas indicações o mago poderá criar outros métodos, sabendo que sua intuição o levará a fazer a coisa certa. Como vimos pelos exemplos apresentados, o mago, ou sua vontade instruída, é o fator determrninante que leva, através da imaginação, os elementos universais a desencadearem o efeito desejado. Ele poderá repetir a operação quantas vezes quiser, para obter a realização do desejo. Ele poderá também fazer essa experiência consigo mesmo, isto é, para sua auto-influência. Existe ainda outro tipo de auto-influência em que os seres elementais, as assim chamadas salamandras, fadas, ninfas e gnomos, realizam o desejo solicitado com a ajuda dos elementos. Como esses seres são chamados, para se tornarem visíveis e servirem ao mago, será publicado em minha segunda obra, cujo título é: "Die Praxis der Magischen Evokation" (A Prática da Evocação Mágica).

Condensadores Fluídicos

Qualquer objeto pode ser influenciado através da imaginação e da vontade, e carregado com qualquer fluido, elétrico ou magnético, com os elementos ou com o Akasha. Mas segundo as leis da analogia e as experiências realizadas, ficou demonstrado que nem todos os objetos nem todos os líquidos são adequados para manter ou acumular por muito tempo uma energia represada. Assim como a eletricidade, o magnetismo e o calor possuem bons ou maus condutores, também as energias superiores têm essa característica. Os bons condutores têm uma enorme capacidade de acumulação, pois conseguem armazenar as energias nele introduzidas e preservá-las dentro de si. Esses acumuladores são chamados, na ciência hermética, de "CONDENSADORES FLUÍDICOS". Existem três grupos principais de condensadores fluídicos: 1. Sólidos, 2. Líquidos e 3. Aéreos.

No grupo principal dos condensadores fluídicos sólidos incluem-se as resinas e os metais, entre os quais o ouro é aquele que possui o valor mais elevado. Pequenos fragmentos, pedacinhos mínimos até de ouro dão a qualquer líquido uma capacidade extraordinária de condensação; é por isso que se costuma adicionar ouro em porções microscópicas a todos os condensadores fluídicos. Falaremos sobre isso mais tarde.

No segundo grupo incluem-se as lacas, óleos, tinturas e extratos feitos de resina, compostos e produzidos a partir de determinadas plantas. Como o ouro, que é considerado o mais nobre dentre os corpos sólidos por ser análogo ao sol, portanto correspondente à energia solar e luminosa, o ouro dos corpos líquidos é o sangue humano e o sêmen, ou esperma. Com isso o ouro pode ser totalmente substituído, pois resquícios mínimos de sangue e de esperma num líquido dão a este uma capacidade extraordinária de acumulação.

O segundo grupo é composto pelos defumadores, aromas, água de cheiro, enfim, todos os vapores; não entrarei em maiores detalhes sobre eles, pois não têm muita importância para a magia prática. Além

222

disso, só poderei mesmo descrever aqui os condensadores fluídicos mais importantes para a prática da magia, pois se eu quisesse enumerar todos os tipos de condensadores, o seu processo de fabricação e possibilidades de utilização, e ainda considerar todas as pedras preciosas e semipreciosas que são ótimos condensadores, só esse estudo já se transformaria num livro inteiro.

Existem dois tipos de preparação de condensadores fluídicos; os simples, ou universais, preparados a partir de uma substância ou planta, e que podem ser usados para quase tudo. Os do segundo tipo são compostos, preparados a partir de várias substâncias e plantas e possuem capacidades de acumulação excepcionalmente fortes. Como se costuma acrescentar uma quantidade ínfima de ouro a cada condensador fluídico, o mago deverá providenciar esse metal antes de prepará-lo. Em lojas especiais de equipamento fotográfico podemos comprar o assim chamado cloreto de ouro solúvel em água, ou *Aurum chloratum*, usado para tingir papéis fotográficos. Uma solução de uma grama desse cloreto em 20 g de água destilada nos dá uma maravilhosa tintura de ouro. São suficientes cerca de 5 a 10 gotas dessa tintura de ouro para cada 100 g de condensador fluídico líquido. Aqueles que conhecem bem o trabalho de laboratório, podem fazer sozinhos essa tintura de ouro através da eletrólise. Em farmácias homeopáticas ou onde são preparados remédios homeopáticos ou eletro-homeopáticos, será fácil encontrar ou mandar preparar essa tintura. Os remédios homeopáticos à base de ouro são geralmente diluições do cloreto de ouro ou tinturas preparadas através da eletrólise, como p.e., *Aurum chloratum* D1-D3, *Aurum muriaticum* Dl-D3 ou *Aurum metallicum* D1-D3. O conhecedor de remédios homeopáticos sabe que o D maiúsculo significa potência decimal.

Caso você não tenha possibilidade de arranjar a tintura de ouro através dos caminhos apresentados, então não lhe resta outra alternativa senão prepará-la você mesmo, seguindo a velha receita dos alquimistas, que é muito simples. Pegue um pedacinho de ouro da melhor qualidade – não pode ser ouro novo – quanto maior o número de quilates tanto melhor. O ouro comum de 14 quilates também serve. A forma do ouro não importa, pode ser um bracelete, um anel, um broche, um colar ou a tampa de um relógio de pulso. Arranje um pouco de água destilada, em último caso pode ser também um pouco de água da chuva. Coloque a água num recipiente, de modo a completar dez vezes o peso do ouro; por exemplo, se você tiver 10 g de ouro, então coloque na vasilha 100 g de água destilada. Aqueça o ouro numa chama até ele ficar incandescente, com a cor vermelha, e jogue-o então na água. Devemos tomar cuidado para que o cordão ou o gancho no qual o objeto de ouro estiver preso não toque a água. O ideal é usar um gancho de arame, no qual o ouro poderá ficar suspenso sobre a água. Com o resfriamento rápido a água chia e espirra, e devemos ter cuidado para que essa água quente não nos atinja, provocando queimaduras. Tenha cuidado principalmente com os olhos! Na água destilada só deve ser mergulhado o ouro puro. Ambos, tanto a água quanto o ouro, devem ser deixados para esfriar. Esse procedimento todo deverá ser repetido de 7 a 10 vezes. Sete a dez resfriamentos serão suficientes, pois durante o processo sempre há uma evaporação de pequenas quantidades de água, e até quantidades maiores, quando trabalhamos com doses pequenas. Através do rápido resfriamento – oxidação – libertam-se pequenas partículas atômicas, e a água fica saturada de ouro. Os antigos alquimistas chamavam essa água saturada ou qualquer outra essência vegetal, mergulhada pelo ouro incandescente, de "Quintessência do ouro pela via quente", e utilizavam-na como ingrediente para outras substâncias curativas alquímicas. Porém nós o usaremos para nossos condensadores fluídicos. O líquido saturado pelo ouro deverá ser filtrado através de um pedacinho de linho fino, papel de filtro ou algodão, em um funil, e guardado para as nossas experiências. Dessa tintura de ouro usaremos geralmente só de 5 a 10 gotas em cerca de 100 g de líquido condensador fluídico. A peça de ouro usada na preparação da tintura que acabamos de descrever deverá ser limpa com um produto especial para metais e guardada para ser usada novamente no futuro.

a) CONDENSADORES SIMPLES

Pegue um punhado de flores de camomila frescas ou secas, coloque-as numa panela, e jogue água fria até cobri-las inteiramente. Leve ao fogo e deixe ferver por uns 20 minutos, com a panela tampada. Tire do fogo e deixe esfriar, sempre com a panela tampada. Filtre a infusão, e coloque-a novamente no fogo deixando-a ferver até chegar a uns 50 g. Algumas gotas a mais ou a menos não farão diferença. Deixe o extrato de camomila esfriar e acrescente a mesma quantidade em álcool comum ou álcool de bebida – em nosso caso 50 g – para conservá-lo. Em caso de necessidade podemos usar também o álcool desidratado, ou inflamável. Acrescente a essa mistura cerca de 10 gotas da tintura de ouro. Se o seu condensador for usado para sua própria finalidade pessoal, você poderá reforçá-lo especialmente, colocando uma gotinha de seu próprio sangue ou esperma num chumacinho de algodão, ou então um pouquinho de ambos, jogando-os no condensador e agitando tudo junto. Depois, filtre tudo através de um pedacinho de linho fino, algodão ou papel de filtro, vertendo a solução num frasco que deverá ser bem tampado com uma rolha e guardado num local fresco seco e escuro para ser usado futuramente. Um condensador fluídico preparado e conservado dessa maneira não perderá sua eficácia mesmo depois de alguns anos. Antes de utilizá-lo devemos agitar bem o frasco, e depois tampá-lo novamente, guardando-o num local escuro e fresco. Desse mesmo modo você poderá preparar vários outros tipos de condensadores fluídicos universais, a partir do chá russo, do autêntico chá chinês, de flores de lilazes – de preferência brancas –, folhas de choupo, das raízes de mandrágora, flores de arnica, de acácias e outros. No uso comum, como na influência através dos elementos ou para o desenvolvimento dos sentidos astrais através dos condensadores fluídicos, basta um condensador fluídico simples, preparado com uma única planta.

b) Condensadores Compostos

Para se conseguir represamentos de energia especialmente fortes, ou em trabalhos de influência não mental ou astral, mas material-densa, como por exemplo a criação de elementares (figuras de cera ou argila), vitalização de imagens, ou em outros fenômenos de materialização, devem-se usar os condensadores fluídicos compostos, que são preparados com os seguintes extratos vegetais:

Raízes de angélica, folhas de sálvia, flores de tília.
Cascas de pepino ou sementes de abóbora.
Flores ou folhas de acácia.
Flores de camomila, flores, folhas ou raízes de açucena.
Flores ou casca de canela, folhas de urtiga.
Folhas de menta, folhas de choupo.
Flores ou folhas de violeta, eventualmente amor-perfeito.
Folhas ou casca de salgueiro.
Tabaco, verde ou seco.

Existem três tipos de preparação. O primeiro e mais simples consiste em colocar numa panela grande partes iguais das plantas aqui indicadas, cobri-las com água e deixá-las cozinhar durante meia hora. Depois de fria a infusão deve ser filtrada e levada ao fogo novamente para ferver lentamente até engrossar o máximo possível. Acrescente o álcool na mesma proporção do extrato, adicione a tintura de ouro na proporção de 10 gotas para cada 100 g de líquido, e eventualmente um pouco de sangue ou esperma, ou ambos. Agite bem a mistura e passe-a por uma peneira fina, vertendo-a num frasco escuro – verde ou marrom – fechando-o bem com uma rolha. O frasco deverá ser guardado num local escuro até a substância ser utilizada.

O segundo tipo de preparação consiste em colocar partes iguais das plantas apresentadas num frasco de vidro, de conservas ou outro qualquer, e cobri-las com álcool, deixando-as macerar durante 28 dias num local mais ou menos quente. Depois a mistura deve ser prensada numa tela ou outro material semelhante e filtrada. Acrescente-se a tintura de ouro na proporção correspondente e eventualmente também as próprias mumias – o sangue e o esperma. Verta a mistura em frascos e guarde-a para o seu uso próprio. Nesse extrato não será mais preciso acrescentar álcool para a conservação.

Um dos melhores métodos para se preparar essa infusão é fazê-la com cada planta separadamente; ou da maneira descrita anteriormente, no caso do condensador fluídico simples preparado com a camomila, ou então fazendo-se os extratos das plantas através das macerações no álcool que descansam por um longo período.

Depois de prontas, devemos juntar todas as infusões numa só, acrescentar as gotas de tintura de ouro e guardar a substância final com bastante cuidado.

Devemos proceder da mesma forma com os quatro condensadores fluídicos especiais, usados para a influência dos elementos. As plantas a serem usadas são as seguintes:

PARA O ELEMENTO FOGO:
Cebola, alho, pimenta, grãos ou sementes de mostarda.
Nota: Por causa de sua forte capacidade de irritação esse condensador fluídico não deve entrar em contato com o corpo, principalmente com os olhos.

PARA O ELEMENTO AR:
Folhas ou cascas de avelãs.
Zimbro.
Flores ou folhas de rosa.
Sementes de coentro.

PARA O ELEMENTO ÁGUA:
Aveia; poderá ser usada também a palha de aveia, picadinha.
Sementes de tubérculos de diversos tipos, como cenoura, beterraba, nabo etc.
Flores ou folhas de peônia.
Folhas de cerejeira, eventualmente também a casca.

PARA O ELEMENTO TERRA:
Salsa, a raiz, as folhas ou as sementes.
Sementes de alcaravia.
Tanchagem forte, de folhas largas ou compridas, a erva.
Flores de cravo ou a erva melissa.

Aos olhos de um não-iniciado as receitas aqui apresentadas, em que se misturam ervas e raízes, podem parecer uma grande bobagem, do ponto de vista farmacológico. Neste caso porém, não é considerado o seu efeito farmacológico, mas o seu efeito mágico.

A visão do iniciado que conhece as propriedades ocultas das plantas com certeza vai encontrar a correlação correta. Poderiamos montar centenas de receitas desse tipo, com base nas leis da analogia. Mas essas indicações já devem ser suficientes para o mago, e certamente ele conseguirá usá-las adequadamente. Todas as receitas aqui apresentadas originam-se da prática, e funcionaram muito bem. Antes de encerrar o assunto dos condensadores fluídicos líquidos, eu gostaria de esclarecer um pouco uma questão a eles relacionada, ou seja, a dos elixires da vida.

Os autênticos elixires da vida alquímicos nada mais são além de condensadores fluídicos, compostos de modo extraordinário, preparados analogamente aos elementos e aos três planos da existência humana, e carregados magicamente em relação a eles. Para a esfera mental são usadas essências, para a esfera astral tinturas e para a esfera material-densa os sais, ou eventualmente extratos, correspondentemente carregados. Os elixires produzidos dessa forma naturalmente não influenciam somente o corpo material-denso do homem, mas também os seus corpos astral e mental. Portanto um elixir desse tipo não é só um ótimo remédio, mas também uma substância regeneradora muito dinâmica.

Numa obra sobre alquimia, que pretendo publicar futuramente, apresentarei uma série de indicações relativas a esses aspectos. Neste livro porém, eu gostaria só de observar que os elixires dos verdadeiros alquimistas nada mais são do que condensadores fluídicos especiais.

Condensadores Fluídicos para Espelhos Mágicos

No próximo grau descreverei a autêntica magia dos espelhos, ou seja, a prática com o espelho mágico; é por isso que o mago deve saber fazer ele mesmo um espelho mágico desse tipo. Para isso ele precisará de um condensador fluídico sólido, feito a partir de sete metais, que são:

Chumbo .... uma parte.
Zinco .... uma parte.
Ferro .... uma parte.

Ouro .... uma parte.
Cobre .... uma parte.
Latão .... uma parte.
Prata .... uma parte.
Resina de Aloe (*Gummiresina aloe*) .... uma parte.
Carvão animal (*Carbo animalia*) .... três partes.
Carvão de pedra .... sete partes.

As partes aqui indicadas não se referem ao peso, mas à medida. Se pegarmos, p.e., um centímetro cúbico de chumbo, então devemos pegar também um centímetro cúbico de cada um dos outros metais; o mesmo vale para a Aloe e os dois tipos de carvão. Todos os ingredientes devem ser pulverizados. Os metais mais macios como chumbo e zinco podem ser pulverizados usando-se uma lima grossa (a assim chamada limalha) e para os metais mais duros podemos usar uma lima fina. A resina de Aloe pode ser triturada num almofariz, caso ela já não venha em forma de pó. Devemos proceder da mesma forma com os dois tipos de carvão. Ao juntar todos os ingredientes devemos misturá-los bem; essa mistura na verdade já é o próprio condensador fluídico sólido.

O "Elektro-Magicum" dos antigos magos e alquimistas também nada mais é do que um fantástico condensador fluídico, composto de:

      30 g de Ouro.
      30 g de Prata.
      15 g de Cobre.
      6 g de Zinco.
      5 g de Chumbo.
      3 g de Ferro.
      15 g de Mercúrio.

Como podemos ver, todos os metais planetáarios estão aqui representados. A liga desses metais servia para a fabricação de espelhos, sinos, e outros objetos mágicos. Os condensadores fluídicos sólidos por mim recomendados também são ótimos e confiáveis e foram testados muitas vezes.

d) Preparação de Espelhos Mágicos

Existem dois tipos de espelhos mágicos – os planos e os côncavos. Para ambos poderemos usar espelhos normais, pintados com amálgama de prata ou verniz preto e cobertos depois com condensadores fluídicos líquidos ou sólidos. São justamente esses últimos que têm um valor especial para a nossa prática mágica, e através de alguns exemplos descreverei como você poderá fazê-los.

1. Para o espelho mágico mais simples, feito com um único condensador, basta a superfície de um espelho ou de uma vasilha, de preferência de vidro, sobre a qual passamos o condensador fluídico líquido ou sólido.

2. Corte um círculo de papelão com o diâmetro de 20 a 50 centímetros, conforme o tamanho do espelho mágico que você pretende fazer. Depois, corte outro círculo do mesmo tamanho, em papel mata-borrão ou papel de filtro, mergulhe-o no condensador fluídico ou passe este último nele, em várias camadas, com um pincel fino ou um chumaço de algodão, até que fique bem impregnado. Deixe secar bem. Cole esse círculo de papel mata-borrão ou de papel-filtro sobre o primeiro, de papelão, deixe secar, e o espelho estará pronto para ser usado. Um espelho tão simples com certeza poderá ser feito por qualquer pessoa. Quem não gostar da forma circular, poderá escolher uma forma oval ou quadrada. Se você quiser, poderá também emoldurar o espelho. O condensador fluídico a ser usado nesse caso poderá ser o de tipo simples, mas recomenda-se o uso do condensador fluídico composto.

3. No terceiro método o processo é o mesmo, só que a superfície do papel mata-borrão ou papel-filtro deverá ser pintada com uma camada bem fina de verniz incolor, sobre a qual será pulverizado o condensador fluídico sólido (em pó), através de uma peneira. Esse espelho, que logo depois de seco já poderá ser usado, é o melhor espelho mágico plano que se pode imaginar, pois contém ambos os condensadores fluídicos e é especialmente adequado para o uso prático.

4. A preparação de um espelho parabólico ou côncavo também não é complicada. Em uma fábrica de vidro ou uma relojoaria especial você poderá obter um vidro côncavo, como aqueles usados em grandes relógios de parede. Uma tampa de panela, côncava, também poderá servir. Na parte convexa externa deverá ser passado álcool preto ou nitro-verniz – verniz conservado em acetona – que seca rapidamente. Se você quiser usar o espelho para a vidência ótica, basta mandar enquadrá-lo numa moldura de madeira preta, então ele estará pronto para o uso. Porém se você ainda quiser cobri-lo com um condensador fluídico, então passe uma fina camada de um bom verniz incolor na sua parte interna, espalhe o condensador fluídico sólido (em pó) com uma peneira fina e deixe secar.

5. Quem quiser fazer um espelho mágico côncavo e não conseguir obter um vidro côncavo, poderá usar, ao invés de vidro, um pedaço de madeira escavada ou um papelão, que depois de umedecido poderá ser facilmente moldado. Um espelho côncavo simples, barato e fácil de fazer, é aquele que você mesmo molda, com argila, gesso etc. Misture o gesso ou a argila amarela com um condensador fluídico líquido até formar uma massa compacta, em ponto de modelar. Com as mãos modele o espelho desejado e depois deixe-o secar lentamente para que não surjam rachaduras. Mas se elas ocorrerem, passe mais um pouco de argila umedecida sobre elas e deixe a forma secar novamente. Quando a forma do espelho estiver pronta, você deverá poli-la bem com vidro ou lixa de papel, para que não permaneçam irregularidades na sua superfície. Na superfície côncava do espelho deverá ser passada uma camada fina de verniz incolor, sobre a qual será espalhado o condensador fluídico sólido (em pó), pulverizado através de uma peneira fina. Deixe tudo secar bem. A moldura, caso você tenha feito uma junto à parte de trás da forma, deverá ser pintada com verniz de álcool ou nitro-verniz. O espelho está pronto para ser usado.

Um espelho desse tipo, de argila ou gesso, é até mais eficaz do ponto de vista mágico do que um de vidro, pois contém dois condensadores fluídicos eficazes, o sólido e o líquido. O condensador fluídico líquido está contido na argila e o sólido na superfície do espelho. A única desvantagem é que, em comparação com os outros, esse espelho é pesado e quebra facilmente.

Se restar um pouco de condensador fluídico sólido depois da preparação do espelho, guarde-o bem, pois poderá ser usado no futuro para outros fins, como, p.e., para fazer uma varinha mágica, De um galho de sabugueiro de cerca de 30 a 50 centímetros de comprimento. No sentido longitudinal é feita uma pequena perfuração na varinha para a introdução do condensador fluídico sólido. Depois a varinha é tampada e selada, e carregada magicamente para diversas operações de magia, como a transposição de desejos a seres vivos ou outros seres, encantamentos diversos etc. Sobre isso você encontrará mais detalhes na minha segunda obra, "Die Praxis der Magischen Evokation" (A Prática da Evocação Mágica).

Resumo de todos os Exercícios do Grau VIII

I. INSTRUÇÃO MÁGICA DO ESPÍRITO:

1. Preparação para a viagem mental.
2. A prática da viagem mental.
   a) Num ambiente fechado.
   b) Em trechos curtos.
   c) Visitas a conhecidos, parentes etc.

II. INSTRUÇÃO MÁGICA DA ALMA:

1. O grande AGORA.
2. Sem apego ao passado.
3. Perturbações de concentração como compasso do equilíbrio mágico.
4. O corpo astral e a luz.
5. O controle dos fluidos elétrico e magnético.

III. INSTRUÇÃO MÁGICA DO CORPO:

1. Influência mágica através dos elementos.
2. Condensadores fluídicos.
   a) Condensadores simples.
   b) Condensadores compostos.
   c) Condensadores fluídicos para espelhos mágicos.
   d) A preparação de um espelho mágico com a ajuda de condensadores fluídicos.

Fim do oitavo grau

Grau IX

Instrução Mágica do Espírito (IX)

No Grau VII, no capítulo sobre a instrução mágica da alma, tratei da questão da clarividência. Nesse grau pretendo examiná-la mais atentamente e em detalhes. As mais diversas indicações para o desenvolvimento desse tipo de habilidade até hoje publicadas não atingiram o objetivo proposto. Mesmo as pessoas medianamente dotadas só alcançaram um êxito parcial, pois geralmente, cedo ou tarde elas perdem essa capacidade. Muitas vezes essas pessoas ainda são vítimas de diversas doenças, como fraqueza visual, males do sistema nervoso etc. A principal causa de uma doença não pode ser atribuída ao fato da clarividência alcançada ter sido consequência do desenvolvimento mental e astral, mas sim ter sido produzida à força, e portanto é unilateral e doentia. Uma prática de qualquer dessas indicações incompletas leva inevitavelmente a uma paralisia doentia e anti-natural de um elemento, provocando o aparecimento de uma hiper-sensibilidade de um dos órgãos dos sentidos. Não é improvável captarem-se impressões do mundo astral ou mental através da hiper-sensibilidade desses sentidos, mas todas essas percepções dependem da disposição espiritual da pessoa, da sua maturidade, e em última análise – do seu karma. A paralisia de um elemento pode ser classificada em quatro grupos principais, que são:

Grupo 1. Paralisia do Princípio do Fogo

A esse grupo pertencem todas as experiências de clarividência realizadas através da fixação do olhar, como a vidência no cristal, a fixação da visão num ponto determinado, numa garrafa brilhante, na tinta preta, no café preto, no espelho etc.

Grupo 2. Paralisia do Princípio do Ar

Nesse grupo incluem-se todas as experiências de clarividência promovidas através de defumações, inalação de vapores narcóticos, gases etc.

Grupo 3. Paralisia do Princípio da Água

Esta é provocada por experiências que levam à corrente sanguínea, através da digestão, substâncias narcóticas e alcalóides ingeridas pela pessoa, como ópio, haxixe, coma, , mescalina.

Grupo 4. Paralisia do Princípio da Terra

Esta é provocada pelas práticas que promovem uma ruptura ou desvio da consciência, como p.e., dançar, balançar o corpo, girar a cabeça, batucar com os pés, e outros. Todas as visões involuntárias e doentias dos doentes mentais, além de todos os casos patológicos que se instalam através do terror, da raiva e da exaustão, pertencem a esse grupo.

Poderíamos falar muita coisa sobre a variedade desses exercícios, seus perigos e desvantagens. Mas para o mago verdadeiro essa breve descrição deve bastar. É evidente que a paralisia do princípio de um elemento não só traz danos à saúde, principalmente quando essas experiências são praticadas por longos períodos transformando-se em hábitos, mas também inibem o desenvolvimento espiritual. Com esses quatro grupos principais o cético tem a oportunidade de se convencer da existência de energias superiores; mas quando ele não consegue dominar-se a si mesmo e nem aos elementos, submete-se facilmente às tentações de energias inferiores. E uma vez dominado por elas, é muito difícil para ele erguer-se novamente.

Só um mago instruído, com uma grande força de vontade, e que já domine os elementos e os sentidos astrais depois de praticar os exercícios de cada etapa, pode se permitir uma paralisia ou um desligamento temporário de um dos princípios dos elementos, sem correr o risco de sofrer algum dano no corpo, na alma ou no espírito. O verdadeiro mago consegue restabelecer o equilíbrio dos elementos em seu corpo, sua alma e seu espírito através dos exercícios. O seu desempenho na prática da clarividência também será satisfatório, pois ele não faz experiências, ele trabalha conscientemente com as capacidades adquiridas, que são consequência do seu desenvolvimento espiritual e anímico.

A Prática da Clarividência com Espelhos Mágicos

a) A Visão através do Tempo e do Espaço

Existem dois tipos de espelhos mágicos:

– Os óticos, feitos de vidro plano ou côncavo, pintados de amálgama de prata ou verniz preto em uma das faces. No espelho côncavo a face pintada é a externa, portanto convexa, e a parte interna, côncava, é limpa e brilhante. Dos espelhos óticos fazem parte as bolas de cristal, espelhos planos ou ocos de metal cuja superfície foi pintada com um líquido colorido ou preto. Até mesmo a superfície de uma água parada pode servir de espelho ótico.

– Aqueles preparados com condensadores fluídicos.

Mas o mago precisa saber, sobretudo, que o espelho por si só não garante o sucesso da magia, mas deve ser conjugado às capacidades astrais e mentais desenvolvidas nos exercícios anteriores. O mago deverá encarar qualquer tipo de espelho mágico só como um meio auxiliar, isto é, uma ferramenta. Com isso não queremos dizer que o mago também não possa trabalhar sem os espelhos, mas ele sempre vai querer usá-los, pois as suas possibilidades são infinitas.

Um mago que assimilou com sucesso todas as práticas deste curso evitará sentar-se simplesmente diante de um espelho mágico e cansar o seu nervo ótico através da fixação do olhar. Ele trabalhará de outro modo, magicamente mais correto. Antes de descrever as práticas com os espelhos mágicos em detalhes, apresentarei alguns exemplos em que eles prestaram bons serviços:

1. Em todos os trabalhos de imaginação que exigem exercícios óticos.
2. Em todos os carregamentos de energias, de fluidos etc.
3. Como portal de passagem a todos os planos.
4. Como meio de ligação com pessoas vivas e falecidas.
5. Como meio auxiliar de contato com energias, entidades etc.
6. Como irradiador em impregnações de ambientes, tratamento de doentes etc.

7. Como meio de influência em si mesmo ou em outras pessoas.
8. Como emissor e receptor mágico.
9. Como instrumento de proteção contra influências prejudiciais e indesejadas.
10. Como instrumento de projeção de todas as energias e imagens desejadas.
11. Como instrumento de visão à distância.
12. Como meio auxiliar de pesquisa do presente, do passado e do futuro.

Como o espelho mágico é um meio universal, não podemos enumerar aqui todas as suas possibilidades. Com essas doze opções em mãos, o próprio mago poderá criar várias outras práticas do mesmo tipo.

Sente-se na sua asana habitual, diante do seu espelho mágico, a uma distância de um a dois metros dele. Nesse exercício a luminosidade ambiental não é importante. Então passe ao exercício, imaginando inicialmente uma série de objetos na superfície do espelho, objetos que você deverá ver com tanta clareza e nitidez como se existissem de fato. Como nesse meio tempo você já se tornou mestre na imaginação, esse exercício preliminar não lhe apresentará maiores dificuldades. Fixe essa imaginação dos objetos durante alguns minutos, e depois solte-as, igualmente através da imaginação. Se você tiver dificuldades com a imaginação de objetos, então imagine cores. Como já observamos antes, a capacidade de imaginação ótica é análoga ao princípio do fogo, e aqueles magos que dominam bem o elemento fogo, também conseguirão bons resultados com a magia dos espelhos. Depois da imaginação de objetos pratique a imaginação de animais diversos, depois a de pessoas, inicialmente as feições de pessoas conhecidas, de amigos, e mais tarde de pessoas e raças desconhecidas. Em seguida estenda seu trabalho de imaginação a todo o corpo. Ao conseguir imaginar uma pessoa conhecida ou estranha, homem ou mulher, na superfície do espelho, passe para a imaginação de casas, regiões, localidades etc. até dominar totalmente essa técnica, só então você estará preparado, magicamente, para praticar a verdadeira magia dos espelhos.

Esse exercício preliminar é muito importante, pois a visão mental, astral e material só se acostumará a captar a dimensão e a clareza das imagens através dos exercícios de imaginação. De outra forma só veríamos imagens desfocadas. Mas nesses exercícios não devemos permitir, de jeito nenhum, que surjam imagens autônomas no espelho, o que poderia ocorrer com pessoas predispostas à mediunidade. Por isso devemos afastar energicamente todas essas imagens que surgem por si só na superfície dos espelhos, por mais belas e fantásticas que sejam, pois tudo o que vemos sem querer não passam de alucinações ou reflexos de pensamentos do subconsciente que costumam aparecer para iludir o mago e atrapalhar o seu trabalho. Nesse exercício preliminar perceberemos que o trabalho de imaginação torna-se mais fácil quanto maior for o espelho.

b) O Carregamento do Espelho Mágico

A tarefa seguinte do mago é familiarizar-se com o carregamento dos espelhos. Em qualquer superfície do espelho ele deverá conseguir encantar e represar, através da imaginação, a energia desejada, extraída de si mesmo ou diretamente do Universo, e depois dissolvê-la novamente na sua fonte original. Os carregamentos a serem feitos são os seguintes:

1. Com os quatro elementos em sequência.
2. Com o Akasha.
3. Com a luz.
4. Com o fluido elétrico.
5. Com o fluido magnético.

Ao obter uma certa prática no carregamento de espelhos através desses exercícios, o mago estará maduro para outras experiências com espelhos mágicos, que apresentarei a seguir, com alguns exemplos e seus métodos correspondentes.

c) DIVERSOS TRABALHOS DE PROJEÇÃO ATRAVÉS DO ESPELHO MÁGICO

O Espelho Mágico como Portal de Passagem a todos os Planos

Nessa experiência você deverá evitar as perturbações do ambiente ao redor. Sente-se confortavelmente diante do espelho e carregue a sua superfície com o elemento do Akasha, que deverá ser extraído do Universo e absorvido pelo seu corpo através da respiração pulmonar e pelos poros. O carregamento do espelho com o Akasha pessoal poderá ser feito através das mãos ou diretamente através do plexo solar. Esqueça o seu corpo e pense em si mesmo só como espírito, um espírito que pode assumir qualquer forma e tamanho. Então imagine o seu espírito diminuindo até conseguir atravessar o espelho. Ao atravessar o espelho com a ajuda da imaginação você se encontrará no plano astral. Olhe em volta algumas vezes e tente permanecer lá com toda a sua consciência, sem perdê-la e sem adormecer. Então atravesse o espelho novamente para voltar, religando-se ao seu corpo físico. No início, no plano astral, você só se verá cercado pela escuridão, mas depois de várias tentativas conseguirá perceber a luz. Você se sentirá invadido por um enorme sentimento de liberdade, autonomia e ausência de tempo e de espaço. Estará no plano astral, que normalmente é chamado de além. Exercitando-se bastante estará apto a entrar em contato com outros seres do plano astral, e quando quiser ver qualquer pessoa já falecida, conseguirá relacionar-se com ela no mesmo instante. Através de visitas repetidas a essa esfera astral você conhecerá todas as leis que a regem, assim como o lugar que ocupará ali um dia, depois do descarte do seu corpo físico. Com isso o medo da morte desaparecerá de uma vez por todas. Quando você se concentrar em uma esfera superior, partindo do plano astral, logo sentirá vibrações mais sutis; você se sentirá cercado por uma sensação especial de leveza, uma espécie de eletricidade, e conseguirá entrar em contato com entidades de esferas superiores. Terá experiências e obterá conhecimentos que nenhum mortal poderia lhe proporcionar. Voltará ao seu corpo com vibrações espirituais de um tipo superior, indescritíveis. As esferas espirituais que você conseguirá visitar dependem do domínio dos elementos que conseguirá desenvolver; de sua própria pureza espiritual e astral, do enobrecimento de seu caráter. Não existirão limites para você obter os conhecimentos superiores. Depois de passar por tantas experiências você poderá, do mesmo modo, entrar em contato com seres luminosos superiores; mas nesse caso o espelho não deverá ser carregado com o Akasha, e sim com uma luz concentrada, semelhante à do sol. Através desse método sem dúvida você também poderá visitar esferas mais baixas, como por exemplo a dos elementos e seus seres. Nesse caso só será preciso carregar o espelho com o elemento em questão, i.e., aquele cujo plano se pretende visitar. Na travessia do espelho também deve ser assumida a forma desse ou daquele plano. Caso se queira visitar o reino dos gnomos, então não é só o espelho que deverá ser carregado com o elemento terra, mas o próprio espírito da pessoa também deverá ser transposto, com a imaginação, à forma de um gnomo e preencher-se totalmente com o elemento terra. O mesmo vale para os espíritos do ar, as assim chamadas fadas, os espíritos da água ou ninfas, e os espíritos do fogo, as salamandras. Essas são experiências tão ricas e maravilhosas, que poderíamos escrever livros inteiros sobre elas. Como os espíritos de cada elemento são trazidos à nossa Terra e usados para diversos trabalhos, é um assunto que descreverei em detalhes na minha segunda obra, intitulada "Die Praxis der Magischen Evokation" (A Prática da Evocação Mágica).

O Espelho Mágico como Meio Auxiliar
para o Contato com Energias, Entidades etc.

Esse método está descrito em detalhes na minha obra citada acima. Aqui eu gostaria de observar somente o seguinte: Quando o mago carrega seu espelho com o Akasha e extrai, imaginativamente, de sua superfície o sinal, a descrição do caráter ou o mistério do ser pronunciando o seu nome analogamente às leis universais, então conseguirá estabelecer um relacionamento mais próximo com o ser desejado. Esse contato possibilita ao mago obter desse ser tudo o que corresponde às suas características. O mesmo vale naturalmente também para todos os outros seres e energias.

O Espelho Mágico como Meio de Influência sobre Si Mesmo ou Outras Pessoas

Qualquer espelho mágico, mas principalmente aquele pintado com um condensador fluídico, serve como um excelente meio de auto-influência. Sob esse aspecto existem tantas possibilidades de utilização que seria muito difícil enumerá-las todas. Apresentarei apenas alguns exemplos práticos.

Extraia do mar de luz universal, através da imaginação ou da respiração pulmonar ou pelos poros, uma certa quantidade de luz, com a qual você preencherá o seu corpo até senti-lo brilhar como um sol. Impregne essa luz com a concentração de um desejo, p.e., de que essa luz, ou a sua irradiação, lhe dê intuição, inspiração, ou outra capacidade qualquer, ou então lhe proporcione o reconhecimento de uma verdade. Através da imaginação deixe a luz fluir pelas mãos, à superfície do espelho, até que a última centelha luminosa seja transportada de seu corpo ao espelho, e então represe-a. Transforme a luz represada em uma esfera ou em um sol branco luminoso, que projeta enormes raios. Repita esse carregamento algumas vezes em seguida, até ter a certeza de que o espelho está tão carregado a ponto dos raios de luz atravessarem com força o seu corpo, a sua alma e seu espírito e desencadearem a influência desejada. Então transmita essa luz à superfície do espelho, através da sua força de vontade e imaginação, junto com uma firme convicção, pelo tempo que necessitar da luz, e dissolva-a depois. Você deverá estar tão convicto do efeito e da influência da luz a ponto de não ter um único pensamento de dúvida. É justamente essa convicção que confere uma enorme dinâmica aos raios de luz, provocando efeitos quase físicos. Eu mesmo, há alguns anos, cheguei a carregar um espelho mágico de vidro oco com tanta força que ele quebrou em mil pedacinhos, e eu tive de fazer um espelho de carvalho para substituí-lo.

Sente-se novamente diante do espelho e medite sobre aquilo que você deseja saber, a verdade que você quer descobrir ou o problema que quer resolver. Depois dessa meditação você deverá impregnar-se a si mesmo com o Princípio do Akasha ou transportar-se a um estado de transe; desse modo alcançará rapidamente o seu objetivo. De qualquer forma esse trabalho o surpreenderá agradavelmente, e mais tarde você nem conseguirá renunciar a essa prática em suas meditações. Caso você resolva deixar o espelho carregado, então deverá protegê-lo dos olhares de outras pessoas. O ideal será envolvê-lo na seda, pois sabemos que ela é um excelente isolante. Você poderá também direcionar os raios do espelho ao seu leito deixando-os agirem durante a noite toda para influenciar o seu subconsciente também durante o sono, no sentido da realização do objetivo proposto. A sua auto-sugestão fortalece o efeito e provoca um resultado mais rápido. É natural que dessa forma, além de despertar maiores conhecimentos e obter um desenvolvimento mais rápido, você também consiga influenciar a sua alma e o seu espírito na direção desejada. Caso você não precise mais da influência do espelho, ou tenha de fazer outro tipo de carregamento para outro trabalho, como, p.e., as irradiações de Akasha, de elementos, de fluidos elétricos ou magnéticos, o primeiro carregamento deverá ser suprimido da forma inversa, pela imaginação, e depois a luz deverá ser novamente dissolvida no Universo. Podemos também influenciar e irradiar outras pessoas, mas nesses casos o carregamento desejado não deverá passar pelo próprio corpo, mas ser extraído diretamente do Universo para a superfície do espelho, através da imaginação. Todas as experiências possíveis, como a hipnose, os estados mediúnicos, o sono magnético, poderão ser realizadas normalmente; depende só da escolha do mago, de sua intuição. A prática então será adaptada de acordo.

O Espelho Mágico como Emissor e Receptor

O espelho também tem uma utilidade fantástica para essas funções, que incluem as experiências de vitalização de imagens ou as transmissões de sons. Assim como existe um emissor e um receptor no rádio, o nosso espelho também pode assumir essas funções. Mostrarei a você duas práticas, que qualquer mago poderá realizar facilmente, se tiver acompanhado o curso até esse ponto, passo a passo. A primeira prática descreve a vitalização recíproca de imagens ou pensamentos entre dois magos identicamente instruídos. A distância entre eles poderá ser qualquer uma, não importa se são dez ou mil quilômetros; na nossa experiência isso não tem a mínima importância. Os meios de comunicação são os mais variados possíveis, podem ser pensamentos, imagens, cartas, palavras e sentimentos. A prática é sempre a mesma, e trabalha-se sempre com o mesmo princípio, o Princípio do Akasha.

Em seguida descrevo a função do espelho como emissor, sem que o alvo saiba. No início seria conveniente que o mago se acostumasse a uma certa prática com o parceiro, que deverá estar no mesmo grau de evolução, ou que pelo menos domine bem o Princípio do Akasha. Combine com esse parceiro, uma hora exata para a emissão e a recepção; ambas podem ser simultâneas. Vejamos primeiro a prática do emissor. Ele deverá primeiro carregar o espelho com o Akasha, e induzir em si mesmo o estado de transe. Através do Princípio do Akasha ele deverá desligar, através da imaginação, o conceito de espaço e tempo entre ele e o parceiro, passando a sentir-se como se estivesse ao seu lado. Mais tarde essa sensação surgirá automaticamente, como já constatámos experimentalmente. Em seguida tentaremos transmitir figuras simples, como, p.e., um triângulo ou um círculo, com o desejo de que o receptor as veja em seu espelho. O receptor deverá igualmente carregar o seu espelho com o Akasha antes da transmissão, induzir o estado de transe em si mesmo através do Princípio do Akasha sintonizando-se com aquilo que o parceiro emissor lhe enviar, cuja imagem deverá surgir com nitidez em seu espelho. Se ambos os magos tiverem o mesmo grau de instrução, a imagem projetada pelo emissor ao espelho do parceiro será captada de forma bastante visível. Decorrido o tempo da emissão e da recepção, os papéis devem ser trocados, repetindo-se a experiência telepática no sentido inverso. É sempre bom que o mago se instrua tanto na emissão quanto na recepção. Ninguém deve desanimar diante de eventuais fracassos iniciais, mas deve persistir e avançar com bastante empenho.

Depois de captar imagens simples, podemos reforçar o exercício escolhendo imagens mais complicadas, em seguida pessoas vivas, lugarejos e paisagens, similarmente aos exercícios preparatórios relativos à ideia no espelho. Devemos então tentar transmitir pensamentos sem a imaginação, portanto só pensamentos captados pelo intelecto.

Após ter realizado muitas experiências como emissor e receptor, devemos tentar, através da imaginação, escrever palavras curtas no próprio espelho, palavras que o receptor depois poderá ler no espelho dele. Depois das palavras devemos tentar escrever frases, e finalmente transmitir recados inteiros de um espelho a outro. Alcançando a capacidade ética da transmissão, passaremos à acústica, em que pronunciaremos, inicialmente uma ou duas palavras diante do espelho, com o desejo de que o receptor as ouça. Este deverá permanecer em transe no momento combinado e aguardar o recado. No início ele parecerá só um pensamento falado, mas de um exercício a outro o receptor passará a ouvi-lo cada vez melhor, e finalmente poderá escutá-lo tão nitidamente como se estivesse conversando pelo telefone. Depois de muito treino as palavras soarão com tanta clareza como se estivessem sendo faladas diretamente ao ouvido da pessoa. Adquirindo bastante prática na emissão e na captação de palavras curtas, você poderá também transmitir e captar frases curtas, até que depois de exercitar-se bastante, poderá enviar e receber recados inteiros e até notícias mais extensas. Muitos iniciados no Oriente usam essa técnica para transmitir mensagens. Essa habilidade é definida por eles como a transmissão de recados pelo "ar". Isso deve ser entendido simbolicamente, pois na verdade o fato ocorre através do Princípio do Akasha. É lógico também que sentimentos dos mais diversos tipos podem ser transmitidos por esse processo, por isso não precisarei entrar em mais detalhes.

Dominando a habilidade de enviar mensagens a um parceiro igualmente instruído e recebê-las dele também, o mago logo será capaz de captar conversas, ou transmissões de imagens que ocorrem entre outros magos, de modo semelhante ao que acontece no rádio, e que é definido na terminologia mágica como "escuta negra".

A seguir descrevo o espelho mágico como emissor, instrumento que serve para transmitir pensamentos, palavras e imagens a pessoas não instruídas magicamente, e que não têm a mínima noção de que algo desse tipo está ocorrendo e poderá influenciá-las. Nesse caso o mago só precisa encantar a mensagem no espelho carregado pelo Akasha, desejando que esta ou aquela pessoa a capte. Ligando o Princípio do Akasha entre ele e a pessoa desprevenida, esta captará o recado. Enquanto você ainda não tiver prática suficiente, a mensagem terá o efeito inicial de provocar uma certa inquietação na pessoa influenciada num determinado momento, obrigando-a a pensar no emissor – em nosso caso o mago. Mais tarde a pessoa em questão sentirá a mensagem como se fosse o próprio pensamento, pois ela não conseguirá saber se foi enviada ou se surgiu de seu próprio interior. Porém se o mago tiver interesse em especializar-se nesse tipo de transmissão, ele poderá passar à pessoa a sensação de que o pensamento ou as notícias provêm diretamente dele. Na pessoa receptora essa prática pode surtir um efeito rápido, ou mais lento, durante a transmissão. Através do espelho o mago poderá realizar também uma transmissão de efeito sucessivo, ou então uma que seja captada pelo receptor só quando este estiver disponível para ela. Geralmente esse momento ocorre quando a pessoa em questão não é perturbada, inibida ou distraída por influências externas, e capta a mensagem pouco antes de adormecer ou de manhã, logo ao acordar. Nesses casos o mago concentra o pensamento, o desejo ou a notícia no espelho, com a ordem de que aquilo que ele pretende transmitir só seja captado pela pessoa quando se instalar nela a receptividade adequada. Enquanto a notícia não for captada o seu efeito permanecerá e ela continuará na superfície do espelho. Quando a mensagem tiver sido enviada, o espelho tiver cumprido a sua tarefa, e o pensamento ou a notícia tiver sido captada pela pessoa a ser influenciada, a superfície do espelho estará limpa novamente. O mago poderá prosseguir com seus outros deveres, sem se preocupar com a transmissão; o espelho funcionará automaticamente até que o pensamento ou a notícia seja efetivamente captada.

O Espelho Mágico como Instrumento de Irradiação em Impregnações de Ambientes, Tratamento de Doentes etc.

O espelho também poderá ser usado para esses fins, e nas mãos de um mago habilidoso pode ser um instrumento excepcional para o desenvolvimento. A prática da impregnação de ambientes é a seguinte:

Trabalhe num ambiente que você pretende influenciar através do espelho mágico, mas só para seus próprios objetivos, e faça o carregamento através de seu próprio corpo. Se você quiser carregar o espelho para outras pessoas, então extraia a energia diretamente do Universo, sem deixá-la passar pelo seu corpo,

Extraia do Universo, diretamente ou através de seu corpo, uma enorme quantidade de luz, e encante-a através da imaginação, em forma represada, a superfície do espelho mágico. Esse represamento deverá ser repetido tantas vezes até que a luz represada assuma uma forma esférica ou laminar, espalhando uma luminosidade branca e brilhante, como a de uma lâmpada forte num quarto. Com a repetição intensa do exercício você deverá não só ver a luz irradiada com a imaginação, mas até senti-la, como se fossem raios X atravessando o seu corpo. Com uma firme convicção e uma forte crença você deverá transpor o seu desejo à luz e pensar que ela se fortalece automaticamente a cada hora e a cada dia que passa, e que a sua força de irradiação agirá de forma cada vez mais penetrante e dinâmica. Delimite o efeito, como no caso do biomagnetismo, restringindo a capacidade de força de irradiação no tempo ou determinando a sua duração constante. À luz encantada, portanto ao seu sol imaginado, você deverá transmitir a tarefa ou o desejo que a força de irradiação deverá cumprir, p.e., o desejo de sucesso, de inspiração, de aumento da intuição, paz, saúde, de acordo com a sua necessidade. Depois disso coloque o espelho no seu quarto, direcionado à sua cama, como se fosse um holofote, para que você fique sob uma influência constante dessas irradiações. Então não se preocupe mais, pois ele continuará trabalhando automaticamente como um aparelho irradiador, influenciando você ou outras pessoas na direção desejada; desse modo você estará o tempo todo sob a influência dessas irradiações. Em seus trabalhos, pesquisas, exercícios e meditações, você quase não conseguirá mais deixar de usar esse sistema.

Caso o espelho deva ser carregado magicamente, não só para você mas também para outras pessoas, p.e., para o tratamento de doentes até a cura total, você perceberá que sob a energia da irradiação do espelho seu rendimento será bem maior, você não se cansará, e uma pessoa doente que entrar em seu quarto e passar diretamente sob os raios do espelho sentirá imediatamente um alívio de seus males. A força do efeito depende do carregamento do espelho. Não é só uma única pessoa que pode ser beneficamente irradiada, mas se for o caso, tantas quantas couberem no quarto. Magnetizadores profissionais, ou todos aqueles que se ocupam do tratamento de doentes ou da influência sobre as pessoas, encontram nesse método um ótimo auxílio.

Também não são só os ambientes que podem ser impregnados, mas através da imaginação a energia dos raios pode ser transmitida a grandes distâncias, para uma ou mais pessoas. A imaginação deverá então ser modificada de acordo. Nem precisamos dizer o quanto o espelho mágico é valioso como instrumento de irradiação nas mãos do mago e quantas possibilidades ele apresenta. Com certeza o mago jamais fará mau uso de seu espelho mágico, denegrindo-se a si mesmo ao espalhar influências negativas através dele.

O Espelho Mágico como Instrumento de Proteção contra Influências Prejudiciais e Indesejadas

Um espelho mágico também pode ser usado como instrumento de proteção. A impregnação da energia de irradiação do espelho deverá ser modificada de acordo, e a impregnação do ambiente, local, região, casa ou quarto a ser protegido, carregada com a energia de irradiação da luz, de modo a bloquear as influências desfavoráveis e indesejadas, ou desviá-las a um ponto de saída. Se forem influências negativas deveremos trabalhar com a impregnação de luz no sentido de um desejo de isolamento do ambiente contra as más e boas influências; a impregnação do espelho, respectivamente do ambiente, será carregado com o Akasha, e a característica da intocabilidade e do bloqueio da passagem serão transpostas a ele com a imaginação. No trabalho com o Princípio do Akasha não será possível fazermos o seu represamento, como já observamos antes, pois o Princípio do Akasha não pode ser represado; mas a impregnação do desejo para que o efeito seja mais dinâmico poderá ser repetida várias vezes através da imaginação. O mago está livre para fabricar os mais diversos espelhos para as mais variadas finalidades. Mas se ele resolver trabalhar com transmissão ou recepção à distância, então é óbvio que não deverá fazer um isolamento de seu ambiente de trabalho através do Akasha, pois tanto a emissão quanto a recepção à distância ficariam bloqueadas. Mais detalhes sobre a defesa contra influências maléficas ou o isolamento de um determinado local com a ajuda do espelho mágico, ou a realização de diversos trabalhos de magia etc., estão descritos em minha obra "Die Praxis der Maischen Evokation" (A Prática da Evocação Mágica). Além da possibilidade de utilização do espelho mágico como instrumento de proteção, o mago dispõe de outras vantagens no seu uso; poderá ativar todos os fluidos conhecidos – magnéticos, elétricos ou eletromagnéticos – com a magia do espelho e trabalhar com isso na prática. As energias a serem empregadas, correspondentes a esse ou aquele caso dependem do seu trabalho e do efeito de seu desejo.

O Espelho Mágico como Instrumento de Projeção de todas as Energias, Seres, Imagens etc.

O espelho mágico pode ser usado para adensar todas as energias dos planos mental e astral, de tal forma a serem até percebidas por pessoas não-iniciadas. Não se tratam de simples impressões ou sugestões, pois os pensamentos, os elementares, os elementais, seres de todos os planos, seres dos elementos, todos adensados através das práticas aqui apresentadas, podem ser projetados como se segue. O carregamento da superfície do espelho ocorre através do elemento terra adensado. Este não passa primeiro pelo corpo para ser depois projetado no espelho – o que poderia provocar paralisias – mas é represado diretamente do Universo, através da imaginação. Quanto mais forte for o represamento do elemento terra, tanto mais denso e visível surgirá aquilo que desejamos projetar. Portanto seria conveniente repetir algumas vezes esse represamento do elemento terra. Se você quiser tornar visível a uma outra pessoa, não-instruída, alguma imagem, ou elemental, então proceda da maneira descrita a seguir.

Introduza o Princípio do Akasha só à cabeça da pessoa, ou se você quiser, a todo o corpo, com ajuda da imaginação, e determine a esse princípio que ele permaneça ativo durante toda a experiência. Como se trata de tornar visível uma imagem, transponha-a, através da imaginação, à superfície do espelho, com tanta clareza e nitidez como se fosse real. Fixe essa imagem. Quando a pessoa influenciada pelo Princípio do Akasha observar o espelho, ela verá a imagem reproduzida como num filme. Você poderá fazer isso também com um elementar, um elemental ou um espectro criados por você mesmo. Porém ao chamar um ser do plano astral ou outro plano qualquer, você deverá antes preencher, com o Princípio do Akasha, pelo menos o espaço ao redor do seu espelho, para que o ser apareça nele. Essa preparação não seria necessária se você possuísse outro espelho já compatibilizado com a impregnação do Princípio do Akasha do ambiente em questão. Depois de tudo preparado transporte-se ao estado de transe, conduzindo para si o Princípio do Akasha; nesse estado de transe, chame o ser desejado, habitante do plano astral ou de um outro plano. Antes de dominarmos a prática da magia evocatória, descrita na parte prática da minha obra subsequente "Die Praxis der Magischen Evokation" (A Prática da Evocação Mágica), devemos nos limitar a chamar os seres falecidos do plano astral, o que poderá ser feito através da imaginação.

Através do elemento terra represado no espelho, as imagens ou seres serão materializados de tal forma que uma pessoa não-instruída, além de notar a sua presença com os olhos físicos, conseguirá também ouvi-los. Essa visão não é uma alucinação, e como já observamos, o mago tem a possibilidade de captar fotograficamente a imagem adensada pelo elemento terra. Porém, devemos observar que as imagens assim adensadas possuem oscilações bem maiores do que as da luz normal conhecida por nós. Essas oscilações maiores naturalmente não podem ser captadas por nós fotograficamente, pois não correspondem às nossas oscilações luminosas. Nessas captações fotográficas o tempo de captação deverá ser o menor possível. Tanto faz se for dia ou noite, se o espelho estiver ou não iluminado. Se quisermos captar também o espelho e a sua parte de trás, então será preciso iluminá-lo. Geralmente é só a imagem materializada no espelho que fica visível. Experiências demonstraram que nessas captações é preferível usarem-se chapas no lugar do filme. Como o número de oscilações da imagem em questão é bem maior que as da luz do mundo físico, devemos usar, nessas captações, filtros coloridos especiais. Para captações fotográficas do plano mental, como imagens fictícias, elementares, elementais, espectros e toda a criação dessa esfera, devemos usar filtros azuis. Para todos os seres falecidos etc., devemos usar filtros violeta, e para outros seres constituídos de um único elemento – seres dos elementos – devemos usar filtros vermelho-rubi. As captações fotográficas de fenômenos naturais de outras energias, da natureza, principalmente da magia natural, devem ser feitas com filtros amarelos. Portanto, no que concerne à cor, os filtros devem ser análogos aos planos correspondentes.

Do mesmo modo o mago ainda tem a possibilidade de mostrar aos não-instruídos, através do espelho, não só as imagens e seres, mas também o passado, presente e futuro deles ou de outra pessoa.

O Espelho Mágico como Instrumento de Visão à Distância

Os acontecimentos com pessoas conhecidas ou desconhecidas também poderão ser observados em nosso espelho mágico, mesmo a grandes distâncias. Como sempre, o espelho deverá ser carregado com o Princípio do Akasha. Depois, relaxe, e se instale tranquila e confortavelmente na sua posição preferida, induza o estado de transe através do Akasha e concentre-se na pessoa cujas ações e afazeres você pretende observar. Para isso você deverá imaginar que o espelho mágico é um grande canal de visão à distância, através do qual poderemos ver tudo o que ocorre, mesmo em locais longínquos. Imediatamente o mago verá a pessoa em seu ambiente, como num filme. No início talvez as imagens surjam meio embaçadas, mas com a repetição constante elas se tornarão tão nítidas e a sensação de proximidade da pessoa tão convincente, que chegaremos até a supor que estamos diretamente ao lado dessa pessoa. Mesmo que a distância seja de milhares de quilômetros, isso não terá a mínima importância.

Para termos o controle e a certeza de que aquilo que desejamos ver realmente corresponde à realidade, podemos, através da imaginação, pensar numa outra atividade para a pessoa em questão. Se conseguirmos isso com nossos sentidos astrais com tanta clareza quanto a imagem vista, então o que havíamos visto antes não passava de uma ilusão. O exercício deverá ser repetido tantas vezes quantas necessárias para desenvolvermos a capacidade de diferenciar os fatos das impressões ou das ilusões. Se quiser, o mago poderá, sob sua orientação habilidosa, deixar uma pessoa não-instruída tentar ver à distância. Nesse âmbito, os magos especialmente instruídos e treinados até conseguem fazer fotografias das imagens e acontecimentos visualizados mesmo a grandes distâncias por meio de um filtro vermelho e das práticas descritas.

Caso não lhe interessem os acontecimentos materiais pesquisados no tempo presente e à distância, mas muito mais a vida anímica, o caráter, e os sentimentos de uma pessoa, então afaste o corpo material da pessoa através da imaginação, e passe a imaginar só o seu corpo astral. Logo você conseguirá ver a aura e as particularidades do caráter dessa pessoa nos mais diversos matizes de cores; disso você poderá tirar conclusões lógicas, segundo a lei da analogia, sobre o caráter e a capacidade dela.

Caso você volte a se interessar pelos afazeres materiais de uma pessoa, além das suas características anímicas e de caráter, e mais ainda, quiser visualizar o seu espírito no espelho, então afaste o corpo material dela e também o astral, através da imaginação. Nesse caso surgirão as imagens que correspondem ao seu espírito, e assim você poderá acompanhar o curso dos pensamentos ou das ideias dessa pessoa, mesmo a uma enorme distância.

Como podemos ver pelo exemplo apresentado, o desenvolvimento da capacidade de ler o pensamento de uma pessoa qualquer, mesmo a uma grande distância, é algo perfeitamente possível, e depende só da sua vontade desenvolver a perícia nessa atividade.

O Espelho Mágico como um Meio Auxiliar na Pesquisa do Passado, Presente e Futuro

Uma das tarefas mais difíceis no trabalho com o espelho é a pesquisa exata do passado, presente e futuro de outras pessoas. É compreensível que o mago consiga ver seu próprio passado e presente no espelho como num filme, mas com certeza ele evitará fazer isso. Se o mago quiser satisfazer a curiosidade de conhecer o seu futuro, não será difícil sintonizar-se com ele através do seu espelho mágico e pesquisar cada detalhe. Mas ele teria uma grande desvantagem; no momento em que vislumbrasse o seu futuro no espelho, ele estaria despojado de seu livre-arbítrio. Seria então como um modelo a ser seguido, sem que ele pudesse fazer algo contra ou a favor. Porém o caso seria diferente se o Princípio do Akasha, em sua forma mais elevada, que podemos chamar de Providência Divina, de um modo ou de outro advertisse o mago de prováveis perigos, sem que ele tivesse o propósito de ver ou de saber algo. A uma advertência desse tipo deve-se sem dúvida dar atenção, senão ela poderia ser uma fonte de prejuízos ao mago. Nesse estágio, o mago já conseguirá avaliar por si mesmo se a advertência provém de um ser de algum plano ou diretamente do Princípio do Akasha.

Para as pessoas não-instruídas e aquelas para as quais o mago tem um interesse especial em pesquisar o passado, o presente e o futuro, o espelho mágico naturalmente presta um grande serviço. Todos os pensamentos, sensações, sentimentos e atitudes físicas deixam sinais precisos no Akasha, ou princípio primordial, de modo que o mago pode a qualquer momento ler esses sinais como num livro aberto, através de seu espelho mágico ou diretamente no estado de transe. Ele só precisará sintonizar-se através da imaginação. No início, enquanto o mago ainda não tiver a perícia necessária, as imagens aparecerão dispersas ou de forma isolada. Através da repetição constante elas começarão a aparecer no contexto correto com o passado, surgindo aos olhos do mago na superfície do espelho como num panorama, e tão claras e nítidas, como se o próprio mago estivesse vivenciando esses acontecimentos.

Partindo do presente, o mago poderá ver o desenrolar de todos os fatos de sua vida passada, voltando até à infância, e mais ainda, até o nascimento. É aconselhável acompanhar-se o passado voltando-se só até o nascimento, apesar da existência da possibilidade de se pesquisar a vida do espírito da pessoa também nas encarnações anteriores. Mas devemos advertir o mago de que as previsões do futuro, assim como a pesquisa da sua própria vida passada ou a de outras pessoas, ferem as leis da Providência Divina, e de que essa curiosidade pode ter consequências graves. Primeiro porque ele poderia envelhecer rapidamente em poucos instantes, tanto quantas fossem as vidas passadas por ele vislumbradas, o que lhe provocaria uma sensação interna muito desagradável e se revelaria, sob vários aspectos, extremamente negativa, sobretudo na falta de interesse pela sua vida restante. Segundo, porque o mago se sentiria responsável pelos erros cometidos em suas vidas passadas. A única vantagem dele seria a de tomar consciência das experiências dessas vidas passadas, o que de modo algum compensaria as desvantagens.

Caso o mago, por algum motivo justo, queira descobrir o futuro de outra pessoa, ele só precisará transpor-se ao estado de transe. Se estiver bem familiarizado com essa prática, nada lhe permanecerá oculto. Esse tipo de clarividência em que o mago consegue ver num contexto preciso os planos mental, astral e material-denso dele mesmo e dos outros, já é o máximo que se consegue obter com o espelho mágico. Se o mago já chegou a esse ponto, então não terei mais nada de novo a dizer em relação ao espelho mágico; com os exemplos apresentados ele poderá criar suas próprias práticas no futuro.

Instrução Mágica da Alma (IX)
A Separação Consciente do Corpo Astral, do Corpo Material Denso

Nesse grau o mago aprenderá a separar o seu corpo astral do seu corpo físico através do exercício consciente, e transportar não só o seu espírito mas também a sua alma a todos aqueles lugares em que o seu corpo astral quiser ou precisar estar. Como veremos na prática, a separação do corpo astral é diferente da viagem mental ou do estado de transe provocado pelo Princípio do Akasha. Quando os corpos astral e mental são separados do corpo material denso, instala-se um estado que é chamado, na linguagem oculta, de "êxtase". O verdadeiro mago domina a habilidade de ir a todos os lugares com o seu corpo astral, mas na maioria dos casos ele poderá simplesmente fazê-lo através da viagem mental ou do estado de transe. Quando é separado do corpo físico mas continua ligado ao corpo mental, o corpo astral só é levado em conta para aqueles trabalhos que exigem uma ação mágica material. No trabalho de envio do corpo astral deverão ser tomados certos cuidados, pois ao contrário do que ocorre na viagem mental, neste caso ambos os elementos de ligação entre os corpos mental, astral e material, as assim chamadas matrizes mental e astral, são libertadas pelo corpo material, que permanece ligado aos corpos astral e mental só por um cordão vital muito fino, elástico, de cor prateada brilhante. Se uma pessoa estranha, magicamente instruída ou não, tocasse o corpo físico quando ele estivesse liberto dos corpos mental e astral, esse cordão tão fino se romperia e não haveria mais possibilidade de religação desses dois corpos com o corpo material denso, o que teria como consequência a morte física. Por isso, logo no início destes exercícios devemos ter todo o cuidado para que ninguém nos toque enquanto estivermos nesse estado. O rompimento desse cordão tão fino deve-se ao fato do fluido eletromagnético de uma pessoa agir com muito mais força nesses casos, e o cordão vital, mesmo de um mago evoluído, não aguentar essa força. Em um exame clínico um médico constataria simplesmente que alguém, morto dessa maneira, teria sofrido uma embolia ou um enfarte, eventualmente uma parada cardíaca. Quando em estado de êxtase, o corpo físico parece sofrer uma morte aparente, fica sem vida e sem sensações, a respiração é suspensa e o coração permanece quieto. A descrição da prática nos revelará explicações detalhadas. A morte aparente também é o surgimento do êxtase, que no entanto pode ser consequência de um efeito patológico, explicado facilmente por qualquer mago.

    Ainda teríamos de observar que, através da respiração normal, na qual os quatro elementos e o Akasha são conduzidos à corrente sanguínea, a matriz mental, portanto o meio de ligação entre os corpos mental e astral, é mantida em contato, pois a experiência nos diz que sem respiração não há vida. Através da assimilação da nutrição, a matriz astral, que é o meio de ligação entre o corpo astral e físico, é mantida viva. Assim o mago poderá ver a relação entre a assimilação de nutrientes e a respiração; a verdadeira causa já foi explicada nos exercícios dos graus anteriores, relativos à respiração e à alimentação conscientes. Ao negligenciar uma ou outra nesse estágio do desenvolvimento, sem dúvida o mago sofrerá desarmonias, doenças, e outras perturbações. Muitas perturbações do espírito, da alma e também do corpo podem ser atribuídas a irregularidades e imprudências nesses dois fatores. Por isso nunca é demais voltarmos a chamar a atenção para a necessidade do desenvolvimento por igual do corpo, da alma e do espírito, que devem ser todos mantidos de forma adequada. Se o corpo físico não for suficientemente harmônico, forte e resistente, com um suprimento adequado de fluido eletromagnético obtido através de uma alimentação variada e rica em vitaminas, para que seja desenvolvida uma boa elasticidade da matriz astral, ele poderá sofrer danos em sua saúde durante os exercícios de êxtase. O mago se convencerá de que todos os exercícios de ascese, em que são prescritos jejuns durante o trabalho de evolução, são muito radicais e por isso mesmo, condenáveis. Muitas práticas orientais que recomendam a ascese e os exercícios ascéticos são unilaterais e muito perigosas para as pessoas não-nativas, cuja disposição orgânica não está adaptada ao clima predominante do lugar. Mas se o mago desenvolver adequadamente e por igual as três instâncias da existência, ou seja, o corpo, a alma e o espírito, ele não precisará temer o surgimento de quaisquer perturbações em seu corpo mental, astral ou material-denso. Só quem não se dedicou ao trabalho sistemático deste curso e negligenciou essa ou aquela medida de segurança, poderá se deparar com eventuais desarmonias. O mago não deverá realizar o exercício de envio do corpo astral antes de ter certeza de dominar totalmente todos os métodos recomendados até agora. Na viagem mental a parte mais estável, isto é, a matriz astral, que liga o corpo à alma, permanece no corpo, ao passo que no envio do corpo astral tudo isso sai do corpo. Portanto nos exercícios para o êxtase deve-se tomar um cuidado redobrado.

A prática em si do envio do corpo astral é muito simples, principalmente quando se domina bem a viagem mental. A liberação do corpo astral ocorre da forma descrita a seguir.

Sente-se na sua asana habitual – os exercícios também podem ser feitos na posição horizontal, isto é, com o seu corpo deitado – e saia com o seu corpo mental do seu corpo material denso. Com a consciência transposta ao corpo mental, observe o seu corpo material. Você se sentirá como se o seu corpo estivesse dormindo. Através da imaginação, pense que o seu corpo astral, do mesmo modo que o seu corpo mental, está sendo puxado para fora de seu corpo físico, pela sua própria vontade. A forma de seu corpo astral tem que ser a mesma que a do seu corpo mental e a do material.

Em seguida conecte-se ao seu corpo astral, na medida em que você for penetrando na forma astral. Nesse exercício você se sentirá invadido por uma espécie de alheamento, como se o corpo astral não lhe pertencesse, e então você deverá imediatamente produzir, conscientemente, a ligação entre as matrizes mental e astral. Você também não conseguiria manter o corpo astral em sua imaginação, pois ele é constantemente puxado pelo corpo físico, como se estivesse ligado a ele por um cordão invisível. Se durante esses exercícios você observar o seu próprio corpo físico, verá que surgirão perturbações respiratórias. Mas no momento em que se conectar com a forma astral em espírito e começar a respirar imediatamente de modo consciente, você logo se sentirá de fato ligado ao corpo astral. No primeiro momento, quando ligar o seu corpo astral desse modo, como espírito, ao lado do seu corpo físico, você deverá prestar atenção somente à respiração. Esse exercício deverá ser realizado até que a respiração no corpo astral, que você puxou para o lado de seu corpo físico e com o qual se ligou espiritualmente, tenha se tornado um hábito. Como podemos ver, a respiração consciente no corpo astral possibilita a liberação da matriz astral. Quando a respiração nos corpos mental e astral tornar-se um hábito, depois de várias repetições, então poderemos prosseguir. Quando começamos a respirar no corpo astral, o corpo físico para de respirar. Através da separação o corpo físico entra numa espécie de letargia, os órgãos ficam rígidos, o rosto lívido, como nos mortos. Mas logo que paramos a respiração ao lado do corpo e encerramos o exercício, notaremos que o corpo astral é puxado pelo corpo material como se este fosse um imã, e o processo da respiração recomeça normalmente no corpo físico. Só depois que nos transpomos espiritualmente de volta ao corpo físico, com o corpo mental, portanto com a consciência, isto é, quando os corpos mental e astral assumem a forma física, é que voltaremos gradualmente a nós mesmos encerrando o primeiro exercício.

Aquilo que normalmente é definido como morte segue o mesmo processo, só com a diferença de que no caso da morte a matriz entre os corpos material e astral é totalmente destruída. Na morte normal, em que a matriz astral entre os corpos material e astral se rompe por causa de uma doença ou outro motivo qualquer, o corpo astral em conjunto com o mental não têm mais suporte no corpo físico e automaticamente saem dele, voluntariamente ou não. Esse processo transfere a respiração ao corpo astral, sem que se tenha consciência disso. Assim se explica por que no início os mortos não sentem a diferença entre os corpos material-denso e astral. Só gradualmente eles vão tomando consciência disso, quando percebem que o corpo material-denso tornou-se inútil para eles e que o astral está submetido a leis diferentes (as do Princípio do Akasha). Já escrevi sobre isso em detalhes nos capítulos anteriores, sobre o plano astral. O exercício do envio consciente do corpo astral é portanto uma imitação do processo de morte. Com isso podemos ver como esses exercícios se aproximam da fronteira entre a vida real e a assim chamada morte; é por isso que todas as medidas de segurança são plenamente justificadas.

Quando o mago dominar totalmente a técnica do envio do corpo astral, então: 1. O medo da morte desaparece; 2. O mago fica conhecendo todo o processo do fim da sua vida e também o lugar para onde irá quando se despir de seu corpo físico. Depois de muito treino na liberação consciente do corpo astral, a respiração nele transforma-se num hábito e ele nem a perceberá mais. No corpo astral nós teremos os mesmos sentimentos que no corpo físico. Se quisermos voltar ao corpo material, a respiração no corpo astral deverá ser mantida conscientemente, para que esse corpo astral possa se separar do corpo mental e assumir a forma do corpo físico. No momento em que o corpo astral assume a forma do corpo material, este começa a respirar de novo, automaticamente, e só então a volta ao corpo físico torna-se possível. Isso deve ser observado em todos os casos. Como o corpo mental está submetido a um outro sistema de leis, ele não respira dentro do mesmo ritmo que o corpo material, em conexão com o corpo astral. Só quando nos acostumamos à saída e ao retorno dos corpos astral e mental do corpo físico, a ponto de conseguirmos entrar e sair a qualquer momento levando em conta os cuidados com a respiração, que devem tornar-se habituais, então estaremos aptos a nos afastarmos gradualmente do corpo material-denso. No início desses exercícios preliminares não devemos ir além do espaço ao lado de nosso corpo. Podemos ficar em pé ao lado de nosso corpo físico ou então assumir, com os nossos corpos astral e mental, o lugar ao lado da posição ocupada naquele momento pelo nosso corpo material – a asana em que estamos.

Outro exercício é observarmos não só o corpo, mas como no envio do corpo mental, todo o ambiente ao redor. Finalmente o processo é o mesmo da viagem mental; temos de tomar consciência, sentir e ouvir tudo em volta, só com a diferença de que nesse caso o espírito leva consigo uma roupagem, ou seja, o corpo astral, o que lhe possibilita agir fisicamente. Quando, p.e., você fizer uma visita a algum lugar só com o corpo mental, e sentir lá alguma ocorrência que produza em você uma boa ou má impressão psíquica, não lhe seria possível vivenciá-la pelo corpo mental, e também não influenciá-la. Tente vivenciar a mesma coisa com o corpo astral, e sinta tudo com a mesma intensidade, como se estivesse lá com o seu corpo físico.

Num outro exercício experimente separar-se de seu corpo gradualmente. No início você se sentirá puxado com violência ao seu corpo físico, por uma força invisível semelhante à de um imã que puxa um ferro. Isso se explica pelo fato do cordão entre o corpo astral e físico ser alimentado e mantido em equilíbrio com o fluido mais sutil. Mas através desses exercícios, o envio do corpo astral torna-se um processo científico contrário ao sistema de leis naturais dos elementos da natureza de nosso corpo, e deve ser controlado. Por isso é que a movimentação do corpo astral exige um esforço enorme, dando a impressão de que você só conseguirá realmente transportar o seu corpo mental. No início você só deverá afastar-se alguns passos de seu corpo, voltando logo depois. Além da força de atração magnética prendê-lo e influenciá-lo o tempo todo, ela também provoca diversos sentimentos em seu corpo astral, como o medo da morte, e outros. Mas esses sentimentos podem ser superados. Nesse grau você deverá dominar qualquer tipo de ocorrência. Em cada novo exercício à distância do corpo físico deverá ser aumentada, e com o tempo você poderá vencer trechos cada vez maiores. Quanto mais você conseguir afastar-se do corpo físico com o seu corpo astral, tanto menor será a força de atração exercida pelo seu corpo material. Mais tarde, em viagens muito longas, você até achará mais difícil voltar ao seu corpo. Nesse caso você poderá correr um certo perigo, principalmente ao se encontrar em determinados planos ou regiões que o absorvem tanto a ponto do simples pensamento de ter de voltar ao corpo material-denso o deixar ficar triste e deprimido. Portanto, o mago deve ser o dono absoluto de seus sentimentos, pois quando ele se acostuma a frequentar, com o seu corpo astral, não só o plano material-denso mas também o plano astral, geralmente ele fica entediado com a vida e prefere nem voltar mais ao seu corpo físico. Ele se sentirá induzido a romper violentamente o cordão vital que ainda o mantém preso ao seu corpo físico. Se ele o fizer, então se caracterizará um suicídio igual ao cometido geralmente contra o corpo físico. Além disso, essa atitude seria um pecado contra a Providência Divina e teria consequências kármicas muito graves. É compreensível que seja grande o número de tentativas de um suicídio desse tipo, principalmente quando o mago sofre muito no mundo físico e vivencia uma certa felicidade em outros planos.

Depois de dominar os exercícios de envio do corpo astral, a ponto de conseguir vencer quaisquer distâncias, o mago terá a possibilidade de empregar essa habilidade para alcançar os mais diversos objetivos. Ele poderá se transportar com o seu corpo astral a todos os lugares que quiser, inclusive para tratar de doentes, represando e adensando os fluidos magnético ou elétrico em seu corpo astral e transferindo-os às pessoas enfermas. O tratamento com o corpo astral é bem mais profundo do que aquele realizado somente com a transposição do pensamento ou a viagem mental, pois os fluidos com os quais o mago trabalha só são eticazes no plano mental do doente em questão.

Além disso, o mago também poderá realizar outros tipos de influência. Ele poderá se materializar através do elemento terra adensado em seu corpo astral no plano astral, a ponto de ser visto, ouvido e percebido pelos olhos e ouvidos de um iniciado ou mesmo de um não-iniciado. Nessa tática o êxito depende do tempo e da quantidade de exercícios realizados e da capacidade de represamento do elemento terra no corpo astral. É lógico também que o mago conseguirá agir fisicamente por meio de seu corpo astral. A produção de fenômenos – como os iniciados os interpretam – os sons de pancadas, e diversos outros trabalhos, encontram aqui a sua explicação correta. Na verdade o mago não sofre limitações para essas coisas, e cabe a ele decidir em que direção pretende se especializar. De qualquer modo ele sabe muito bem como fazer as coisas. Ele poderá, p.e., só materializar uma parte do corpo, digamos a mão, enquanto a outra permanece no astral. Se ele conseguir acelerar as oscilações dos elétrons de um objeto, por meio da imaginação, estará apto a fazer desaparecer diante das outras pessoas um objeto correspondente às suas forças e ao seu grau de desenvolvimento transpondo-o ao plano astral. Os objetos materiais então não estarão mais submetidos às leis do mundo material-denso, mas passarão a submeter-se às leis do mundo astral. Para o mago então fica fácil transportar esses objetos com a ajuda de seu corpo astral aos lugares mais distantes e depois trazê-los de volta à sua forma original. Aos olhos do não-iniciado esse fenômeno não passa de uma quimera, mas um mago desenvolvido consegue produzir esse e outros fenômenos ainda maiores, que normalmente seriam considerados milagres. Como já explicamos antes esses fenômenos não são milagres, pois para o mago não existem milagres no sentido estrito da palavra. Para ele só existe o emprego de energias e leis superiores. Eu ainda poderia citar muitos exemplos do que o mago poderia fazer com seu corpo astral, mas para o aluno sinceramente empenhado bastam algumas indicações.

A Impregnação do Corpo Astral com as Ouatro Características Divinas Básicas

Ao chegar a esse grau de desenvolvimento o mago começa a transformar a sua visão de Deus em ideias concretas. O místico instruído unilateralmente, como o Yogui, e outros, vê na divindade um único aspecto, ou seja, o da veneração, das homenagens e do reconhecimento. O verdadeiro iniciado, que em seu desenvolvimento leva em conta o tempo todo o aprendizado evolutivo relativo aos quatro elementos, atribuirá ao conceito de Deus as leis universais referentes a quatro aspectos, que são: a Onipotência, correspondente ao princípio do fogo, a Sabedoria, ligada ao princípio do ar, a Imortalidade, correspondente ao princípio da água, e a Onipresença, ligada ao princípio da terra. A tarefa desse grau consiste em se meditar, em sequência, sobre essas quatro ideias – aspectos – da divindade. A meditação profunda chega quase a colocar o mago em condições de entrar em êxtase diretamente com uma dessas virtudes divinas e fluir com ela de tal forma a se sentir ele próprio como a virtude em questão. Isso ele deverá experimentar com todas as quatro virtudes de seu Deus. A organização do exercício ficará a seu critério; ele poderá meditar tanto tempo sobre uma virtude até ter a certeza de que ela se incorporou nele. Da mesma forma ele deverá proceder com todas as outras virtudes; poderá realizar as meditações distribuindo-as no tempo, de forma a produzir todas as virtudes em si mesmo através da meditação, em sequência e num único exercício. Ele deverá meditar tão profundamente, com tanta força e tão penetrantemente a ponto da virtude tornar-se idêntica ao seu corpo astral. Seu conceito de Deus é universal, ele engloba todas as quatro virtudes divinas correspondentes às leis universais. O mago deverá dedicar a maior atenção a essas meditações, pois elas são indispensáveis à sua unificação com Deus. Quando conseguir criar uma imagem interna dessas quatro virtudes divinas, o que ele só alcançará através da meditação profunda, então estará maduro para a ligação cuja prática foi descrita no grau anterior deste curso. Com o tempo essas meditações produzirão uma divinização de seu espírito, de sua alma, e em última análise também exercerão um efeito em seu corpo possibilitando-lhe uma ligação com o seu Deus, o que afinal é o objetivo e a finalidade deste curso para o desenvolvimento.

Instrução Mágica do Corpo (IX)

Aquele aluno que aplicou na prática todos os métodos aqui descritos, não precisarei mais fazer exercícios especiais para a instrução do corpo. Ele só precisará aprofundar as forças adquiridas e aplicá-las de várias maneiras. Em seguida apresento algumas indicações que o aluno, de acordo com o seu grau de desenvolvimento, poderá acompanhar sem problemas, depois de exercitar-se convenientemente.

Tratamento de Doentes através do Fluido Eletromagnético

É uma missão maravilhosa e sagrada ajudar com as próprias forças a humanidade que sofre. No tratamento de doentes o mago conseguirá realizar verdadeiros milagres, como os santos, no passado e no presente. Nenhum curandeiro, hipnotizador ou médium de cura saberá liberar as energias dinâmicas de acordo com os princípios primordiais tão bem quanto o mago, porém com o pressuposto de que conhece perfeitamente a anatomia oculta do corpo em relação aos elementos e seus efeitos positivos e negativos, senão seria impossível para ele exercer uma influência sobre o foco da doença.

Através do Princípio do Akasha e de sua visão clarividente o mago reconhecerá imediatamente a causa da doença e começará a agir diretamente sobre a raiz da enfermidade. Se a causa estiver na esfera mental, então o mago deverá influenciar principalmente o espírito do paciente, para que a harmonia se instale novamente. Como já dissemos, a esfera mental só poderá ser influenciada no plano mental, a esfera astral só no plano astral, e a material-densa só no plano material-denso. O mago deverá sempre lembrar-se disso. A transmutação de um plano a outro só poderá ser feita por uma energia mais sutil, através da respectiva matriz ou da substância de ligação. É impossível que um pensamento produza uma força física, portanto suspender um sofrimento do corpo. Mas um pensamento concentrado de fé e de convicção pode provocar fortes vibrações na esfera mental do paciente, que são depois conduzidas ao corpo astral através da matriz mental. Mas uma influência desse tipo não vai além da alma. Uma influência desse tipo estimula o paciente a se sintonizar espiritualmente com o processo de cura, produzindo as vibrações necessárias para ela, mas nada além disso. Surge um alívio mental-astral, o paciente é estimulado internamente pela esfera mental que acelera o processo de cura, mas para o sofrimento material a influência não é suficiente. Isso vale, sobretudo, quando o paciente quase não tem mais forças internas, e os fluidos necessários para a cura material não se renovam mais. O resultado seria então muito deficiente e a cura só subjetiva.

A essa categoria de métodos de cura incluem-se: a sugestão, a hipnose, a auto-sugestão, a oração etc. O mago não deve subestimar esses métodos, mas também não deve confiar neles; deve usá-los somente como meios auxiliares de segunda classe. Para ele esses processos não têm um valor tão grande quanto o que lhes é atribuído em inúmeros livros.

Nesses casos um autêntico magnetizador produz um efeito muito mais significativo; ele possui um conhecimento bem maior sobre o magnetismo vital, devido ao seu treinamento no ocultismo e o seu respectivo modo de vida. Para essa prática ele não precisa do crédito do paciente nem de quaisquer sugestões, hipnoses, ou certificados de santidade. Através do seu excedente, tal magnetizador carrega sua energia vital no corpo astral, e mesmo contra a vontade do paciente, consegue produzir uma cura muito mais rápida. Isso porque o seu magnetismo possui uma energia mais forte, que fortalece a matriz astral do enfermo. Dessa forma o magnetopata consegue também tratar de uma criança, que não tem capacidade de imaginar algo nem se ajudar com seu inconsciente. Para o mago as coisas são diferentes, pois quando tem disponibilidade de tempo e se especializa na prática da cura, ele consegue tratar centenas de pacientes diariamente, sem perder nem um pouco de sua vitalidade. Um mago usa as leis universais e com sua influência atinge diretamente o órgão físico doente, sem passar a energia primeiro pelo corpo astral, com a sua matriz. Por causa disso ele consegue agir no órgão doente com muito mais eficácia do que todos os outros profissionais de cura citados até agora. O processo de cura pode ocorrer tão depressa, que a medicina formal vai até encará-lo como um milagre.

Não pretendo prescrever aqui nenhuma regra geral para o tratamento de doentes, pois com o conhecimento das leis o mago poderá desenvolver o seu método pessoal de trabalho; para ele serão suficientes só algumas indicações. Ele deverá trabalhar com a vontade e a imaginaçãao, quando se tratar de uma fraqueza ou perturbação do espírito em que a harmonia deva ser restabelecida. Para isso ele deverá ter consciência da atividade de seu espírito, para que o seu corpo físico ou o astral não assumam a influência; só o seu espírito é que deverá agir. Toda a sua atenção deverá ser dirigida ao seu espírito, e o corpo e a alma deverão ser totalmente esquecidos, para que o efeito de espírito a espírito seja mais intenso. Se por exemplo o paciente estiver em agonia ou inconsciente, o mago conseguirá trazê-lo a si. Se as causas da doença estiverem no corpo astral, então o mago deverá trabalhar com energia vital represada, impregnada com o desejo da cura. Ele deverá conduzir o represamento diretamente do Universo ao corpo astral do paciente, sem deixar a energia vital passar primeiro pelo corpo. Com isso o mago se previne de um enfraquecimento da própria vitalidade, e também de uma mistura da ode enferma do paciente com a sua própria. Se as causas da doença forem de natureza física e se algum órgão do corpo foi atingido, então o mago deverá usar o fluido elétrico e magnético. Se o paciente tiver uma constituição forte o mago poderá trabalhar só com os elementos que agem de forma vantajosa sobre a doença; assim, p.e., uma febre alta será combatida pelo elemento água. O elemento conduzido cria sozinho o fluido necessário – elétrico ou magnético – e deve-se prescrever ao paciente uma prática correspondente a esse elemento, ou seja, dieta, ginástica respiratória, ervas curativas, banhos etc. Mas se o corpo do doente estiver tão fraco e tão pouco resistente a ponto dele não conseguir assimilar o elemento necessário, e consequentemente o fluido correspondente não puder ser produzido sozinho, não restará ao mago nada a fazer além de carregar ele mesmo o órgão doente com o fluido. A anatomia oculta da polarização deverá ser observada com exatidão; um órgão que funciona com o fluido magnético não pode ser carregado com o fluido elétrico se não quisermos causar danos ao paciente. Nos órgãos em que ambos os fluidos funcionam, eles deverão ser conduzidos em sequência. Se, p.e., o mago agir com o fluido na cabeça, então ele deverá carregar a parte frontal – a testa –, o lado esquerdo e o interior – o cérebro – com o fluido elétrico, e o lado direito da cabeça e a parte de trás dela – o cerebelo – com o fluido magnético. Se o mago resolver usar a imposição das mãos, o que é um ótimo meio auxiliar, mas não exatamente necessário, então ele deverá fazê-lo de acordo com o fluido. Em nosso exemplo da cabeça, ele deverá influenciar a testa e o lado esquerdo com a mão direita, portanto elétrica, e a parte de trás da cabeça e o lado direito com a mão esquerda, magnética. Um mago excepcionalmente bem instruído na prática da cura não precisa fazer massagens ou imposições de mãos, ele age só com a sua imaginação instruída. Ele deve saber também conduzir o fluido magnético ou elétrico aos órgãos menores, como por exemplo, o magnético à parte central do olho e o elétrico ao globo ocular. Desse modo ele conseguirá tratar, com sucesso, de muitos males dos olhos, além de fortalecer a visão das pessoas; se não houver nenhuma lesão orgânica, ele conseguirá até restaurar a visão de um cego. As partes neutras do corpo deverão ser carregadas com o elemento correspondente aquela região, ou então com a energia vital represada. Se o mago não considerar as partes neutras, não estará cometendo um erro muito grande, pois as irradiações de fluidos também influenciam os pontos neutros dos órgãos, de forma indireta. Se o problema do paciente não se limitar a um só órgão, mas atingir o corpo todo, como, p.e., nos males nervosos, doenças do sangue etc., então o fluido elétrico deverá ser conduzido a todo o lado direito do paciente e o magnético a todo o lado esquerdo. Se o doente não tiver uma boa constituição física, os elementos ainda poderão ser introduzidos, depois da introdução de ambos os fluidos em sequência correspondentes às regiões do corpo. Devemos evitar um represamento muito dinâmico dos elementos num corpo doente, pois o enfermo não suportaria bem toda essa energia.

O processo de cura mágica mais eficaz consiste na influência exercida pelo mago no espírito, na alma e no corpo do doente, em sequência. Em função dos exemplos apresentados e das leis análogas universais, ele sabe como isso deve ser feito, e portanto não precisará de maiores explicações. Alguém poderá perguntar se um mago autêntico e muito evoluído consegue curar até a doença aparentemente mais incurável; a isso podemos responder que, caso não falte nenhum órgão no corpo, então o mago verdadeiro tem, de fato, a possibilidade de curar qualquer doença, mesmo a mais grave. O mago fará a leitura do livro do Akasha para saber até onde ele poderá intervir, pois algumas doenças estão karmicamente comprometidas, i.e., através da doença o paciente precisa compensar alguma coisa desta ou de outra vida anterior. Mas se o mago for convocado a ser o meio para se alcançar um objetivo e aliviar a doença ou suprimi-la totalmente, o que um mago verdadeiro pode ver perfeitamente ao ler o Akasha, então, baseando-se nessas indicações e nas leis universais, ele poderá realizar verdadeiros milagres.

Os grandes iniciados que já viveram no globo terrestre, e que conseguiram realizar muitas curas milagrosas, inclusive ressuscitar mortos, fizeram tudo isso só levando em conta as leis universais, suas energias e fluidos, sem que consciente ou inconscientemente a capacidade de realização de sua fé (ou a palavra viva – Quabbalah) tivesse um papel importante. O alcance das curas milagrosas através da capacidade de realização de um mago depende do seu grau de evolução.

O Carregamento Mágico de Talismãs, Amuletos e Pedras Preciosas

A crença nos talismãs, amuletos e pedras preciosas vem da

mais remota antiguidade e tem sua origem no fetichismo, que atualmente ainda é bastante disseminado entre os povos primitivos. Até um certo grau essa crença em talismãs etc., se manteve até hoje, mas se adaptou à moda, o que podemos constatar através do uso de diversos objetos que trazem boa sorte, como pingentes, anéis, broches etc. Principalmente bem cotadas para trazer a sorte são as pedras do signo.

Se a ideia dos talismãs não contivesse uma certa verdade e talvez também algo de mágico, a crença neles já teria desaparecido há muito tempo do mundo das ideias. Nossa tarefa consiste em afastar o véu desse mistério e ensinar a todos como distinguir o joio do trigo.

Um talismã, amuleto ou pedra tem como função fortalecer, elevar e manter a confiança da pessoa que o leva consigo. Pelo fato do portador dedicar ao seu talismã uma atenção especial, o subconsciente se influencia auto-sugestivamente na direção desejada, e dependendo da predisposição de cada um, poderão ser alcançados diversos resultados. Não é de se estranhar quando uma pessoa materialista, um cientista cético critica uma crença desse tipo, a ridiculariza, e coloca nela o rótulo da superstição. O mago verdadeiro sabe das coisas, e não usará um talismã só para confirmar a sua crença e sua confiança, mas tentará sobretudo pesquisar a conexão das leis que o regem. Sabe-se que os talismãs que devem sua existência à crença tornam-se sem efeito nas mãos de uma pessoa cética ou desconfiada; sob esse aspecto, o mago pode ir mais além, com sua ciência e o seu conhecimento das leis. Antes de desmembrarmos essa síntese, vamos aprender a diferenciar os diversos tipos de talismãs aqui apresentados. Um talismã nada mais é do que uma simples ferramenta na mão do mago, um ponto de apoio, algo em que ele pode conectar ou encantar a sua energia, sua motivação ou seu fluido. A forma – um anel, pingente, broche – ou o seu valor material, são coisas totalmente secundárias. O mago não se preocupa com a beleza, a moda ou a aura; para ele o talismã não passa de um objeto para produzir coisas através do encantamento de sua energia, e que deverá liberar o efeito desejado sem considerar se o portador acredita nele ou não.

Por outro lado um pentáculo é um objeto – talismã – específico, em sintonia com as leis da analogia dos efeitos, da energia, da capacidadde e da causa desejados. Em sua produção e seu carregamento o mago deverá levar em conta as leis da analogia correspondentes, e mesmo para o estabelecimento de contatos com seres dos mundos superiores, quer se tratem de seres bons ou ruins, inteligências, demônios ou gênios, o mago vai preferir o pentáculo ao talismã.

Um amuleto é um nome divino, um verso da Bíblia, um mantra etc., escrito num pergaminho cru ou num papel de pergaminho simples, enfim, uma frase que exprime a veneração a uma divindade. Mesmo as diversas plantas mágicas, como p.e., a mandrágora, que são carregadas para promoverem uma proteção especial ou outros efeitos mágicos, pertencem à categoria dos amuletos. Os condensadores fluídicos de natureza sólida ou líquida, carregados puros ou embebidos em papel mata-borrão, assim como as pedras naturais de magneto de ferro, pequenas ferraduras artificiais de magneto, também podem ser incluídos na categoria dos amuletos.

Por último devemos citar ainda as pedras preciosas e semipreciosas, que são condensadores fluídicos muito bons, usadas há muito tempo para a proteção, a sorte, o sucesso e as curas. A astrologia atribui efeitos específicos a cada pedra, em função da sua dureza e da teoria das cores, e recomenda às pessoas que nasceram sob um determinado signo ou planeta que usem a pedra correspondente para lhes trazer sorte. O verdadeiro mago sabe que as pedras astrológicas têm um efeito mínimo e são totalmente inúteis para as pessoas que não acreditam nessas coisas. Por outro lado as pedras que são sintonizadas com um efeito astrológico, considerando-se sua dureza, composição química e cor, são adequadas à assimilação do carregamento mágico correspondente. Na medida do possível o mago poderá considerar os parâmetros astrológicos, mas absolutamente não depende deles. Ele pode, se desejar, carregar magicamente qualquer pedra, mesmo a mais desfavorável do ponto de vista astrológico, conseguindo bons resultados, independentemente de a pessoa acreditar neles ou não; com certeza os objetivos determinados pelo mago serão alcançados. Assim nós aprendemos aqui a identificar as diferenças entre talismãs, amuletos, pentáculos e pedras preciosas, e ainda falaremos dos seus diversos tipos de carregamento, dez ao todo. Eles são:

1. Carregamento pela simples vontade, em conexão com a imaginação.
2. Carregamento através do represamento da energia vital determinada, com a impregnação do desejo.
3. Carregamento através do encantamento de elementais, elementares e outros seres, que deverão produzir o efeito desejado.
4 Carregamento através de rituais individuais ou tradicionais.
5. Carregamento através de fórmulas mágicas, mantras, tantras etc.
6. Carregamento através do represamento de elementos.
7. Carregamento através dos fluidos elétrico ou magnético.
8. Carregamento por meio do represamento de energia luminosa.
9. Carregamento por meio de uma esfera eletromagnética – Volt.
10. Carregamento através de uma operação mágico-sexual.

Cada uma das possibilidades de carregamento aqui apresentadas possui muitas variações e seria impossível descrevê-las todas aqui. Através de sua intuição o mago evoluído poderá criar suas próprias possibilidades. As dez aqui enumeradas só servem como diretrizes, por isso descreverei cada uma delas resumidamente.

1. CARREGAMENTO PELA SIMPLES VONTADE, EM CONEXÃO COM A IMAGINAÇÃO.

Este é o método mais simples e mais fácil, e o efeito depende da força de vontade e da capacidade de imaginação do mago. Antes de ser feito o carregamento mágico, cada talismã, cada pentáculo, cada pedra, cada amuleto, com exceção dos amuletos de papel e pergaminho, deverá ser liberado dos fluidos impregnados nele, i.e., deverá ser "desfluidificado". Isso poderá ser feito da forma mais eficaz e simples através da magia da água. Mergulhe o talismã num copo de água fria fresca, concentrando-se no pensamento de que a água limpará todas as influências negativas do objeto. Faça isso por um bom período de tempo. Depois de alguns minutos de profunda concentração você deverá ter a certeza de que todas as influências negativas foram lavadas pela água e que o seu talismã está livre delas. Seque o objeto e certifique-se de que ele está em perfeitas condições para assimilar a sua influência. Essa "desfluidificação" deverá ser feita com todo o talismã não líquido, sem se importar com o método que você usará para carregá-lo. Pegue o talismã e fixe nele imaginativamente o seu desejo, ou o efeito que ele deverá produzir, com muita força de vontade, fé e confiança. Determine o tipo de efeito de seu desejo, se deverá ter um prazo determinado, ou uma duração constante, ou então valer só para uma pessoa específica ou para qualquer um que usar o talismã. Carregue-o imaginando, na forma verbal presente, que o efeito desejado já está dando resultados. Você poderá fortalecer a energia do desejo concentrado com repetições frequentes do carregamento, para que a força de irradiação do talismã se torne mais intensa e penetrante. Durante a concentração, transmita a vontade de que a eficácia do talismã se mantenha e se fortaleça automaticamente, mesmo enquanto você não pensa nele, e caso ele seja destinado a uma outra pessoa, isso também passe a valer para ela. Depois de carregar o talismã com a melhor das vibrações e a mais forte das energias de que você for capaz, ele estará pronto para ser usado.

2. CARREGAMENTO ATRAVÉS DO REPRESAMENTO DA ENERGIA VITAL DETERMINADO COM A IMPREGNAÇÃO DO DESEJO.

Primeiro deve-se "desfluidificar" o talismã da forma descrita no item anterior, de número 1. Se for um talismã que você pretende usar pessoalmente, então deverá fazer o represamento da energia vital em seu próprio corpo (ver as instruções no Grau III). Depois de carregar expansivamente o seu corpo com energia vital, conduza-a ao talismã através da mão direita prensando-a, a ponto dela assumir a forma completa do talismã, amuleto ou pedra. Você deverá imaginar que o talismã absorve a energia vital como um recipiente sugador e a preserva dentro dele pelo tempo que você determinar. Você deverá trabalhar com a convicção de que com o tempo, ou com o uso constante do talismã o efeito não diminuirá, mas pelo contrário, só se fortalecerá. A energia vital absorvida pelo talismã e comprimida até ficar branca e brilhante parecerá um sol luminoso. É aonde deverá chegar a sua imaginação. O desejo relativo ao efeito do talismã deverá ser transferido ao seu corpo já durante o represamento da energia vital. A duração do efeito também poderá ser fixada posteriormente através da imaginação. Devemos expressar ou determinar, pela forma presente do verbo, a convicção interior de que o talismã assumirá sua eficácia total logo após o carregamento. Não se deve escolher vários desejos, ou desejos contraditórios para um único talismã; o carregamento mais eficaz é aquele que prevê um único desejo. Mais tarde deveremos escolher aqueles desejos restritos ao âmbito do possível e evitar carregamentos fantásticos, irrealizáveis. Essa prescrição vale para todas as formas de talismãs e tipos de carregamento. A extensão do efeito de um carregamento pode ser medida muito bem através de um pêndulo sidérico. Se quisermos carregar um talismã para outra pessoa, então não devemos conduzir a energia vital represada através do próprio corpo, mas adensá-la diretamente a partir do Universo e conduzi-la imaginativamente ao talismã. Todas as outras medidas a serem tomadas são as mesmas dos itens anteriores.

3. CARREGAMENTO ATRAVÉS DO ENCANTAMENTO DE ELEMENTAIS, ELEMENTARES OU OUTROS SERES QUE DEVERÃO PRODUZIR O EFEITO DESEJADO.

Já escrevi sobre a criação de elementais e elementares nos graus anteriores. Até mesmo um elementar ou um elemental pode ser conectado a um talismã, pentáculo, amuleto ou pedra. O encantamento é feito através de uma palavra, um gesto ou um ritual montado e escolhido pelo próprio mago. Basta só pronunciar a palavra, a fórmula, ou então executar o gesto ou o ritual previamente determinados, e o elemental encantado liberará o efeito desejado. O próprio mago saberá quando um elemental ou elementar está em condições de ser encantado no talismã. Com certeza ele usará elementais para influências na esfera mental, e elementares para os efeitos astrais ou materiais-densos. Outros seres também poderão ser encantados desse modo nos talismãs, para efeitos determinados; qualquer mago que tiver trabalhado com empenho em seu desenvolvimento conseguirá fazer isso. Ele poderá produzir o contato no Akasha através da prática do relacionamento passivo, do espelho mágico, ou pela transposição em transe. Não será preciso apresentar maiores explicações sobre isso, pois o próprio mago já saberá o que fazer e como fazê-lo.

4. CARREGAMENTO ATRAVÉS DE RITUAIS INDIVIDUAIS OU TRADICIONAIS.

Este método é o preferido dos magos orientais, aqueles dotados de uma enorme paciência; sem dúvida, esta é uma qualidade imprescindível para esse tipo de carregamento. O mago oriental faz sobre o talismã, com a mão ou com os dedos, um determinado sinal, previamente escolhido por ele, ou faz esse sinal com o talismã diretamente no ar. Ao fazer isso ele deverá concentrar-se no efeito que o talismã deverá exercer. Essa experiência deve ser repetida algumas vezes ao dia, durante vários dias; em função dessas inúmeras repetições a carga (bateria) – Volt – no Akasha torna-se tão forte a ponto de produzir o efeito desejado. Com esse Volt mágico tão forte no Akasha, basta efetuar o gesto, ritual ou sinal com o talismã em questão, ou sobre ele, que o efeito desejado já entra em ação, mesmo sem que seja preciso usar-se a imaginação ou a força mental. Um mago familiarizado com a Cabala sabe que desse modo ele consegue carregar ritualisticamente a sua própria bateria no Akasha, tantas vezes quantas correspondem ao número cabalístico 462, portanto 462 dias, para que o seu ritual possa funcionar automaticamente. Esse carregamento poderá ser feito sem grande esforço mas com muita perseverança, e é raro que um mago europeu consiga mobilizar essa enorme paciência, pois ele poderá alcançar o mesmo efeito com muito mais rapidez utilizando-se de um dos outros métodos aqui apresentados. O carregamento através de um ritual tradicional é mais fácil e exige só algumas repetições para que se estabeleça o contato, e o seu efeito é enorme, é quase um milagre. Porém esses rituais tradicionais de carregamento são segredos de sociedades secretas, lojas maçônicas, seitas, conventos, que nem mesmo eu posso revelar. Um mago bem instruído na clarividência poderia facilmente desvendar esses segredos, mas correria o risco de ser descoberto. E os magos orientais, que protegem os seus rituais sob juramento de morte, se defenderiam magicamente sem piedade contra todos aqueles que se apoderassem de seus rituais, sem a devida permissão. Por isso devo advertir o mago contra essas expropriações. Geralmente tratam-se de gestos com os quais são feitos os sinais secretos de diversas divindades, – Ishta Devatas – sobre o talismã, de modo semelhante ao que foi descrito aqui a respeito do ritual individual. Sem dúvida um carregamento desse tipo exerce um efeito fortíssimo pois o ritual é praticado por centenas de magos instruídos e transmitido de uma geração a outra, como uma tradição. Um membro considerado maduro geralmente obtém a transmissão desse ritual como um prêmio. A transmissão de um ritual e ao mesmo tempo a produção do contato com a bateria correspondente é chamada, no Oriente, de Ankhur ou Abhisheka.

5. CARREGAMENTO ATRAVÉS DE FÓRMULAS MÁGICAS, MANTRAS, TANTRAS ETC.

Essa é uma das maiores e mais poderosas formas de carregamento, mas exige um grande conhecimento e muita preparação; esses métodos serão descritos em detalhes nos meus dois outros livros, sobre a evocação mágica e a Cabala prática. Farei aqui só uma pequena observação, para fins elucidativos.

O primeiro tipo de carregamento é feito através da repetição de uma fórmula mágica, pela qual um ser convocado para esse fim produz o efeito desejado.

O carregamento através de mantras ocorre quando uma frase sagrada usada para a veneração de uma divindade – Japa – Yoga – é transferida a um talismã, através de pensamentos ou de palavras constantemente repetidos. Desse modo a característica da divindade em questão é materializada. Com certeza desse modo serão alcançados grandes resultados, em todos os planos.

Um carregamento por tantras nada mais é do que uma magia de palavras corretamente utilizada, em que certas forças cósmicas agem através de palavras, letras, e sob determinados ritmos, sons, cores e condições cósmicas.

6. CARREGAMENTO ATRAVÉS DO REPRESAMENTO DE ELEMENTOS.

Essa possibilidade de carregamento está disponível a qualquer mago que já assimilou, de forma prática, toda a instrução apresentada até agora. Se ele quiser provocar um efeito através do princípio de um elemento, então ele deverá carregar o pentáculo ou talismã escolhidos com o elemento correspondente a esse efeito. O carregamento em si deverá ser feito da maneira descrita no item 2, i.e., pelo represamento da energia vital, só com a diferença de que, em vez da energia vital, usa-se o elemento desejado. Para o uso próprio do talismã, o represamento do elemento deverá ser feito através do próprio corpo, e para o uso de outras pessoas, diretamente do Universo. Se, p.e., não conseguirmos dominar um elemento, devemos usar o elemento oposto para uma blindagem num talismã carregado. Podem ser produzidos muitos outros efeitos por meio dos elementos, e o mago com experiência conseguirá, com sua intuição, compor sozinho as variações que desejar.

7. CARREGAMENTO ATRAVÉS DOS FLUIDOS ELÉTRICO OU MAGNÉTICO.

Este é um dos carregamentos mais fortes, em que são usados os fluidos elétrico ou magnético. Se o talismã se destinar a proteger, defender ou irradiar algo, ou produzir alguma ativação, então devemos usar preferencialmente o fluido elétrico. Mas se ele for usado para atrair algo – simpatia, felicidade, sucesso, – então devemos utilizar o fluido magnético. O carregamento é feito da mesma maneira que no caso dos represamentos de energia vital ou dos elementos, só que para o talismã de uso próprio o represamento deverá ser feito só na metade do corpo correspondente, portanto não no corpo inteiro. O fluido magnético deverá ser represado dinamicamente na metade esquerda do corpo e também projetado para dentro do talismã através da mão esquerda. No caso do fluido elétrico isso deverá ser feito na metade direita, e a projeção deverá então passar ao talismã através da mão direita.

8. CARREGAMENTO POR MEIO DO REPRESAMENTO DE ENERGIA LUMINOSA.

Para os efeitos espirituais mais sutis, como o desencadeamento de diversas forças ocultas, da intuição ou da inspiração, devemos realizar preferencialmente o carregamento de um talismã com energia luminosa represada. Esse tipo de carregamento é feito do mesmo modo que o represamento da energia vital, em conjunto com a impregnação do desejo, a determinação do prazo etc. A luz comprimida no talismã assemelha-se a um sol, e deverá brilhar mais do que a luz do sol comum. Para o uso pessoal o talismã deverá ser represado com energia luminosa através do próprio corpo, e para uma outra pessoa, diretamente do Universo. No mais, devemos observar as regras gerais já descritas.

9. CARREGAMENTO POR MEIO DE UMA ESFERA ELETROMAGNÉTICA – VOLT.

Para atenuar as influências kármicas, proteger-se de quaisquer influências de outras esferas e dirigir o próprio destino a seu bel-prazer, deve-se carregar um talismã, para uso próprio ou de outras pessoas, com um Volt mágico. Esse tipo de carregamento chama-se "Voltização"; é a mais forte imitação do Princípio do Akasha. Só um mago que anseia pelo objetivo mais elevado, ou seja, a união com Deus, é que pode usar esse tipo de carregamento, para não se sobrecarregar com essa intervenção no Akasha. Como já dissemos, tudo o que existe foi criado através dos dois fluidos, por meio dos quatro elementos. De acordo com a lei universal, o fluido elétrico está no ponto central. Na periferia do fluido elétrico, onde termina a expansão, o fluido magnético começa a agir, e é o local em que é mais fraco. Do ponto central, ou de combustão, até à periferia do fluido elétrico, a distância é exatamente a mesma que a do começo do fluido magnético até o final da periferia desse fluido, onde a força de atração magnética é mais forte. Essa lei vale tanto para o pequeno quanto para o grande, portanto para o macro e o microcosmo. No carregamento com um Volt, ou seja, na produção desse Volt, essa lei deve ser observada. Se você quiser carregar um talismã, um pentáculo ou uma pedra através de um Volt, para o seu uso próprio, deverá proceder com se segue:

Represe o fluido elétrico dinamicamente com toda a força no lado direito de seu corpo. Projete o fluido elétrico represado através da mão e finalmente através do dedo indicador, formando uma forte faísca elétrica, que você deverá encantar imaginativamente no ponto central de seu talismã. A faísca elétrica comprimida deve se parecer a uma luz vermelha incandescente. Proceda do mesmo modo com o fluido magnético e conduza-o através do dedo indicador da mão esquerda para a sua frente, de modo a envolver a faísca elétrica esférica com o fluido magnético, com tanta força, que ela chega a ficar imaginativamente invisível. Imagine o fluido magnético comprimido na cor azul; ao conseguir isso deverá restar-lhe somente, imaginativamente, uma pequena esfera azul que englobará toda a forma do talismã. Com isso o seu Volt estará pronto, e assim que o fluido elétrico dentro e o magnético fora dele brilharem, impregne a esfera, i.e., o Volt, com o seu desejo, e determine o efeito. Se mais tarde você quiser reforçar o carregamento, o que provavelmente nem será necessário, precisará só adensar o fluido magnético, e assim o fluido elétrico que se encontra em seu interior será reforçado por si só, automaticamente. Um Volt desse tipo tem um efeito mágico tão forte que poderá modificar o karma. O mago que conseguir fazer isso não estará mais submetido ao karma comum; acima dele só existirá a Providência Divina. Se o mago resolver carregar um talismã com um Volt para outra pessoa, ele deverá proceder do mesmo modo, só que não deverá extrair os fluidos elétrico e magnético de seu corpo, mas diretamente do Universo. Esse carregamento com o Volt, para outras pessoas, deverá ser feito só em último caso, pois o mago deverá ter a certeza de que a pessoa em questão possui realmente ideais elevados, é sincero em seu desenvolvimento e na verdade é só perseguido pelo karma, portanto como diz a boca do povo, é um azarado. A visão clarividente do mago poderá ver tudo isso, e sua intuição lhe dirá corretamente se ele deverá fazer isso ou não. Nesse caso o próprio mago será responsável. Se um Volt mágico desse tipo for encantado numa pequena ferradura magnética, com a esfera envolvendo todo o magneto, até mesmo o Tomé mais incrédulo se convencerá do seu efeito fortíssimo.

10. CARREGAMENTO ATRAVÉS DE UMA OPERAÇÃO MÁGICO-SEXUAL.

Existe mais um tipo de carregamento sobre o qual farei aqui só um breve comentário, mas por motivos éticos e morais evitarei descrever a sua prática em detalhes. O mago que costuma meditar, logo aprenderá sozinho essa prática, mas por outro lado evitará trabalhar com ela, pois nesse meio tempo terá aprendido muitas outras possibilidades de carregamento. Só um mago com um senso de ética muito desenvolvido se atreveria a realizar essa prática, pois para o ser que é puro, tudo é puro. Nas mãos de uma pessoa amoral essas práticas poderiam provocar mais danos do que benefícios. No mínimo essas pessoas fariam um mau uso dessas fortes energias, como são as energias do amor, e provocariam muitos transtornos. Por isso darei só uma breve indicação sobre o princípio em que se baseia essa possibilidade de carregamento.

Em primeiro lugar serão necessários certos preparativos, sem os quais a operação não daria certo. Uma operação mágico-sexual realizada com um objetivo qualquer, é um ato sagrado, uma prece, em que se copia o ato criativo do amor. Tudo o que existe no Universo foi criado a partir do ato do amor; é nessa lei universal que se baseia a magia sexual.

Nesse caso devemos naturalmente trabalhar com uma parceira consciente, de preferência também instruída na magia. O homem, portanto o mago, representa o princípio ativo, criador, enquanto que a mulher – a maga – é o princípio passivo, gerador. Essa maga – parceira – instruída no domínio dos fluidos elétrico e magnético, deverá inverter a sua polaridade, de modo que a sua cabeça seja fluidificada magneticamente e os genitais eletricamente. No homem a situação é inversa, i.e., sua cabeça deverá ser polarizada magneticamente e os genitais eletricamente. Na ligação entre os dois surgirá uma energia muito forte, de dupla polarização, que produzirá um efeito muito intenso. Nesse ato de amor não se gera uma nova vida, mas sim o efeito desejado. Os duplos polos, superior e inferior são ativados, i.e., entra em ação o magneto quadripolar, o JOD VAU HE, o mistério maior do amor, da criação. Esse ato de criação, o mais elevado que existe no mundo, poderia facilmente cair para o amor carnal, e portanto degradar-se. O seu maior simbolismo é apresentado na cena bíblica da expulsão de Adão e Eva do Paraíso. O mago que ousar aventurar-se na mais suprema dentre todas as práticas deve obrigatoriamente dominar as vibrações superiores e inferiores para transferi-las à pedra, portanto ao seu talismã, num eventual carregamento. Se desonrar esse ato sagrado através do prazer carnal, sofrerá as mesmas perdas que Adão e Eva, que não puderam mais usufruir dos frutos do Paraíso. O mago intuitivo entenderá facilmente a dimensão desse simbolismo e achará justo o meu silêncio sobre esse mistério tão profundo.

A Realização de Desejos através de Esferas Eletromagnéticas no Akasha, a assim chamada "Voltização"

Já descrevi a produção de um Volt através do fluido eletromagnético, no item sobre o carregamento de talismãs. Na "voltização" o processo é o mesmo, só que num Volt a esfera eletromagnética produzida para o Akasha deverá ser maior. A prática é a seguinte:

Represe o fluido elétrico com muita força na metade direita de seu corpo e projete-o para fora pela superfície interna da mão direita, formando com ele, através da imaginação, uma grande esfera, que deverá flutuar livre no ar. Essa projeção não passa pelos dedos, mas diretamente pela superfície interna da mão direita. A esfera incandescente, de cor vermelha brilhante por causa do fluido elétrico comprimido, deverá ser fortalecida dinamicamente pelo represamento repetido do fluido elétrico e pelas reiteradas projeções, e aumentada através do carregamento frequente. O represamento e a dinamização devem ser feitos até que a esfera atinja o diâmetro de um metro. Proceda do mesmo modo com o fluido magnético, que depois de represado deverá ser projetado para fora através da superfície interna da mão esquerda, preenchendo a esfera elétrica camada a camada. Por meio da repetição frequente do represamento do fluido magnético e sua projeção, o envoltório torna-se cada vez maior e mais compacto, até a esfera inteira alcançar um diâmetro de cerca de dois metros. Com isso o Volt eletromagnético estará pronto.

Se o mago resolver fazer um Volt desse tipo para uma segunda pessoa, então ele deverá tomar os fluidos elétrico e magnético diretamente do Universo. Assim que esse Volt eletromagnético estiver pronto, com a maior das imaginações, com uma fé e uma força de vontade inquebrantáveis, o mago deverá impregnar esse acumulador mágico fortíssimo com a respectiva concentração do desejo. Através da imaginação ele deverá criar o objetivo de seu Volt. Assim que terminar ele deverá entrar quase extaticamente, com a sua imaginação, no Universo infinito, no macrocosmo, enfim, no mundo das origens, portanto no Akasha. Pelo pensamento ele deverá cortar a ligação com o seu Volt, parando de pensar nele repentinamente, i.e., esquecendo-o propositalmente e ocupando-se de outras coisas.

Esse carregamento do Volt aqui apresentado é uma das mais poderosas operações que o mago poderá realizar nesse estágio de seu desenvolvimento, pois através dela ele se tornará senhor de si mesmo e também dos outros. Aquela coisa primordial que ele transpôs ao seu Volt no Akasha surtirá efeito, tanto no plano mental, astral quanto no material-denso. O mago saberá valorizar tudo isso e assumir a responsabilidade por essa grande possibilidade de poder alcançar para si mesmo e seus irmãos humanos, pelos quais ele ousará realizar essa operação, os mais elevados e nobres objetivos.

O mago que chegou até aqui em seu árduo caminho, que conseguiu compensar o seu karma através de duros exercícios, mais difíceis do que a própria ascese, já não poderá mais sofrer nenhuma ameaça. Ele não estará mais submetido às influências habituais do destino, pois tornou-se dono dele, e só a Providência Divina em seu aspecto mais elevado poderá influenciar a sua vontade.

<u>Resumo de todos os Exercícios do Grau IX</u>

I. INSTRUÇÃO MÁGICA DO ESPÍRITO:

A prática da clarividência através do espelho mágico.

a) A visão através do espaço e do tempo.
b) Efeito à distância através do espelho mágico.
c) Diversos trabalhos de projeção através do espelho mágico.

II. INSTRUÇÃO MÁGICA DA ALMA:

1. A separação consciente do corpo astral, do corpo material-denso.
2. A impregnação do corpo astral com as quatro características divinas básicas.

III. INSTRUÇÃO MÁGICA DO CORPO:

1. Tratamento de doentes através do fluido eletromagnético,
2. Carregamento mágico de talismãs, amuletos e pedras preciosas.
3. Realização de desejos através de esferas eletromagnéticas no Akasha, a assim chamada "Voltização".

Grau X

Instrução Mágica do Espírito (X)

A Elevação do Espírito aos Planos mais Elevados

Antes de começar a acompanhar a prática desse décimo grau, o último de nosso curso, o mago deverá olhar para trás e se certificar de que domina cem por cento tudo o que foi ensinado até agora. Se isso não ocorrer, então ele deverá empenhar-se em fazer uma revisão de tudo aquilo que não assimilou direito e esforçar-se em desenvolver adequadamente cada uma das capacidades. A pressa e a precipitação no desenvolvimento são inúteis e revelam-se extremamente desvantajosas no trabalho posterior com a magia. Para evitar decepções o mago deverá usar o tempo que for necessário para trabalhar sistemática e conscienciosamente. Deve saber que esse último grau já representa o final de seu desenvolvimento mágico no que se refere à primeira carta do tarô e para a qual ele precisa estar preparado se quiser prosseguir com trabalhos mágicos mais elevados, descritos nas minhas duas obras subsequentes ("Die Praxis der Magischen Evokation" – A Prática da Evocação Magica; e "Der Schlussel zur Wahren Quabbalah" – A Chave para a Verdadeira Cabala). Caso surjam lacunas em seu trabalho, o mago jamais conseguirá dominar as forças superiores. Não é muito importante para ele assimilar esse curso em etapas alguns meses antes do previsto ou alguns meses depois, o principal é que ele não perca de vista a sua meta de ir sempre em frente até alcançar as mais iluminadas alturas do reconhecimento divino. Numa visão retrospectiva o mago verá que já trilhou um longo caminho em sua evolução, o que é muito mais do que imaginou; mas ele precisa saber que esse é só o primeiro degrau de uma longa escalada. Quando ele tiver consciência de quanto conhecimento e experiência terá de acumular e absorver, adotará uma posição de humildade e reverência diante da fonte divina da sabedoria. Em seu coração ele não deverá abrigar ambição, egoísmo e convencimento, enfim, nenhuma característica negativa, pois quanto mais profundamente penetrar na oficina de Deus, tanto mais dedicado e receptivo se tornará, internamente.

A sua primeira tarefa no décimo grau será obter o conhecimento da esfera dos elementos. Com seu corpo mental ele deverá visitar as diversas esferas dos elementos, e se transportar ao reino dos gnomos ou espíritos da terra, depois aos espíritos da água ou das ninfas. Conhecerá o reino do ar, ou dos silfos, ou fadas, e finalmente o reino das salamandras, ou espíritos do fogo. Para um não-iniciado essas possibilidades soarão como fábulas, ou contos de fada, e vai considerá-las uma mera utopia. Para o verdadeiro iniciado não existem contos de fada ou lendas; elas devem ser basicamente entendidas como histórias simbólicas, que muitas vezes contêm verdades profundas. O mesmo vale para os gnomos, ninfas, silfos e salamandras. Baseando-se em suas próprias observações o mago se convencerá da existência efetiva desses seres. Uma pessoa magicamente não-instruída, cujos sentidos não foram desenvolvidos do ponto de vista espiritual, está só sintonizada nas vibrações do mundo material e não consegue imaginar a existência de outros seres, muito menos convencer-se disso. A maioria das pessoas está tão dominada pela matéria, por causa de seu modo de vida puramente materialista, a ponto de não entender e nem tomar consciência de algo superior e mais sutil, externo a nosso mundo físico. Mas para um mago instruído naturalmente as coisas são diferentes, pois ele desenvolve seus sentidos conscientemente; assim consegue ver muito mais e tomar consciência das energias, planos e seres superiores, convencendo-se deles por si mesmo. Na verdade esse é o objetivo do nosso curso, i.e., instruir a pessoa para que além do mundo físico ela possa também tomar consciência de esferas mais elevadas e dominá-las. Não pretendemos nos precipitar e estudar temas correlatos, mas só nos limitarmos à prática do que deve ser feito para alcançarmos o mundo dos elementos.

No estudo anterior aprendemos que no mundo dos elementos, além do próprio elemento existem seres a ele correspondentes, que o habitam. A diferença entre uma pessoa e um ser do elemento consiste no fato de a pessoa ser constituída de quatro, ou de cinco elementos, que a dominam, enquanto que o ser do elemento é composto somente do elemento puro que lhe corresponde. Pelo nosso conceito de tempo, esses seres possuem um tempo de vida bem mais longo que o nosso, mas não um espírito imortal. Geralmente um ser desses dissolve-se depois novamente em seu elemento. Deixaremos de lado as descrições dos detalhes pois o mago poderá conhecê-los sozinho em suas experiências práticas, o que será possível através da transposição de seu espírito. O mago deverá transportar-se ao reino dos elementos e promover um contato com o ser que o habita. Mais tarde ele até conseguirá dominar esse ser. A citação e a chamada de um ser desse tipo a nosso planeta material de modo passivo e ativo serão descritas em detalhes no capítulo correspondente à magia da evocação, na minha obra subsequente, intitulada "Die Praxis der Magischen Evokation" (A Prática da Evocação Mágica).

Porém o mago deverá saber, sobretudo, que o reino dos elementos não é o nosso mundo material e que ele não conseguirá transportar-se para lá sem uma capacitação prévia. Um ser dos elementos só pode se comunicar com o seu semelhante, e isso deve ser levado em conta. Um pássaro só consegue comunicar-se com um pássaro, e assim também um ser dos elementos não se entenderá com um ser humano, mas só com um ser do mesmo elemento que o seu. Caso um ser dos elementos queira relacionar-se com um ser humano, ele terá de assumir a sua forma e as suas características, para se aproximar do homem como homem. O mago então entenderá o porquê dos exercícios de transformação por ele realizados nos graus anteriores; um gnomo jamais entenderá um homem, e vice-versa. Durante a operação o mago deverá transformar-se num gnomo, ou o gnomo num homem. Portanto, antes de penetrar no reino dos espíritos da terra, o mago deverá assumir a forma de um gnomo. Se ele não tiver ideia de como é a aparência de um gnomo, deverá tentar ver a sua forma através da clarividência, no estado de transe ou através do espelho mágico. Ele saberá que os gnomos são homens bem pequenos, semelhantes aos duendes das histórias infantis. Geralmente eles têm longas barbas e capuzes, cabelos compridos, olhos cintilantes, e usam uma pequena túnica. Desse modo, ou semelhante a isso, é que o gnomo será visto pelo mago no espelho mágico. Ele poderá ver também que todos os espíritos da terra carregam uma pequena lâmpada, de luminosidade variável, usada para guiá-los no reino subterrâneo. Depois de se convencer da forma do gnomo através da visão no espelho mágico, o mago só precisará assumi-la em seu espírito, portanto no plano mental. Além disso ele terá de identificar-se com o elemento terra, i.e., carregar toda essa conformação com o elemento terra, sem qualquer represamento. O mago não precisará imaginar mais nada além de que está mergulhando no reino subterrâneo, portanto, para dentro da terra. Isso lhe proporcionará uma sensação de escuridão ao redor. Através da imaginação ele deverá visualizar uma lâmpada com uma luz maravilhosa, que romperá toda a escuridão. Em suas tentativas iniciais nem perceberá muita coisa, mas depois de repetir as experiências algumas vezes, ele se acostumará de tal forma à escuridão que tomará consciência de seres com o seu próprio formato, principalmente quando a vontade de entrar em contato com eles é muito grande. Depois de várias tentativas ele observará que os seres se tornarão cada vez mais nítidos, e nos diversos trabalhos no reino da terra, chegará a vê-los completamente. No reino dos espíritos da terra o mago nunca deverá abordar diretamente nenhum deles; deverá evitar ser o primeiro a fazer alguma pergunta, enquanto não for abordado por um dos seres. Poderá ocorrer que ele seja induzido a fazer algum comentário, em função do trabalho mútuo dos gnomos, mas não deverá se deixar conduzir a isso. Os espíritos da terra poderiam assim assumir o poder sobre o mago, que correria um grande risco, porque na verdade deveria acontecer o contrário, i.e., o mago é que deveria deter o poder sobre eles. No caso de um acidente desse tipo poderia acontecer que os gnomos, com suas mais diversas artimanhas mágicas, prendessem o mago de tal forma através do elemento a ponto de transformá-lo num espírito da terra como eles, sem a possibilidade de voltar ao seu corpo original. Depois de um certo tempo o cordão mental entre o corpo astral e material se romperia, acarretando a morte física. Um exame clínico constataria somente um ataque cardíaco. Porém o mago que tem o cuidado de se controlar através da instrução mágica e observa essa lei, não precisará ter medo. Ao contrário, assim que os gnomos começarem a falar, verão no mago um ser que lhes é superior e se tornarão seus melhores amigos. Essa lei de não falar primeiro só vale para as primeiras visitas, e mais tarde, assim que os gnomos se convencerem de que o mago os supera em termos de inteligência e de força de vontade, eles não só serão seus amigos, mas passarão a servi-lo obedientemente.

Os espíritos da terra são os mais próximos ao homem e gostam de servi-lo, principalmente quando reconhecem a sua superioridade. As visitas ao reino dos gnomos devem ser feitas o mais frequentemente possível até que esse reino não ofereça mais nada de novo ao mago. Ele poderá aprender muitas coisas com os gnomos, e nenhum livro poderia contar-lhe tantos segredos sobre o reino da terra quanto as suas próprias vivências no mundo desses seres. Por exemplo, através dos gnomos o mago poderá tomar conhecimento do poder e do efeito de diversas ervas, conseguir o poder mágico sobre determinadas pedras, obter informações sobre tesouros escondidos, e muitas outras coisas. Será testemunha ocular de tudo o que existe debaixo da terra, como p.e., fontes subterrâneas, jazidas de minério, de carvão etc. Além disso ele poderá observar as diversas práticas mágicas dos gnomos, realizadas através do elemento terra. Com o tempo o mago descobrirá que existem diversos grupos de graus diferentes de inteligência entre os espíritos da terra no reino dos gnomos. Poderá entrar em contato com gnomos que são mestres no conhecimento da Alquimia. Quando finalmente o mago sentir-se em casa no reino desses seres, e tiver acumulado todas as experiências que os gnomos poderiam lhe proporcionar, ele passará a explorar o reino seguinte, o do espírito das águas.

Do mesmo modo o mago deverá sintonizar-se com um espírito da água no espelho mágico e assumir o seu formato. Ele poderá constatar que os espíritos da água são parecidos com o homem e não aparentam nenhuma diferença quanto à forma ou ao tamanho. Geralmente os espíritos da água, chamados de ninfas, têm a forma de belas mulheres, apesar de existirem também espíritos da água masculinos. Por isso não é estritamente necessário, durante uma visita ao reino das águas, que se assuma a forma de uma mulher, e o mago só fará isso se tiver prazer em transformar-se imaginativamente numa ninfa. Uma vantagem disso é que ele não será perturbado pelas ninfas, pois além de serem muito belas, elas são muito insinuantes e sedutoras eroticamente.

Assim que o mago estiver espiritualmente preparado, preenchendo-se com o elemento água, i.e., impregnando o seu espírito com água, ele deverá se transpor a algum grande lago ou à beira-mar, o que preferir, e entrar espiritualmente no fundo da água. Aqui ele também não encontrará os espíritos da água logo ao chegar, mas através de repetidas tentativas e com um desejo forte de entrar em contato com os espíritos aquáticos ele acabará conseguindo atraí-los. No começo só encontrará formas de mulheres, que se movimentam na água com tanta liberdade quanto as pessoas. Será raro ele encontrar uma ninfa antipática, pois aqui também predomina uma determinada categoria de inteligência, e apesar de todas as donzelas aquáticas serem belíssimas, ele encontrará também algumas muito inteligentes, as assim chamadas líderes reais, providas de beleza e inteligência especiais. O mago poderá notar que esses seres não só exibem seus dotes habituais, mas também executam os mais diversos trabalhos. Seria inútil descrever tudo isso em mais detalhes, pois o próprio mago poderá convencer-se pessoalmente disso. Nesse caso também vale a regra de jamais abordar um ser em primeiro lugar; o mago deverá sempre esperar até que falem com ele ou perguntem algo. Ele poderá ficar conhecendo tantas coisas sobre o elemento água, através das líderes inteligentes com as quais entrará em contato, que poderá até escrever livros sobre o assunto. Além de ficar sabendo tudo sobre a vida dos peixes, das diferentes plantas aquáticas, pedras submarinas etc., elas também falarão ao mago sobre as mais diversas práticas mágicas do elemento água. Mas ele deve ser advertido sobre a beleza desses seres, para não apaixonar-se a ponto de perder o chão sob os pés, pois tal amor poderia tornar-se um tormento para ele. Com isso não queremos dizer que ele não possa ter prazer junto a essas donzelas aquáticas, mas que ele sempre deverá ter em mente que a lei é o amor, mas o amor submetido à vontade. Uma donzela dessas poderia prender o mago com sua beleza sedutora, sua amabilidade e seu arrebatador erotismo, de tal modo que ele até correria o perigo de submeter-se a ela, o que o levaria à morte física. Muitos magos já sucumbiram a um amor infeliz desse tipo. É por isso que ele deverá ser forte, pois justamente esse reino da esfera dos elementos é o mais atraente, e se ele não conseguir refrear sua paixão, ficará totalmente submisso aos espíritos da água. Ao conseguir encontrar o reino dos espíritos da água e aprender com eles tudo o que se refere ao conhecimento mágico relativo ao elemento água, o mago deverá dirigir sua atenção ao reino seguinte, o dos espíritos do ar.

Ao contrário do reino aquático, cujos habitantes, as donzelas da água ou ninfas, gostam muito do contato com as pessoas, os espíritos do ar são muito esquivos à relação com os humanos. Do mesmo modo que os espíritos da água eles têm formas maravilhosas, principalmente de natureza feminina, apesar de encontrarmos também alguns seres masculinos entre eles. Nesse caso o mago não precisará assumir diretamente uma forma condizente com os espíritos do ar, ele poderá impregnar a sua própria pessoa, o seu espírito, com o elemento ar, e se transpor imaginativamente à região do ar com o desejo de promover um contato com os seus espíritos. Depois de várias repetições, durante as quais ele não deverá perder a paciência caso não consiga o seu intento logo no início, ele deverá estar constantemente empenhado em ver esses espíritos a qualquer preço, algo que com certeza conseguirá. No começo ele notará que os espíritos do ar o evitam, o que naturalmente não deverá desanimá-lo; verá seres maravilhosos, que possuem um maravilhoso corpo etérico, macio e flexível. Com seu espírito ele deverá imitar os espíritos do ar, movimentando-se de um lado a outro no espaço, flutuando no ar e deixando-se levar por ele; cedo ou tarde os espíritos o abordarão. Nesse caso também o mago deverá ser prudente e não falar primeiro com o espírito, masculino ou feminino. Poderia acontecer-lhe a mesma coisa que já descrevemos no caso do elemento anterior. Ao conseguir, depois de várias tentativas, estabelecer o contato com os espíritos do ar, o mago poderá também conhecer tudo o que se refere ao elemento correspondente; descobrirá muitas práticas mágicas e segredos que uma pessoa normal nem poderia imaginar.

Depois de conhecer bem o elemento ar e seus seres, e dominar todas as práticas mágicas e leis que lhe foram confiadas, o mago deverá passar a conhecer os espíritos do elemento fogo, e entrar em contato com eles. Sob certos aspectos esses seres são parecidos com o homem, mas demonstram algumas particularidades que um homem normal não possui; por isso é recomendável que o mago se certifique da forma de um espírito do fogo através da magia do espelho. Ele observará que os espíritos do fogo possuem um rosto menor do que o das pessoas e um pescoço extremamente comprido e fino. Deverá então transpor o seu próprio espírito, imaginativamente, à forma de um espírito do fogo, carregando-o com o elemento puro do fogo, e depois entrar na esfera espiritual de uma cratera ou montanha de fogo, o habitat mais marcante desses seres. No elemento anterior, dos espíritos do ar, o mago pode perceber que os seus espíritos estavam constantemente em movimento. Isso ocorre ainda em maior escala com os espíritos do fogo, que pulam o tempo todo, como as labaredas de uma fogueira. O mago não deverá esquecer o preceito básico de jamais dirigir-lhes a palavra em primeiro lugar. Lá também existem grupos de inteligência variável, e quanto mais inteligente for um espírito do fogo, tanto mais bela e harmônica será a sua forma. Os espíritos mais elevados dentre os espíritos do fogo parecem-se mais ao homem, e naturalmente o mago tentará estabelecer um contato com esses seres mais inteligentes. Aprenderá muitas coisas relativas à magia prática, enfim, tudo o que se pode obter com o elemento fogo. Quando ele tiver conhecido bem os espíritos do fogo na cratera, ou seus respectivos líderes, conseguido estabelecer o contato com eles e aprendido tudo o que poderia aprender, ele poderá procurar aqueles espíritos do fogo que moram no ponto central mais profundo de nossa terra. Esses espíritos possuem conhecimentos bem mais profundos do que os dos espíritos das crateras. Só quando o mago tiver adquirido todos os conhecimentos sobre o elemento fogo, ele poderá dizer que se tornou o senhor absoluto sobre todos os elementos.

Durante as visitas a todos os seres dos elementos, o mago se convencerá de que cada ser desses, por mais inteligente que seja e por mais conhecimentos que possua, é constituído por um único elemento, enquanto que o homem encarna em si todos os quatro elementos, além de um quinto elemento, o do princípio de Deus. Então ele compreenderá porque a Bíblia diz que o homem é o mais completo dentre todos os seres e foi criado à imagem e semelhança de Deus. Por isso também é que se justifica a grande ânsia por imortalidade dos seres dos elementos e a inveja que sentem dos homens por esse privilégio. Todo ser dos elementos obviamente almeja alcançar a imortalidade e o mago tem a possibilidade de oferecer isso a ele. Não seria possível para mim aqui descrever em detalhes como isso pode ocorrer, mas qualquer mago terá uma intuição tão boa que poderá descobri-lo por si mesmo.

Através de suas próprias experiências o mago perceberá o quanto ele poderá aprender dos seres dos elementos. É lógico que essas experiências então se transferirão à memória, portanto ao corpo material, e o mago poderá aproveitar essas experiências transferidas à prática, também no plano material. Aos olhos de um não-iniciado as coisas que o mago consegue realizar com a magia natural parecerão verdadeiros milagres. Depois de mais esse progresso do mago, i.e., conhecer os quatro reinos dos elementos, dominá-los na prática e através deles passar por ricas experiências, ele poderá conectar tudo isso com o aprendizado consciente junto a um mestre espiritual, um guru, ou espírito protetor. Como já mencionamos no item sobre o relacionamento passivo com o além, toda pessoa possui em seu caminho um espírito protetor que lhe foi destinado pela Providência Divina, e que estimula e supervisiona o desenvolvimento espiritual da pessoa. No relacionamento passivo o mago entrou em contato pela primeira vez com esse espírito protetor, e através de sua clarividência conseguiu vê-lo no espelho mágico ou em estado de transe, quando almejou muito esse contato. Mas agora ele ja chegou ao ponto de conseguir entrar em contato visual com o espírito protetor no plano mental. Não é difícil realizar isso na prática, pressupondo-se que o espírito protetor já não se deixou reconhecer antes por aquele mago que já domina totalmente o processo da viagem mental. A prática da ligação visível com o espírito protetor só exige uma coisa, que é elevar-se às alturas em espírito, verticalmente, como que apanhado por um redemoinho. Podemos eventualmente também imaginar o processo inverso, i.e., não sermos elevados às alturas, mas ficarmos leves como o ar e sermos empurrados pela Terra. Isso fica a critério do tipo de concentração de cada um. Depois de algumas tentativas o próprio mago descobrirá os métodos que prefere. Assim que elevar-se espiritualmente, o mago deverá subir mais e mais, até a Terra parecer-lhe só como uma pequena estrela, e ele, flutuando no Universo, totalmente distante do globo terrestre, deverá concentrar-se no desejo de ser atraído para o seu guia ou de que este lhe apareça. Depois de algumas tentativas o mago se defrontará visualmente com o seu guia, ou anjo da guarda, como também é chamado. Esse primeiro encontro é uma experiência especialmente forte, pois dali em diante ele terá a possibilidade de relacionar-se boca a boca, ouvido a ouvido com seu guia espiritual, e sobretudo não esquecerá de lhe perguntar quando, como, e sob quais condições poderá entrar em contato com ele quando assim o desejar. O aluno deverá então obedecer à risca as indicações do guia. O guru assumirá dali em diante a instrução subsequente do mago.

Depois que a ligação com o guru se concretizou, o mago penetrará na última etapa de sua evolução mental, e como o mundo material denso não tem mais nada a lhe dizer, ele procurará explorar outras esferas. Isso ele conseguirá fazer do mesmo modo anterior, elevando-se verticalmente da Terra e concentrando-se na esfera que pretende explorar; de acordo com a sua vontade, essa esfera o atrairá para si. Como no seu espírito não existem os conceitos de tempo e espaço, ele poderá explorar cada esfera de imediato, sozinho ou acompanhado de seu guia. Segundo a árvore cabalística da vida, ele alcançará primeiro a esfera da lua, depois, na sequência, a de Mercúrio, de Vênus, do Sol, de Marte, de Júpiter, e finalmente de Saturno. Em todas as esferas ele encontrará os seres correspondentes e conhecerá na prática as suas leis e mistérios. Assim que o mago tiver conseguido visitar e dominar todo o Universo, portanto o sistema planetário das esferas dos seres, a sua instrução mental estará terminada. Ele conseguiu evoluir até tornar-se um mago completo, um Irmão da Luz, um verdadeiro Iniciado, que já alcançou muita coisa, porém ainda não alcançou tudo.

Instrução Mágica da Alma (X)

A Ligação Consciente com seu Deus Pessoal

Na parte teórica desta obra didática eu citei o conceito de Deus, e o mago que já estiver bem adiantado em seu desenvolvimento poderá passar a ocupar-se da concretização desse conceito. Antes de começar a trabalhar nesse último parágrafo de seu desenvolvimento, o mago deverá examinar se ele realmente já domina totalmente a instrução da alma de todos os graus, se ele alcançou o equilíbrio mágico e enobreceu sua alma a ponto de permitir que a divindade more nela. Muitas religiões falam da ligação com Deus na prática; a maioria delas defende o ponto de vista pessoal de que quando se faz uma oração a Deus sob forma de um pedido, uma devoção ou um agradecimento, então já se consegue estabelecer essa ligação. Para o mago que até agora trilhou o árduo caminho do desenvolvimento, essa afirmação naturalmente é insuficiente. Para o mago, seu Deus é o ser mais elevado, mais verdadeiro e mais justo que existe. Por causa disso, logo no começo da iniciação, na sua evolução, o mago respeitou, obedeceu e seguiu a justiça relativa às leis universais, e é nessa justiça também que deve ser entendido o conceito de Deus. O mago seguidor dessa ou daquela religião, independentemente se for a religião cristã, judaica, budista, maometana, hindu, brahmane, ou alguma outra casta religiosa, e seguidor também do caminho da iniciação, deverá, sem exceções, respeitar a justiça universal das leis de seu conceito divino. No seu ideal mais elevado o Cristo vai venerar o próprio Cristo e reconhecer nele as quatro características básicas, as quatro qualidades ou aspectos básicos que se manifestam na onipresença. Essas quatro características básicas são: a onipotência, a sabedoria ou conhecimento universal, o amor universal ou a bondade, e a imortalidade. O mago nunca vai encarar o seu Cristo como manifestação provida de uma única qualidade, mas também, relativamente às leis universais análogas aos quatro elementos, venerá-lo como a divindade suprema. O mesmo vale para o adepto do budismo, ou qualquer outra doutrina religiosa. Quando o mago trabalha corretamente e torna-se amadurecido do ponto de vista mágico, ele passará a classificar seu princípio divino nesses quatro fundamentos com suas características básicas, correspondentes aos elementos; esses quatro aspectos básicos de sua divindade representarão sua visão divina suprema. A ideia de seu Deus não precisa estar ligada a uma pessoa viva ou que já viveu, ela pode ser simbólica. Basicamente é indiferente se o mago imagina, como símbolo do seu Deus supremo, Cristo, Buda, um deva, um sol, uma luz, uma chama, ou qualquer outra coisa. O que importa nesse caso não é a ideia em si, mas a qualidade que ele imprime à sua ideia. De qualquer modo, qualquer religião – visão de mundo tem de ser, para o mago, a ideia do conceito divino supremo, amoroso, precioso e digno de devoção, acima do qual não existe mais nenhum outro Deus. O seu relacionamento, ou ligação com a sua divindade, com o seu Deus, pode ser apresentado de quatro maneiras: 1. Do modo Místico-passivo; 2. Mágico-ativo; 3. Concreto, e 4. Abstrato. O verdadeiro mago deverá dominar todas as quatro formas, mas ficará a seu critério pessoal o tipo ou a forma que escolherá para a sua ligação futura.

    A forma místico-passiva de ligação com Deus é a mais frequente entre os santos e beatos, para os quais, num arrebatamento ou êxtase, revelou-se o princípio divino. Mas assim o mago não saberá de que forma Deus se revelou a ele; então o tipo de revelação se expressará de acordo com sua visão suprema. Para o cristão ela terá a forma de qualquer símbolo fixo, como o formato do próprio Cristo, de uma pomba branca, do Espírito Santo, ou o formato de uma cruz. Mas isso não tem muita importância. O principal nesse caso é a qualidade ou característica da divindade que se manifesta à pessoa. O quão profunda, forte e penetrantemente Deus se revelará a cada um, depende da sua maturidade espiritual e anímica. Esse tipo de revelação é vivenciado por todas aquelas pessoas que entram no estado de êxtase ou de enlevo através da meditação profunda ou da prece. Todos os místicos, teósofos, ioguis etc. veem nesse tipo de revelação divina o alcance de uma meta almejada. A história nos mostra muitos exemplos dessa ligação mística com Cristo, e por isso não é preciso apresentá-las individualmente.

O segundo tipo de revelação divina é a mágico-ativa, condizente com a maioria dos magos. O mago instruído tenta aproximar-se ou relacionar-se com a sua divindade através de invocações. Nesse caso também podemos falar de uma forma extática, porém esta não surge como um fenômeno paralelo, como no tipo de revelação anterior, mas foi induzida conscientemente, de grau em grau. Nesse método, ou tipo de revelação, o interior ou espírito do mago, eleva-se até a metade do caminho em direção a Deus, e Deus vem ao seu encontro pela outra metade. A invocação de Deus nesse método mágico-ativo é teúrgica, verdadeiramente mágica, e o mago só deverá se permitir realizá-la quando alcançar de fato a verdadeira maturidade. O tipo de invocação fica a critério de cada um, pois não existem muitos métodos concretos. Tanto a invocação divina místico-passiva quanto a mágico-ativa poderão, por seu lado, ocorrer de forma abstrata ou concreta. A invocação concreta consiste em imaginar a divindade sob uma forma determinada, enquanto que a abstrata baseia-se na ideia divina abstrata das qualidades de Deus.

A prática de cada uma das possibilidades de revelação do conceito divino é extremamente simples. Se o mago meditar sobre o seu Deus e suas respectivas qualidades, mergulhado em seu interior, portanto, no Princípio do Akasha, ou seja, em transe, e o tão esperado símbolo divino lhe aparecer durante essa meditação, então podemos falar de um tipo místico-passivo de revelação divina. Porém, se através de sua meditação com imagens o mago invocar em si ou no exterior cada uma das qualidades de sua divindade, indiferentemente se são imaginadas numa forma concreta ou abstrata, então trata-se de uma invocação divina mágico-ativa.

Quem já chegou até aqui em seu desenvolvimento não só poderá alcançar a ligação divina do tipo místico-passivo, mas também a do tipo mágico-ativo. Por isso é que dou preferência aos métodos das formas concreta e abstrata que o mago já consegue dominar. Um bom exercício prévio para a manifestação concreta da divindade consiste em colocar diante de si uma imagem, figura ou símbolo da divindade venerada. Então o mago deverá sentar-se em sua asana e fixar a imagem com tanta intensidade e por tanto tempo até que, fechando os olhos, a imagem de Deus lhe apareça. E também, ao fixar a imagem de sua divindade, ele a verá depois várias vezes reproduzida numa superfície branca próxima. Essas visualizações da divindade são um bom exercício prévio, pois ele ajuda o mago a produzir o surgimento da imagem de seu Deus à sua frente. O mago deverá repetir esse exercício várias vezes, até conseguir imaginar a sua divindade venerada a qualquer momento, em qualquer lugar e em qualquer situação, como se ela estivesse ali, viva. Só depois disso é que ele poderá conectar essa imagem com as respectivas características divinas. No início ele não vai conseguir ligar logo as quatro características básicas divinas mencionadas, e sobre as quais ele meditou nos graus anteriores, todas de uma vez, com a imagem formada. Por isso ele deverá dedicar-se a cada uma delas separadamente, uma após a outra. A concretização da característica divina na imagem idealizada é muito importante e deverá ser repetida tantas vezes até que realmente a divindade do mago, provida das quatro características, seja por ele percebida. Quando isso tiver sido alcançado, então o mago deverá pensar na imagem de sua devoção não como uma imagem, mas como alguém vivo, atuante e irradiante, com tanta intensidade como se o seu Deus, a sua divindade pessoal estivesse à sua frente, vivo e existente de fato. Essa é a assim chamada ligação concreta com a divindade, externa a si mesmo. Quanto mais frequentemente ele usar esse método tanto mais forte e eficaz surgirá diante dele essa divindade, de forma visual e perceptiva. Assim que o mago sentir que tudo o que ele sabe sobre o conceito e a realização de Deus foi colocado na sua imagem invocativa, então deverá imaginar que essa divindade viva que surge à sua frente em todo o esplendor, com todas as quatro características básicas, toma o seu corpo, portanto entra nele e assume o lugar da sua alma. Isso deve ser repetido pelo mago muitas vezes, até que ele sinta a divindade dentro de si com tanta força a ponto de perder a sua consciência pessoal e sentir-se a si mesmo como a divindade imaginada. Depois de várias repetições dessa unificação com a divindade o mago deverá assumir as características concretizadas na imagem por ele idealizada. Então, não é mais o eu pessoal que atua através dele, mas a sua divindade. Ele vivencia a ligação divina concreta de seu Deus pessoal e não é mais a sua consciência, a sua alma, ou o seu espírito que falam pela sua boca, mas o espírito manifestado pelo Deus. Aí então o mago se liga com o seu Deus, e depois de muito tempo nessa ligação ele mesmo se torna Deus, compartilhando de todas as características básicas de sua divindade.

    O método da ligação divina concretizada é muito importante para a prática mágica subsequente, pois o mago deve estar em condições de ligar-se, desse mesmo modo, com qualquer divindade, de qualquer religião. Essa prática é necessária na magia de evocação e na teurgia, pois é a única forma de que o mago dispõe para promover a ligação com uma divindade a qualquer momento, e manter os seres subordinados sob a sua vontade. Para todos parecerá óbvio que desse modo o mago será capaz de ligar-se ao princípio divino com tanta força, que várias energias da divindade concretizada com a qual ele se ligou animicamente também se incorporam nele como característica, se já não estiverem ligados diretamente à imaginação. Em sua maioria essas características divinas são definidas, por nós iniciados, como capacidades ou energias mágicas, ou Siddhis.

    Ao dominar bem a técnica da ligação divina concreta com a sua divindade imaginada, o mago deverá começar a concretizar a forma abstrata de ligação com o seu Deus. No início ele poderá conectar a sua ideia a uma ideia auxiliar, como, p.e., à luz, ao fogo; porém mais tarde isso também deverá ser deixado de lado, e ele não deverá projetar nada além da qualidade, primeiro externamente e depois internamente. Nesse caso também a qualidade da característica divina deve ser conectada primeiro no órgão correspondente ao elemento, para que, p.e., a onipotência seja sentida abstratamente na cabeça, o amor no coração etc. Através da repetição constante desse exercício poderemos nos identificar com a ideia abstrata de Deus de tal forma que não necessitaremos mais da imaginação de uma parte ou de uma região do corpo. Poderemos conjugar as quatro características básicas numa única ideia que formará a conscientização interna de nosso conceito divino na forma suprema. Através da repetição frequente a manifestação de Deus aprofunda-se tanto que chegamos até a nos sentir como deuses. A ligação com Deus deverá ser tão profunda que durante a meditação não deverá existir nenhum Deus fora ou dentro da pessoa; sujeito e objeto deverão estar tão fundidos um no outro que não haverá nada além de: "Eu sou Deus", ou como diz o hindu em seus Vedas: "Tat twam asi – Isto é você!".

Ao chegar a esse ponto o mago encerra o seu desenvolvimento mágico em forma astral, e nos exercícios seguintes ele só precisará aprofundar as suas meditações e fortalecer a sua divindade.

O Relacionamento com as Divindades

Ao chegar ao ponto de conseguir ligar-se com qualquer divindade, qualquer inteligência, ou qualquer ser divino, o mago estará em condições de atuar na esfera desejada, não como mago, mas como Deus.

Com isso termina para o mago a instrução mágica da alma do último grau. Não tenho mais nada a dizer sob esse aspecto, pois o mago se tornou uno com Deus, e aquilo que ele expressa ou ordena, é como se o próprio Deus o tivesse expresso ou ordenado; ele compartilha de todas as características básicas da divindade à qual está ligado.

Instrução Mágica do Corpo (X)
Métodos para a Obtenção de Capacidades Mágicas
BRAHMA e SHAKTI

O conhecedor de outros sistemas de iniciação encontrará um certo paralelo deles com o meu sistema, pois na verdade todos os caminhos são iguais. Como exemplo mencionarei aqui o sistema hindu do yoga, que é condizente com os sistemas de mistérios egípcios por mim indicados. No Kundalini-Yoga o aluno é induzido, pelo guru, a meditar sobre o Centro Muladhara, que se encontra no cóccix, e realizar exercícios de Pranajama. Quando examinamos mais de perto o simbolismo do Centro Muladhara, concluiremos que esse Centro possui a forma de um quadrado de cor amarela, com um triângulo vermelho em seu interior, dentro do qual se encontra um falo – o órgão sexual masculino – envolvido por uma cobra, que dá três voltas ao seu redor. O Centro Muladhara é o primeiro Centro, o mais primitivo e material, simbolizado por um elefante com a respectiva deusa preenchendo todo o canto do triângulo.

Esse modo simbólico de expressão, chamado na Índia de Laya Yoga é apresentado dessa maneira peculiar e representa a chave da iniciação para o primeiro degrau no Yoga. Esse símbolo pode ser interpretado de várias maneiras, mas a explicação mais correta é que o quadrado representa a Terra, o triângulo as três pontas ou reinos – o mundo material, astral e mental, o falo representa a força-imaginação geradora, e a cobra o caminho e o conhecimento. O aluno já sabe que o princípio da terra se constitui de quatro elementos, por isso não há necessidade de maiores comentários. O aluno de Yoga deve sobretudo conhecer e dominar os três mundos, o material-denso, astral-anímico e mental-espiritual.

Portanto, o Chakra Muladhara não passa de um diagrama de iniciação e corresponde à primeira carta do tarô. Na Índia nunca se menciona diretamente uma definição com tanta clareza, e cabe ao aluno chegar a isso sozinho, quando conseguir dominar esse Centro, i.e., quando alcançar, em seu caminho espiritual, o desenvolvimento correspondente ao diagrama Muladhara. Não é à toa que chamam o Centro Muladhara de Centro Brahma, pois nesse estágio de desenvolvimento o aluno de Yoga reconhece Brahma, portanto a divindade em sua manifestação mais estável. Brahma é o Eterno, Inexplorável, Universal, Indefinível, Constante e Tranquilo, portanto a parte positiva. Brahma não gera nada de si mesmo, mas a criação surge através da sua Shakti, o princípio feminino. Portanto, no Centro Muladhara a Shakti representa a cobra que envolve o falo, e que usa a energia geradora do falo simbólico, portanto da imaginação.

Ainda teríamos muito a dizer sobre esse Centro, mas para o mago desenvolvido essa indicação deve bastar, para que ele reconheça a existência de um paralelo entre os sistemas religiosos e de iniciação. A imaginação é a energia de Shakti, ou Kundalini, que o mago deverá desenvolver sistematicamente. Numa visão retrospectiva de todo o nosso sistema de desenvolvimento em dez graus o mago perceberá que é justamente essa energia geradora, essa energia do falo, portanto a imaginação e sua formação, é que representam o papel mais importante.

Já encerrei a instrução mágica do corpo no nono grau, por isso nesse capítulo falarei só sobre o treinamento de algumas forças ocultas; o mago não precisará dominar todas elas, mas ele não deverá deixar nada desconhecido em seu desenvolvimento. Para cada fenômeno oculto ele deverá saber dar a explicação correta.

Sugestão

No capítulo sobre o subconsciente esse tema já foi por mim abordado, ao descrever a auto-sugestão ou auto-influência. As mesmas regras valem também para a sugestão sobre outras pessoas. Um pré-requisito para isso é que a fórmula da sugestão seja mantida, ao pé da letra, na forma verbal presente e imperativa. Em função do seu desenvolvimento espiritual o mago poderá transpor a sugestão desejada ao subconsciente de qualquer pessoa que não possua maturidade suficiente, sugestão esta que não precisará necessariamente ser pronunciada em voz alta, mas poderá ser formulada em pensamento ou telepaticamente. Para um mago é bastante fácil transmitir sugestões mesmo a grandes distâncias. Isso pode ser feito de duas maneiras; uma delas é procurar, com o espírito, a pessoa em questão, para influenciá-la sugestivamente, de preferência enquanto ela estiver dormindo. A outra seria desligar, através do Akasha, a distância que o separa do sujeito a ser sugestionado. Nem preciso dizer que nas sugestões à distância o mago também poderá usar o espelho mágico. É óbvio que uma sugestão poderá ser dada de forma a surtir efeito só num futuro distante, i.e., o momento exato para que a sugestão surta o seu efeito também poderá ser transposto ao subconsciente do sujeito,

Telepatia

A telepatia pertence ao mesmo grupo de fenômenos que a sugestão. Para um mago é uma brincadeira de criança transmitir seus pensamentos às pessoas, mas nisso ele deverá observar que os pensamentos não deverão ser transmitidos ao corpo ou à alma, mas só ao espírito da pessoa em questão. Ele deverá imaginar o espírito da pessoa, i.e., deverá excluir o corpo material e astral com a imaginação e ocupar-se só do espírito dela, ao qual transmitirá os pensamentos. Ficará a critério do mago transmitir ao sujeito se o pensamento é dele mesmo, do mago ou de outra pessoa qualquer. Tudo isso deverá ser considerado durante a transmissão. Não são só os pensamentos que podem ser transmitidos a curtas ou longas distâncias, mas os sentimentos também. O mago nunca deverá esquecer, que com a ajuda de suas forças mágicas ele só deverá transmitir pensamentos positivos. Tenho certeza de que nenhum aluno ou mago fará mau uso dessa habilidade. Os pensamentos podem até ser sugeridos contra a vontade da pessoa. Como o mago domina os elementos, ele poderá desligar os pensamentos da pessoa que quer influenciar telepaticamente, e introduzir os pensamentos que considerar válidos.

Hipnose

Um assunto semelhante à telepatia e à sugestão é a hipnose, pela qual uma pessoa é induzida a dormir à força, e lhe é roubada a vontade própria. Do ponto de vista mágico a hipnose é condenável, e o mago deveria se especializar menos nesse campo. Mas com isso não queremos dizer que o mago não está em condições de induzir o sono em qualquer pessoa. A prática é muito simples. Através da sua vontade ou do fluido eletromagnético o mago só precisará desligar a função do espírito para que o sono se instale rapidamente. Não é muito importante se para isso o mago utiliza a telepatia ou a sugestão. Ele poderá usá-las como meios auxiliares, mas não depende delas. Quase todos os livros que falam de hipnose recomendam o uso da telepatia e da sugestão. Alguém que domina essas forças não precisa de nenhuma das duas, pois no momento em que ele afasta o corpo e a alma do sujeito, em pensamento, portanto não lhes dá atenção, e desliga ou paralisa a vontade dessa pessoa através da imaginação, logo surge a ausência de consciência, ou o sono. Com isso o subconsciente é liberado e torna-se receptivo a qualquer tipo de sugestão. Justamente esse ato de violência, i.e., a intromissão na individualidade da pessoa, não é recomendável do ponto de vista mágico, e o mago só deverá recorrer à hipnose de qualquer tipo quando tiver uma intenção nobre, p.e., quando quiser transmitir ao sujeito boas sugestões, com um efeito excepcionalmente forte. Mesmo quando a pessoa desejá-lo expressamente, o mago deverá evitar hipnotizá-la. O verdadeiro mago evitará satisfazer qualquer tipo de curiosidade ou ânsia de sensacionalismo das pessoas, em relação a essas experiências hipnóticas. Em situações de grande perigo, o mago instruído poderá produzir uma espécie de hipnose do susto, paralisando, por alguns segundos, o espírito do rival, através de um raio de fluido eletromagnético; mas naturalmente esse método só deverá ser usado em caso de extrema necessidade, o que será muito raro na vida do mago. Já se comprovou cientificamente que até os animais podem ser hipnotizados, e se o mago quiser hipnotizar um animal, caso haja necessidade disso, atingirá o lado instintivo desse animal, por onde se produzirá uma ausência imediata de consciência, mesmo no maior e mais forte dos animais.

A Hipnose em Massa dos Faquires

A hipnose em massa produzida pelos faquires e charlatães hindus não apresenta maiores problemas para o mago. Os faquires que se ocupam desse tipo de experiência às vezes nem sabem como esses fenômenos ocorrem, pois seu segredo é uma tradição, transmitida de uma geração a outra. Quando um determinado ambiente, lugar etc., é carregado com o Princípio do Akasha, todos os que estiverem no local ficarão impregnados, e esse Princípio do Akasha passará então a predominar em cada um deles. Como o Akasha é o princípio das coisas primordiais, tudo o que se coloca nele deverá concretizar-se. A hipnose em massa dos faquires que forjam diversas cenas diante dos espectadores, é facilmente explicável baseada nessa lei. Dessa maneira até o mago conseguirá produzir uma hipnose em massa. Com uma palavra ou fórmula tradicional o faquir chama o Akasha para o ambiente e transpõe a esse princípio as imagens que os espectadores querem ver. Através das constantes repetições dessa experiência ela se torna tão automática que o faquir não precisa mais usar a imaginação, ou o Akasha, nem o processo que os espectadores querem ver. Basta que ele pronuncie a fórmula do Akasha para enfeitiçar as pessoas e em seguida pronunciar em voz baixa, os tantras e frases curtas do processo desejado pelos espectadores. Enquanto isso os espectadores tomam consciência, também em sequência, da mesma coisa em imagens. O fato dessas fórmulas serem fórmulas mágicas de fato é incontestável, pois esse segredo é herdado tradicionalmente de família em família, ao longo de centenas de anos. O possuidor de uma fórmula mágica desse tipo nem sabe mais qual o tipo de energia a ser liberada com ela. Ele sabe somente que ao pronunciar essa ou aquela fórmula, acontece isso ou aquilo, e não tenta saber porquê. Uma farsa tão ilusória produzida com o Akasha passa a ser muito admirada, principalmente por pessoas que não têm noção das leis mágicas superiores. Na Índia uma farsa desse tipo nada é além de mero negócio. Se tirássemos uma fotografia de uma cena desse tipo, veríamos, decepcionados, que não apareceria nada nas chapas; elas mostrariam somente o faquir com seus eventuais acompanhantes, sentados quietos e sorridentes. Essa experiência aparentemente secreta é facilmente explicável com base na lei mágica, e fica a critério de cada um ocupar-se disso ou até especializar-se no assunto.

Para o desenvolvimento mágico subsequente e a evolução mágica essas experiências não têm qualquer significado. Eu só as mencionei para que o mago pudesse fazer uma ideia delas e encontrar para elas uma explicação do ponto de vista mágico.

Leitura do Pensamento

Muita propaganda é feita sobre a questão da leitura do pensamento. Para o mago instruído essa é uma coisa óbvia, e ele a considera um fenômeno menor que acompanha o seu desenvolvimento espiritual. A leitura do pensamento pode ocorrer através de imagens, da inspiração, ou intuição, conforme a predisposição do mago. O fato de podermos não só ler o pensamento de uma pessoa quando ela está próxima, mas também quando está distante, não precisa nem ser enfatizado, e não passa de um trabalho efetuado no Akasha. Cada pensamento, palavra e ação possuem sua cópia exata no mundo das coisas primordiais ou Akasha, o que já foi dito no capítulo referente ao Akasha. Quando o mago se sintoniza no espírito da pessoa em questão e se carrega com o Akasha, ele consegue ler os pensamentos do momento atual, e quando olha para trás com um forte desejo interior, conseguirá ver também, sem esforço, os pensamentos do passado mais remoto. Depois que o mago praticou por algum tempo e alcançou uma certa perícia na leitura do pensamento, ele conseguirá ler qualquer pensamento brincando, mesmo o mais oculto. A formação de um pensamento pode ser intelectual ou imaginativa, sendo que os últimos são mais fáceis de ler. O mago só conseguirá fazer uma leitura completa do pensamento quando se tornar senhor absoluto de seu espírito e também da sua vida nos pensamentos. Essa é uma condição básica. Caso contrário ele só captará os pensamentos parcialmente ou só conseguirá ler os pensamentos efetivos. Mas a leitura dos pensamentos não é uma questão complexa, só exige o contato espírito a espírito; o próprio mago deverá sentir-se como espírito. Os graus anteriores ajudaram-no bastante nisso, e ele precisará somente produzir a ligação com a pessoa em questão, na medida em que afasta o corpo e a alma dela em pensamento, para depois ler os seus pensamentos.

Psicometria

A psicometria é a capacidade de pesquisar um objeto qualquer, uma carta, uma joia, uma antiguidade, e sondar todas as circunstâncias que o cercam, no presente, no passado ou no futuro. Para o mago que acompanhou a parte prática deste curso e instruiu bem seus sentidos astrais da visão, da audição e do tato, essa capacidade é consequência dos sentidos astrais desenvolvidos e é bastante fácil de colocar em prática. O mago pega na mão o objeto a ser pesquisado ou coloca-o num local do corpo adequado a uma pesquisa mais minuciosa. Se ele quiser ver as circunstâncias em imagens, i.e., pesquisá-las visualmente, deverá prensar o objeto contra a testa; se quiser vê-las inspirativamente, i.e., auditivamente, deverá colocá-lo na região do coração, e caso ele queira sondá-lo sensorialmente ou intuitivamente deverá colocá-lo no plexo solar, ou simplesmente segurá-lo em sua mão. Depois de concentrar-se no que ele pretende saber sobre o objeto, o mago deverá transpor-se ao Akasha ou ao transe, e ler, com seus olhos, ouvidos ou tato espirituais as diversas circunstâncias do presente, passado e futuro, que cercam o objeto. O mago poderá também usar o seu espelho mágico como meio auxiliar. Desse modo ele poderá ver, p.e., desenrolar diante de si, como num filme ou num panorama, todas as circunstâncias ligadas ao objeto e descobrir tudo o que se relaciona a ele. Naturalmente ele também tem a possibilidade de ver o remetente, além de poder ler os pensamentos do seu espírito, em qualquer escrito destinado ao próprio mago ou a outras pessoas, enviado por conhecidos ou estranhos. Em poucas palavras, ele pode ler nas entrelinhas de qualquer carta.

A psicometria também inclui a capacidade de entrar em contato físico, anímico ou espiritual com qualquer pessoa que já entrou em contato com aquele objeto, pois um objeto de qualquer natureza é o meio de ligação entre o corpo, a alma e o espírito do mago e a pessoa em questão. É óbvio que com a ajuda de um objeto o mago também conseguirá ler os pensamentos a uma grande distância. Ao mesmo tempo lhe é possível conhecer a alma da pessoa e descobrir, sem esforço, as particularidades de seu caráter e o estágio de desenvolvimento de sua alma no mundo do Akasha. O mesmo vale naturalmente também para o lado material, onde ele poderá descobrir o presente, passado e futuro da pessoa, ao estabelecer o elo de ligação entre a sua própria alma e a pessoa em questão, relativamente ao Akasha.

Uma pequena variante da psicometria é a psicografia. Mas ela não é muito relevante para o mago, e surge por si só a partir do que foi dito há pouco. Além de possibilitar a pesquisa e a identificação do remetente de uma carta através do elo de ligação, em todos os aspectos e detalhes, o objeto pode servir também para promover a ligação com a pessoa em questão e eventualmente influenciá-la espiritual, anímica e corporalmente. Podemos concluir então que a psicometria é uma capacidade menor derivada da nossa já conhecida clarividência.

Influência na Memória

Como já sabemos, a memória é uma característica intelectual de qualquer pessoa, cujos sentidos normais estão intactos. Mas ao mesmo tempo a memória é o receptor de pensamentos e de ideias do mundo mental e também do Akasha. Nós sabemos que todos os pensamentos e ideias são transpostos ao Akasha, e que a memória, através de sua característica receptiva chama-os de volta à consciência. Depois que o mago se tornou o senhor no Akasha, ele consegue influenciar a memória, de forma direta ou indireta. De forma direta ele conseguirá reforçar a memória através do elemento correspondente, ou do fluido eletromagnético, ou através da simples influência no subconsciente, usando a imaginação. Caso ele trabalhe sobre a memória, poderá também facilmente enfraquecer, desligar ou apagar dessa memória, ou da consciência, certas ideias, pensamentos ou lembranças, através da imaginação. A forma indireta de influência na memória é aquela em que o mago intervém diretamente nela através do Princípio do Akasha. O mago, que pode ver os processos de imagens e pensamentos de cada pessoa no Akasha, poderá até deixá-los embaçados, através da imaginação, ou até destruir, enfraquecer ou separar a ligação entre as imagens do Akasha e a pessoa em questão. Como desse modo o mago tem a possibilidade de roubar a memória de uma pessoa, devemos advertir a todos sobre o mau uso dessa capacidade; alguém que leva em conta a ética em seu desenvolvimento mágico jamais se deixará induzir a uma ação desse tipo.

O mago só deverá usar essa capacidade quando quiser enfraquecer ou apagar de vez as más experiências ou vivências que tenham deixado profundas marcas na memória de alguém. Nesse caso ele poderá fazer um bem, apagando da memória alguma mágoa do coração, má recordação ou desilusão que a pessoa não esteja conseguindo superar. Isso o mago poderá também fazer consigo mesmo, caso tenha sofrido grandes decepções e outros choques em sua alma, talvez anteriores ao seu desenvolvimento mágico, e que insistem em voltar à sua memória. Se ele conseguir apagar essas imagens do Akasha, elas jamais retornarão. Se ele conseguir dominá-las através da sua vontade, da auto-sugestão ou outros métodos, então ele não precisará efetuar essa intervenção drástica no Akasha, para fazer sumir as imagens. O surgimento patológico da perda da memória pode ser explicado pela paralisia temporária da ligação com o mundo mental e também com o Akasha. Porém esse estado já é uma desarmonia, uma enfermidade, uma perturbação do espírito, que aparece por si só em função de diversas causas, como p.e., algum trauma, susto etc.

A Intervenção no Akasha

De acordo com o capítulo anterior a memória é influenciada pelo Akasha, onde certas lembranças podem até ser apagadas. Além de poder agir sobre certas ideias e lembranças através da força de vontade e da imaginação, o mago instruído consegue também apagar do Akasha as causas ali registradas, que atuam nele ou nos outros como influências do destino. Porém ele só deverá fazê-lo nas circunstâncias em que tiver motivos fortes e justos para isso. Caso ele apague uma causa produzida pela própria pessoa em sua vida, o mago deverá produzir outra causa que exercerá um efeito correspondente no destino da pessoa. Essa interferência no destino de uma pessoa, quer se trate do próprio mago ou de outra pessoa qualquer, nunca deverá ser feita por motivos levianos. O mago só poderá fazê-la quando puder justificar as suas ações diante da Providência Divina. A melhor maneira de apagar uma causa ou produzir outra, mais vantajosa ou não, é através de um Volt eletromagnético, cuja execução prática foi descrita na instrução do corpo do nono grau. Ainda existem outros métodos, mas todos eles se baseiam na vontade e na imaginação correspondente; depois de uma certa avaliação o próprio mago poderá determiná-los. O fato do mago poder modificar ou apagar as causas do destino de alguém e com isso também os pecados – ou o que se entende como pecado nas religiões, em que os pecados constituem os aspectos morais. Cristo já nos mostrou isso através das palavras: "Se eu perdoar os pecados de alguém, eles estarão perdoados para sempre."

Impregnação de Ambientes à Distância

Já falamos aqui sobre a impregnação de ambientes em que o próprio mago se encontra, e também os diversos meios auxiliares recomendados para tal, como p.e., um espelho mágico com um condensador fluídico. Mas ainda não mencionei que o mago poderá também impregnar um ambiente à distância. Para isso existem duas possibilidades; a primeira é que ele poderá visitar o ambiente a ser impregnado, com o seu espírito ou seu corpo astral, sem considerar a que distância ele se encontra, e lá, através da imaginação, efetuar a impregnação desejada. Nesse caso valem naturalmente as mesmas regras que citei no capítulo sobre a impregnação de ambientes. A segunda possibilidade consiste no mago conectar o ambiente a ser impregnado com o seu próprio ambiente através do Akasha, de modo a tornarem-se um único no Akasha. Através dessa conexão de um ambiente com o outro até mesmo a maior das distâncias é eliminada. Tudo aquilo que for impregnado no ambiente do mago passará ao outro ambiente, por mais distante que esteja.

Mensagens pelo Ar

São bastante comuns, principalmente entre os magos e adeptos do Oriente e do Tibete. Quando a distância entre uma pessoa e um ambiente, qualquer que seja a sua dimensão, é vencida pelo Princípio do Akasha, e em que $A + B$ (matematicamente AB), i.e., o tempo e o espaço foram suprimidos, podemos, nessas condições, quando estamos conectados com alguém, ler e transmitir pensamentos. Podemos também enviar e receber recados físicos, ao introduzirmos o fluido eletromagnético nesses dois polos conectados no Akasha, de modo que, p.e., frases ditas no ambiente do mago poderão ser ouvidas também fisicamente e com nitidez no ambiente que foi conectado pelo Akasha. Quando a pessoa der a resposta no seu ambiente distante, ela poderá ser ouvida com tanta clareza no ambiente do mago como se estivesse lá, pessoalmente. O fluido eletromagnético deverá ser produzido exatamente como foi explicado no capítulo sobre a voltização, com a diferença de que não assumirá a forma de uma esfera, mas a forma do ambiente. Uma conexão eletromagnética desse tipo através do Akasha, também permite que se falem palavras e frases, depois transmitidas às mais longas distâncias. Essas palavras e frases também poderão ser ouvidas e captadas por pessoas não-iniciadas nem instruídas magicamente. Através de exercícios contínuos esse método de trabalho poderá ser tão materializado, fisicamente, que chega até a ter um efeito material, físico. Portanto não se trata aqui de uma transmissão de pensamentos, mas de palavras físicas, o que na ciência é conhecido como emissão e recepção de ondas de rádio. O éter, no qual se movimentam as ondas vibratórias das palavras, é o Princípio do Akasha, e a eletricidade necessária a esse processo é, no nosso caso, o fluido eletromagnético. Por experiência própria o mago sabe que tudo o que a ciência consegue por meios físicos, não importando as energias empregadas, se o magnetismo, o calor etc., pode ser realizado de forma mágica.

Por isso não são só as palavras ou as ondas sonoras que podem ser transmitidas, mas as imagens também. Num ambiente preparado magicamente através da imaginação as imagens produzidas de forma visível, portanto materializadas, poderão ser vistas e captadas em todos os lugares por aquelas pessoas ligadas acusticamente com o ambiente emissor, portanto com o ambiente em que o mago trabalha. Veja a técnica moderna da televisão. É claro que hoje em dia também ocorrem outras transmissões, como as de sensações, aromas etc., e que podem ser concretizadas através do Akasha e do fluido eletromagnético, até em distâncias muito grandes. Mesmo as interferências nos elementos podem ser transmitidas desse modo. O éter material ainda não foi utilizado em sua totalidade, e o futuro nos mostrará que podemos transmitir, não só ondas sonoras como as do rádio ou imagens como as da televisão, mas também outros tipos de energia. Esse é mais um campo de trabalho da ciência, e tenho certeza de que nos próximos tempos também poderemos transpor ondas térmicas, i.e., o calor através do éter, e a grandes distâncias. O mago ainda poderia realizar muitas outras coisas sob esse aspecto, coisas que poderiam ser transmitidas pelo éter. Poderia sintonizar tranquilamente o conhecimento mágico com o conhecimento técnico-físico e químico. Com base nas leis universais ele chegaria a fazer descobertas bem maiores, mas qualquer antecipação na evolução teria consequências sérias.

A Exteriorização

Ao longo deste curso o mago aprendeu a separar seu corpo mental e astral do material-denso, portanto isso não é mais novidade para ele. Nesse trabalho a novidade é que ele não precisará mais separar todo o seu corpo mental ou o astral, mas apenas exteriorizar ou destacar partes isoladas do corpo. Como os corpos mental e astral não estão ligados ao tempo nem ao espaço, então, ao separar as partes de seu corpo no Akasha, através da imaginação, o mago poderá transpô-las pelas maiores distâncias. Assim, p.e., ele será capaz de transpôr um ou os dois olhos a qualquer lugar e captar as impressões como se estivesse lá fisicamente, sem precisar gastar a energia de transpor-se com todo o seu corpo, mental ou astral. Ele conseguirá fazer isso também com a sua audição espiritual ou anímica e ouvir a distâncias infinitas. No início ele só conseguirá fazê-lo com o corpo espiritual, através da imaginação, e só mais tarde com os corpos astral e mental. Assim ele poderá ver e ouvir ao mesmo tempo com a sua audição e visão transpostos, sem entrar em transe ou no mundo das causas primordiais.

Depois de treinar bem os olhos e os ouvidos, ele poderá proceder da mesma forma com as mãos, ou eventualmente também com os pés. No começo ele fará isso só espiritualmente, e depois em conexão com as mãos astrais; adensando-as através do elemento terra, ele até poderá materializá-las. Com as mãos assim materializadas, é obvio que ele poderá se manifestar a distâncias ilimitadas, através de pancadas e outros ruídos. Com mais tempo de prática ele poderá até mover objetos. E claro que desse modo poderiamos promover todo tipo de travessura, mas nenhum mago perderá tempo com essas brincadeiras.

A capacidade da escrita à distância entre pessoas vivas encontra aqui a sua explicação. Quando uma pessoa instruída na magia libera a sua mão mental e astral através da imaginação, apresentando-a em algum lugar em que o papel e o lápis já estejam preparados, ela poderá apoderar-se da mão do parceiro, mesmo a uma grande distância, e do mesmo modo que na escrita mediúnica, realizar comunicações normais. Através dessa experiência é possível até transmitir-se o manuscrito exato ao mago, a qualquer distância. Entre os iniciados esse trabalho é chamado de "escrita à distância entre pessoas vivas". Assim que o mago alcançar uma certa perícia na exteriorização das mãos e eventualmente também dos pés, de acordo com a sua vontade, ele poderá também, da mesma forma, transmitir os objetos à distância. Como tornar invisíveis os objetos a serem transmitidos é algo que descreverei num capítulo subsequente desse grau. O mago perceberá que quando ele transpõe os olhos ou os ouvidos a algum lugar fora de seu corpo, não conseguirá ver ou ouvir com seus olhos e ouvidos físicos aquilo que ocorre durante a experiência, mesmo permanecendo com os olhos abertos. Na exteriorização de outros membros, o membro transposto, p.e., a mão, ficará sem vida, rígida, portanto cataléptica, até que o membro espiritual ou astral se ligue novamente ao corpo.

A Invisibilidade Mágica

Muitas histórias e contos de fada dizem que esse ou aquele feiticeiro tornou-se invisível, de que existe um anel de invisibilidade que a gente pode girar no dedo para se tornar invisível. Muitos livros também descrevem talismãs e pedras preciosas, que ao serem usados tornam seus donos invisíveis, e também fornecem orientações para que isso aconteça. Mas nada disso é sério e passível de utilização na prática. Mas existe de fato, do ponto de vista mágico, a técnica para a produção da invisibilidade; nós a descreveremos e confirmaremos aqui em relação às leis universais e ao que já foi ensinado até agora.

Existem principalmente uma invisibilidade mental ou espiritual, uma astral ou anímica, e uma física. A invisibilidade do corpo mental, do espírito, não tem um valor especial; mas na vida podem ocorrer situações em que até precisaremos dela. Caso o mago queira transpor-se a algum lugar, em espírito ou alma, onde ele não quiser ser visto ou percebido pelos sentidos instruídos de alguém ou por seres de qualquer espécie, então ele poderá usar a invisibilidade. Digamos que, p.e., um mestre ou um guru queira procurar seu aluno mentalmente, para controlá-lo. O mestre então poderá transportar-se diretamente à proximidade do aluno através da invisibilidade, sem ser notado, mesmo quando o aluno já tiver desenvolvido seus sentidos, de várias maneiras. Além disso o mago poderá aproximar-se dos magos negros que realizam trabalhos maléficos, para saber de tudo o que ele está fazendo, ou se for necessário, até mesmo influenciá-lo de alguma maneira, sem ser notado. Na vida podem surgir muitas outras situações em que a invisibilidade mental ou astral se faça necessária.

A invisibilidade espiritual é muito simples, e é obtida quando se preenche o corpo espiritual dos pés à cabeça com o Akasha. Quando isso ocorre, o corpo espiritual desaparece imediatamente da frente de qualquer ser, pois o Akasha é incolor e isento de vibrações. Se o espírito do mago quisesse agir em um dos planos mentais, o seu trabalho seria notado no Princípio do Akasha e mesmo invisível ele poderia ser percebido através da clarividência, por causa da sua atividade. Para evitar isso o mago deverá formar um invólucro negro ao redor de seu corpo, assim que terminar de preencher o seu corpo espiritual com o Akasha. Não importa se ele escolheu assumir a forma de uma esfera ou de um ovo; o importante é que ele não se esqueça de fechar-se totalmente com o Akasha também sob os pés e sobre a cabeça. Antes de deslocar-se invisivelmente a algum lugar ele deverá concentrar-se na ideia de tornar sua atividade no Akasha totalmente neutra, portanto sem ser registrada, i.e., sem deixar vestígios ali. Essa concentração é necessária, pois de outro modo o mago deverá contar com o aumento de novas causas primordiais no Akasha, apesar de bastante ilegíveis. O próprio mago é responsavel pelas ações no mundo espiritual, quando ficar invisível. O destino não poderá mais lhe pregar peças, pois o mago tornou-se senhor do Akasha, senhor de seu destino. Ele passa a estar basicamente subordinado à Providência Divina, e só deve prestar contas a ela. Se um mago fizer um mau uso dessas práticas, ele terá que enfrentar não o seu destino, mas a Providência Divina. Se as suas ações provocarem uma influência negativa, o mago correrá o risco de ver a Providência Divina abandoná-lo, e ele passará a viver no Universo como uma individualidade isolada, contando só consigo mesmo. Ele perderá a única possibilidade de apoiar-se na Providência Divina, e deverá ter certeza de que isso não seria só uma maldição. Não teria mais ninguém para olhar por ele, cedo ou tarde ele sentiria o abandono nitidamente e estaria à mercê do declínio de toda a sua individualidade. O mago poderá imaginar bem o que isso significa do ponto de vista mágico.

Depois de dominar bem a invisibilidade na viagem mental, poderemos usar o mesmo processo também na exteriorização do corpo astral. Nesse caso vale a mesma prática do carregamento de toda a personalidade com o Akasha, i.e., dos corpos mental e astral juntos. As outras regras são as mesmas já descritas. A invisibilidade promovida no plano material, também pode ser promovida magicamente, só que ela não é feita com o Akasha, mas com a luz. O preenchimento do corpo físico com a luz deve corresponder à força da luz predominante no momento. Se a condensação de luz for mais forte do que o necessário, não nos tornariamos invisíveis, mas transparentes e brilhantes, irradiando luz para fora, como o sol. A invisibilidade física não é fácil, exige uma prática e um domínio de muitos anos e só pode ser promovida com êxito e sem problemas por adeptos de altíssimo nível.

Quando o mago alcançar uma boa prática na promoção da invisibilidade de seu corpo mental, astral ou eventualmente até material, ele poderá, sem esforço, tornar invisível também qualquer objeto do mundo material. Existe ainda uma outra possibilidade de promoção da invisibilidade de um objeto comum, na medida em que transpomos o objeto da forma sólida à forma astral, através da imaginação, em conexão com o Akasha; assim ele desaparece imediatamente do campo de visão de um não-iniciado, i,e., de uma pessoa com os sentidos mágicos não desenvolvidos. Um objeto transposto à forma astral pode ser transportado pelas maiores distâncias por um corpo astral, que pode ser do mago ou de outro ser qualquer, ou por uma parte do corpo deles, que pode ser a mão. O mago, ou o ser que fez o transporte, só terá o trabalho de transpor o objeto do estado astral à forma material. Esse transporte de objetos também é feito em ampla escala pelos médiuns espíritas, caso se tratem de fenômenos de materialização incontestáveis, que apesar de muito raros, são perfeitamente possíveis. Aquilo que as inteligências planetárias e extraplanetárias mais elevadas conseguem dominar, o mago também conseguirá, o mago que conhece as leis universais e que chegou ao topo do seu desenvolvimento.

Existe ainda uma invisibilidade que é produzida pelo desvio dos sentidos, como a hipnose, a sugestão em massa, além daquela promovida por seres que produzem no corpo físico um certo número de vibrações correspondentes às vibrações da luz. Sobre esse capítulo da invisibilidade promovida por seres, darei algumas indicações na minha obra "Die Praxis der Magischen Evokation" (A Prática da Evocação Mágica).

Práticas com Elementos

Aqueles magos que querem especializar-se mais ainda na utilização de elementos, ofereceremos aqui muitas possibilidades. Nessa especialização é preciso que o mago, através de frequentes repetições, materialize, i.e., adense o elemento com o qual trabalha de tal forma a transformar a energia do elemento em energia física direta. Com uma boa perícia nisso ele poderá, p.e., através do elemento terra adensado em seu corpo obter uma sensibilidade quase igual à das experiências dos faquires hindus. Ele poderá passar objetos pontudos pelos seus músculos sem sentir a mínima dor, sem perder uma única gota de sangue e sem deixar nenhuma cicatriz. Os faquires que se deitam em camas de pregos conseguem fazê-lo, a um certo grau, através da auto-sugestão, mas o mago consegue o mesmo efeito de modo bem mais rápido através do elemento terra. Grandes feridas provocadas por cortes, em si mesmo ou em outras pessoas, são curadas de imediato através do elemento terra sem deixar cicatrizes, quando ele coloca a sua mão diretamente sobre elas. Uma ferida profunda de muitos centímetros, que necessitaria de uma sutura cirúrgica, poderá ser curada por ele em poucos minutos. Através do elemento terra adensado fora de si, ele terá a possibilidade de adensar qualquer pensamento, qualquer imaginação, qualquer ser, já falecido ou ainda não encarnado, de forma a torná-lo visível aos olhos de um não-instruído, podendo até ser fotografado.

Através da projeção instantânea em forma de raio do elemento terra, o mago poderá paralisar qualquer ser, mesmo o seu maior inimigo, homem ou animal. Há muito mais possibilidades de trabalhos com o elemento terra, mas essas diretrizes já deverão bastar por enquanto.

O elemento água projetado em si próprio e fortemente adensado capacita o mago a aguentar o maior dos calores, sem que seu corpo seja atacado ou queimado de alguma maneira. Quando esse elemento é projetado às mãos, o mago poderá, sem medo, segurar pedaços de carvão ou de ferro incandescentes sem se queimar. Ele poderá até mesmo pisar num monte de estrume em combustão, com um sorriso nos lábios, sem sofrer o mínimo dano em seu corpo. Podemos exemplificar casos como esse através da citação bíblica em que um jovem colocado na fogueira permaneceu intacto. João, o apóstolo predileto de Cristo, foi jogado numa tina com óleo fervente e não sofreu nada. Agora o mago sabe que essas ocorrências não foram transmitidas só como lendas, mas que elas ocorreram de fato, e que esses supostos milagres podem ser realizados através do domínio dos elementos. O elemento água, projetado e adensado para fora, pode apagar qualquer tipo de fogo, de qualquer proporção.

Dessa maneira ou de outra semelhante, o mago poderá realizar muitas experiências quase milagrosas também com o elemento fogo. Através do represamento em si mesmo e da concentração desse elemento ele estará em condições de aguentar o frio mais intenso. Os lamas tibetanos conseguem produzir um calor tão grande em si mesmos que até as toalhas molhadas enroladas em seus corpos, no mais rigoroso inverno, secam em pouco tempo. No Tibete essa prática é chamada de Tumo. Através do elemento fogo projetado para fora o mago conseguirá facilmente acender qualquer material combustível. A Bíblia descreve ocorrências semelhantes, em que montes de esterco molhados previamente são acesos pelo elemento fogo. É incontestável que através da projeção do elemento fogo, uma planta, ou uma árvore, pode até morrer. Como prova de sua energia, Cristo deixou que as folhas de uma figueira murchassem, usando essa mesma lei. Nesse caso porém a projeção foi feita através de uma palavra mágica – Quabhalah (Cabala) – que indiretamente induziu o elemento fogo a executar a sua ordem. Existem ainda muitos outros efeitos mágicos que podem ser obtidos através dos elementos, e que o próprio mago poderá compor, baseando-se nas leis universais referentes ao domínio dos elementos.

Fenômenos de Levitação

Sob levitação entende-se a supressão da força de gravidade. Com o estudo das leis universais o mago aprenderá que a força de gravidade depende da força de atração da Terra. A supressão da força de gravidade no corpo pode ser feita de duas maneiras. Na primeira, através dos exercícios e carregamentos – represamentos – constantes do elemento ar, Waju – Tattwa, a característica básica do elemento é tão materializada que o homem logo se eleva da Terra como um balão, ficando leve como uma pena. O segundo método consiste no domínio do fluido eletromagnético. Através da abundante densificação do fluido eletromagnético no corpo, devido ao represamento, correspondente ao peso do corpo, portanto à força de atração da Terra, o efeito da força de gravidade é suprimido. Nesse carregamento o mago não tocará a Terra e poderá até mover-se sobre a superfície da água, qualquer que seja a profundidade desta. Ao adensar ainda mais o fluido magnético o mago poderá erguer-se no ar quando quiser e movimentar-se em qualquer direção através do elemento ar adensado ou do vento produzido por ele mesmo. A velocidade de um transporte como esse pelo ar depende só da sua vontade. Muitos ioguis dominam esses fenômenos de levitação, e até a Bíblia nos diz que Cristo caminhou sobre as águas. Por essa descrição podemos concluir que desse modo até mesmo os objetos e as pessoas magicamente não-instruídas podem ser induzidos a levitar pelo mago, quando ele assim o desejar. O represamento do fluido magnético para isso pode ser realizado do mesmo modo, através da imaginação instruída magicamente ou de outras práticas, como a Cabala, os seres, os espíritos etc. O desligamento do fluido elétrico do corpo e o excesso de fluido magnético podem ocorrer não só de modo consciente, mas também inconscientemente, como p.e., em diversos médiuns espíritas em transe e também em sonâmbulos – ou lunáticos – nos quais o fluido elétrico é desligado através do transe e o fluido magnético passa a predominar. Os lunáticos também são tomados pelo fluido magnético, por causa de uma perda súbita do fluido elétrico, o que ocorre geralmente durante o sono. Muitas vezes já foi observado como esses lunáticos podem subir pelas paredes, leves como uma mosca, escalando pelos pontos mais perigosos da casa ou movimentando-se livremente de um lado a outro sobre um varal. A sobrecarga magnética durante o sono dos lunáticos é devida à influência da Lua; é por isso que elas são chamadas de lunáticas. De qualquer forma essa é uma desarmonia, uma perturbação do fluido eletromagnético, e consequentemente um estado patológico, portanto uma doença. Uma pessoa assim só poderia ser tratada através da harmonização do fluido elétrico, que nesse corpo enfermo teria de ser fortalecido.

Essa breve explicação sobre a levitação deve bastar ao mago, e se ele quiser poderá desenvolvê-la mais. É evidente que ele conseguirá produzir em si, em outras pessoas ou em objetos o fenômeno oposto, i.e., uma força de atração ou de gravidade, ou peso, multiplicada. Nesse caso trabalha-se do mesmo modo, só que não com o fluido magnético, mas com o elétrico. Essa explicação é inequívoca quando o mago sabe que duas forças iguais se repelem e duas forças desiguais se atraem.

Fenômenos da Natureza

Com a ajuda dos elementos e do fluido eletromagnético o mago poderá agir também na natureza, em maior ou menor escala, para isso ele precisará somente de um espaço maior, onde poderá projetar e adensar as energias desejadas. Assim p.e., ele poderá influenciar o vento através da projeção do elemento ar e produzir chuvas localizadas e até chuvas no campo através da projeção do elemento água. Através do fluido eletromagnético ele poderá chamar tempestades, projetando Volts elétricos e magnéticos no ar, que ao se chocarem produzirão raios. Através da concentração do fluido magnético ele poderá atrair automaticamente o elemento água, até mesmo de grandes distâncias, provocando muita chuva. Naturalmente ele conseguirá também provocar o efeito contrário, parando as chuvas e desviando as nuvens. Ele poderá também produzir o granizo ou desviá-lo para outro local. Tudo isso ele conseguirá fazer através dos elementos ou do fluido eletromagnético. Essa influência no clima é praticada de várias maneiras, com sucesso, pelos lamas do Tibete. O mago conhece a explicação de todos esses métodos e caso queira especializar-se nesse campo, estará apto a obter o mesmo efeito com as suas energias, da mesma forma como o lama tibetano o consegue com a ajuda de suas cerimônias de magia evocatória, através de seres e dos tantras.

O Poder sobre a Vida e a Morte

Um mago que domina totalmente os elementos e o fluido eletromagnético é também o senhor absoluto sobre a vida e a morte de cada pessoa. Mas ele jamais se atreverá a ameaçar a vida de seu semelhante, apesar de saber exatamente como produzir uma morte mágica. Existem muitas possibilidades, mas eu evito descrever quaisquer métodos mais detalhados para que o mago não resolva experimentá-los. Segundo as leis universais, ao chegar ao grau mais elevado de domínio das capacidades e forças ocultas, o mago pode até chamar os mortos de volta à vida. Através de seus sentidos instruídos o mago vê o trabalho dos elementos no corpo, na alma e no espírito, além do efeito do fluido eletromagnético. Ele pode ver também o cordão de ligação entre os corpos material, astral e mental, e sabe como tudo pode ser influenciado através das leis universais. Para ele é muito fácil recuperar os dois elos de ligação, através dos elementos e do fluido eletromagnético. No caso de não ter sido afetado nenhum órgão vital, o mago poderá promover um despertar ou um retorno à vida, pressupondo-se que tenha recebido o sinal da Providência Divina para fazer isso. O mago pode até invalidar a morte de uma pessoa ou animal, provocada por raios ou outros fenômenos semelhantes. Nesse caso ele precisa somente estabelecer o contato com o espírito no Akasha, conduzir conscientemente o fluido eletromagnético entre o espírito e a alma, para reforçar o elo de ligação entre eles.

O mesmo deverá ser feito com o espírito e a alma em relação ao corpo, produzindo assim a harmonia correta através do fluido eletromagnético e dos elementos. Ao preencher rapidamente o corpo do morto com o princípio da luz, o mago então conseguirá chamá-lo de volta à vida. Essa é a sintese do despertar dos mortos à maneira mágica, conduzida através das energias dos elementos e do fluido eletromagnético, quer ele ocorra pela vontade ou em função de outros métodos. Todos sabem que existiram iniciados que conseguiam despertar os mortos.

Antes de encerrar o décimo grau eu ainda gostaria de observar que nem todas as capacidades mágicas aqui apresentadas precisam ser dominadas. Baseado nas leis universais, só mostrei aqui algumas diretrizes de como um mago pode produzir esses fenômenos que beiram o milagroso. Até onde o mago pretende se especializar, nesse ou naquele método, é algo que fica totalmente a seu critério. Um iniciado completo, um adepto, conseguirá realizar todos os fenômenos mágicos aqui descritos, e outros ainda maiores, sempre levando em conta as leis universais.

Todo o curso referente à primeira carta do tarô, a do mago, foi aqui descrito em detalhes. A pessoa que decidiu acompanhar todo este curso na prática terá a possibilidade de se desenvolver totalmente. É impossível apresentar essa prática com mais clareza do que nessa minha descrição; até hoje ela só foi ensinada e contada a alguns alunos eleitos, em templos de Mistérios. Este curso em graus não poderá ser completado em pouco tempo; poderá estender-se até a alguns anos. Mas o aluno sério não deverá assustar-se com isso, pois munido desse conhecimento ele poderá penetrar totalmente na primeira iniciação. Por isso é que também a primeira carta do tarô, a do mago, é o portal de entrada à verdadeira iniciação. Muitas pessoas que até hoje ironizam a magia, mudarão de opinião depois de ler esta obra, pois a magia é algo muito diferente do que supõe a maioria das pessoas. É o conhecimento mais difícil da Terra, e precisa ser dominado não só teoricamente, mas também na prática.

É de longe muito mais fácil e possível alcançar-se um

conhecimento intelectual do que tornar-se um verdadeiro mago.

Resumo de todos os Exercícios do Grau X

I. INSTRUÇÃO MÁGICA DO ESPÍRITO:

A elevação do espírito a planos superiores.

II. INSTRUÇÃO MÁGICA DA ALMA:

1. A ligação consciente com seu Deus pessoal.
2. O relacionamento com divindades etc.

III. INSTRUÇÃO MÁGICA DO CORPO:

Diversos métodos para a obtenção de capacidades mágicas

Conclusão

Como mencionei na introdução deste livro, esta obra de iniciação não é um meio para um fim; não se destina à obtenção de riqueza, poder, glória e fama, mas é um estudo sério sobre o homem, portanto sobre o microcosmo em relação ao macrocosmo, com as suas leis. Em consequência disso o leitor poderá formar uma perspectiva totalmente nova sobre a magia e nunca mais rebaixá-la à condição de feitiçaria e evocação do demônio. Naturalmente cada leitor avaliará esta obra de iniciação de um ponto de vista muito individual. Uma pessoa de visão totalmente materialista, que não acredita em nada e que não sabe nada sobre o mundo sobrenatural, mas só conhece o mundo material, definirá esta obra como simples utopia. Não é função deste livro despertar alguma crença nessa pessoa ou conquistá-la, mudando a sua opinião e convencendo-a a adotar outro ponto de vista. Este livro é dedicado principalmente àqueles leitores que procuram a mais pura verdade e o conhecimento mais elevado.

Muitas vezes a pessoa é convencida ou até induzida a seguir alguma direção espiritual, e passa pela experiência de ver essas diversas tendências tornarem-se inimigas, por causa da inveja ou da prepotência. O verdadeiro mago sentirá pena dessas pessoas, seitas e tendências espirituais, mas não deverá odiar, falar mal ou desprezar ninguém; ele deverá dar a devida atenção a toda a pessoa que também segue ou busca o caminho que leva a Deus. É triste, mas é verdade que os teósofos, espiritualistas, espíritas, ou como todos eles se chamam, se opõem mutuamente e se tornam inimigos, como se todos os caminhos não levassem a Deus. Todas as pessoas que procuram o caminho que leva a Deus deveriam lembrar-se bem das palavras de Cristo, o grande Mestre dos Místicos: "Ame o próximo como a si mesmo." Essas palavras deveriam ser um mandamento sagrado para todo o buscador que trilha a senda espiritual.

Muitos seres que tiveram de deixar o nosso mundo material e não tiveram a oportunidade de alcançar o verdadeiro conhecimento espiritual, alegaram, nas esferas mais elevadas, que em nossa Terra o verdadeiro conhecimento era, no passado, reservado só para alguns eleitos, e portanto não estaria disponível para todos. Por causa disso os Mistérios, ocultos por milhares de anos, são mostrados pela Providência Divina, gradualmente, a todo o habitante da Terra que realmente almeja saber a verdade e obter o conhecimento. Os frutos do conhecimento não cairão do céu só através da leitura; a pessoa terá de conquistá-los superando muitas dificuldades e obstáculos. Muitos, talvez até a maioria, vão querer primeiro convencer-se da autenticidade das leis para só depois acreditar nelas e decidir se enfrentarão o caminho da iniciação. O verdadeiro mago sabe que essa postura do homem está errada. Ele está convencido de que, para acreditar, a pessoa deverá primeiro ser instruída e formada através da iniciação. Com a simples leitura desta obra poderemos obter o conhecimento intelectual, mas não obteremos a sabedoria. O conhecimento pode ser transmitido, mas a sabedoria só pode ser obtida através da experiência e da vivência. Estes por seu lado dependem da maturidade espiritual de cada um, que também depende do desenvolvimento espiritual conquistado de forma prática no caminho da iniciação.

Toda a pessoa que já leu algo sobre o tarô sabe que além da primeira carta, em que os mistérios egípcios, o berço da sabedoria, é representado pelo mago, ainda existem outras vinte e uma cartas, chamadas de arcanos maiores. E cada uma dessas outras cartas possui um sistema próprio de iniciação. Ao lado dos vinte e dois arcanos maiores ainda existem cinquenta e seis cartas correspondentes aos arcanos menores, que também simbolizam os pequenos mistérios; para cada uma delas há uma explicação a ser dada. Dependerá exclusivamente da vontade da Providência Divina dar-me a possibilidade de escrever sobre cada uma das cartas do tarô e publicar esses escritos.

Depois do estudo minucioso desta obra instrutiva o leitor se convencerá de que não se pode falar de uma magia branca ou negra, e que não existem diferenças entre magia, misticismo ou como se chamam todas essas ciências ou tendências. Na introdução também comentei que toda ciência pode ter finalidades malévolas ou benévolas. A ideia da existência de uma magia negra deriva do fato das pessoas não terem conseguido, até hoje, ter uma noção correta do que é magia. Em cada capítulo e seus respectivos métodos de instrução repeti várias vezes que esse conhecimento só é destinado a objetivos muito nobres. Além disso, enfatizei sempre que ao longo do seu desenvolvimento o mago deveria enobrecer o seu caráter ao máximo se não quisesse parar na sua evolução, ou o que seria pior – retroceder. O enobrecimento da alma caminha lado a lado com a evolução e o desenvolvimento. Quem estiver só preocupado em adquirir capacidades e forças ocultas e vangloriar-se delas, terá feito um trabalho inútil, pois a Providência Divina permanecerá inexplorada em sua obra e cedo ou tarde afastará do caminho essa pessoa que só almeja dominar as forças ocultas. As capacidades ocultas consequência da iniciação, devem ser encaradas como parâmetros do desenvolvimento e só serem usadas para objetivos nobres e ajuda aos semelhantes; por isso deverão permanecer restritas ao mago verdadeiro.

Quem trilhou o caminho da iniciação não precisa mudar a sua

visão de mundo em relação à religião, pois a verdadeira religião já é a prática da iniciação aqui descrita; toda religião poderá ser colocada em sintonia com esse sistema iniciático.

Antes de entrar no caminho da verdadeira iniciação cada um deverá testar a si mesmo para saber se pretende considerar a verdadeira iniciação como a sua prática religiosa, como a missão de sua vida, e que ele poderá realizar apesar de todos os obstáculos e dificuldades do caminho, que uma vez trilhado, nunca mais o deixará. É óbvio que as condições básicas necessárias para isso são uma perseverança e uma paciência quase sobre humanas, uma vontade férrea e uma enorme discrição sobre os progressos realizados.

A todos os leitores que querem se aperfeiçoar e elegeram esta obra como o seu guia, desejo muito êxito e a bênção divina.

O autor

Leia também da EDITORA GROUND

GLOSSÁRIO TEOSÓFICO
Helena Blavatsky

Mais de 18.000 verbetes sobre esoterismo, ciências ocultas, hermetismo e diversas outras manifestações filosóficas, organizados pela mais brilhante e representativa figura da renascença ocultista, ocorrida no final do século XIX.

A VOZ DO SILÊNCIO
Helena Blavatsky

A Voz do Silêncio é um dos textos mais importantes de toda a literatura teosófica. Foi o último legado de Helena Petrovna Blavatsky ao mundo, escrito em 1899, em Fontainebleau, na França, apenas dois anos antes da morte da autora. Blavatsky, na época, encontrava-se muito debilitada fisicamente, convalescendo de uma série de problemas de saúde. Mesmo assim, segundo várias testemunhas, produziu A Voz do Silêncio praticamente de um só fôlego, em poucos dias de trabalho.

MENSAGEIROS DO AMANHECER
Ensinamentos das Plêiadas
Barbara Marciniack

Surpreendentes, intensos e controvertidos, os ensinamentos de MENSAGEIROS DO AMANHECER são leitura essencial para todas as pessoas que questionam a sua existência no planeta e a direção do nosso consciente – e inconsciente – coletivo.

TERRA
Chaves Pleiadianas para a Biblioteca Viva
Barbara Marciniack

Terra: Chaves Pleiadianas para a Biblioteca Viva foi escrito depois do best-seller *Mensageiros do Amanhecer* publicado pela Editora Ground, e é um manual para uma vida inspirada, que exorta a reconhecer as energias da Deusa e o poder do sangue como ligações poderosas com o nosso DNA e a nossa herança no planeta Terra.

SHIATSU EMOCIONAL
Psicossomática dos Meridianos e práticas terapêuticas para o dia a dia
Arnaldo V. Carvalho

Shiatsu Emocional é uma terapia de busca pela harmonia interior a partir da saúde das relações: do Eu consigo, com o Outro e com o planeta. Propõe-se, assim, como caminho suave de interação com o mundo.
Este livro ensina de forma objetiva as bases do Shiatsu Emocional e sua prática para a jornada da vida seguir com o espírito mais leve, aberto e apto a lidar com suas transformações.
De texto simples, e ao mesmo tempo profundo, Shiatsu Emocional é uma viagem pelos sentidos.
A proposta do autor, aliás, é exatamente essa: proporcionar ao leitor um mergulho no universo desta terapia especial.

O TOQUE DA CURA
Energizando o Corpo a Mente e o Espírito com a Arte do Jin Shin Jyutsu
Alice Burmeister e Tom Monte

Jin Shin Jyutsu® é uma antiga prática japonesa que equilibra a energia do corpo usando os dedos e as mãos para eliminar o estresse, criar o equilíbrio emocional, aliviar a dor e abrandar doenças agudas ou crônicas. Levado aos Estados Unidos por uma estudante do grande sábio japonês Jiro Murai, o Jin Shin Jyutsu impressionou os ocidentais por seu potencial de cura. Agora você também pode aprender a tornar sua mente ágil, a aumentar a capacidade da sua memória, eliminar a fadiga, expandir a consciência, e muito mais.